大单元 微专题

高中语文名师教学实录

选择性必修 上册

主编 褚树荣

高中语文名师教学实录丛书

课件下载

复旦大學出版社

序　摸着石头过河

河流从不催促不想过河的人。只是每个面临渡口、向往远方的人，都要想方设法摆渡自己。从2017年新课标颁布，到2023年新教材推开，六年时间，把我们都推到了渡口。

课改的“巨流河”汹涌而至。单篇精读与群文联读、项目学习与专题教学、整本书阅读、综合实践活动，语文之河惊涛拍浪。我们有现成的桥吗？我们有熟悉的船吗？都没有！但是我们必须过河，等不得，盼不得，退不得。每个教师都在寻找合适的方式过河。那么，就让我们“摸着石头过河”吧！

为什么是微专题？

新教材推开以后，教学领域出现了很多探索，如“项目化学习”“大单元教学”“专题教学”“整本书阅读”“综合实践活动”等等。我们认为，所有这些来自一线的实践探索都有价值，都值得敬重。但我又觉得所有探索，都要顾及现实语境——固定不变的教学周时数、扩充的新教材内容、绕不过去的选考和高考、学生在时间投入上的现实主义选择等。换句话说，我们的教学，只能在“螺蛳壳里做道场”——在有限的时间里完成扩充的教学内容，而且要走“中庸之道”——既要渗透新课标理念，又要基于学情、教情；既要完成教学任务，又不能随便扩张教学时空；既要落实新教材追求，又要照顾教师的教学习惯。这时候，就要改变原先一课一课铺开了、拆散了教的做法，而尽可能把每个单元里蕴含的重要知识、核心概念、关键能力、审美基因、文化话题提取出来，聚焦为微、精、深的教学点，然后通过短、平、快的教学，完成新教材的任务。伤其十指，不如断其一指；面面俱到，不如选点开掘；天女散花，不如一枝独秀。这就是我们选择微专题的初衷。

为什么是这180个微专题？

我们将统编高中语文教材的教学点提炼为180个微专题，包括必修上册50个，必修下册50个，选择性必修上册23个，选择性必修中册27个，选择性必修下册30个。为什么是这180个微专题呢？可以是其他主题的微专题吗？可以是其他数目的微专题吗？完全可以。教师就是课程，尤其是语文课程内容的开发，你对课程怎么理解，你的知识结构和专业擅长如何，你就有怎样的课程。所以，这180个微专题，没有“法定意义”上的规定性，但是它又是有学理依据的，是恪守教学原则的。从专题来源上讲，是我们对单元导语、课文文本、学习提示、单元任务进行“四位一体”式统整的结果。从专题取向而言，是依标而学、因体而教的结果。教材的每个单元都是直接对应课标中的学习任务群，这个单元的微专题学些什么，要到课标里寻找方向，要到单元主题里校准目标。因体而教，就是是什么文体，文体有什么特点，就教什么，就怎样教。同样是整本书阅读，《乡土中国》和《红楼梦》的学习专题就有所不同；同样是文选型单元，文学类文体单元和实用类文体单元学习的专题要有所区别；而文选型单元和综合实践活动单元，前者重阅读与鉴赏，后者重实践与活动，微专题活动就大有区别。这里特别要提出的是“核心概念”一词，除了通常意义的语文知识之外，我们引进了逻辑学、学习理论、文学理论、文艺批评领域那些新的、形成共识的，又适合中学生学习的知识，化作我们的微专题内容，如文化母题、图尔敏论证、申论、思维导图等。

需要指出的是，这 180 个微专题，仅仅是给一线老师提供的一份选择性的“菜单”——你如果对其中几个“菜”感兴趣了，觉得对你的学生的胃口了，你不妨拿去尝一尝。

为什么有三种微专题教学课型？

必修和选择性必修教材有三种类型的单元——22 个文选型单元、2 个整本书阅读单元和 4 个综合实践活动单元，共 28 个单元。明眼的老师很快就能发现，本丛书除了整本书阅读单元和综合实践活动单元之外，每个单元都有阅读、写作和综合实践活动微专题。文选型单元以阅读微专题为主，阅读微专题主要是落实阅读与鉴赏、梳理与探究等关键能力的培养，如体验感知、信息提取、理解阐释、推断探究、赏析评价、积累整合、筛选提炼、归类分解等。另外每单元还有一次写作微专题和综合实践活动微专题。每单元一次写作训练，这是教材规定必须要有的，主要基于单元学习任务来设计。按每单元两个教学周来计算，写作微专题大约每两周安排一次，每次集中训练学生某一种写作能力。综合实践活动微专题相当于义务教育阶段语文教材的“综合性学习”，是以学生的实践活动为主，又有项目化学习的特点。4 个综合实践活动单元是必修上册的“家乡文化生活”“词语积累与词语解释”，必修下册的“信息时代的语文生活”，选择性必修上册的“逻辑的力量”。前 3 个单元，每单元安排 4 个综合实践活动微专题。逻辑非常重要，是需要补课的，所以“逻辑的力量”安排了 5 个综合实践活动微专题。也许大家对于文选型单元为什么也要安排综合实践活动微专题不理解。我们认为，除了阅读与写作之外，学生还缺乏聆听理解、讨论交流、制作展示、调查访问等社会化的语文能力，而这些能力恰恰是走入社会、参加工作最需要、最常用的语文能力。所以，我们将实践与阅读、写作结合，特地安排展示会、推荐会、交流会、讨论会、报告会等综合实践活动微专题。实践证明，这些活动是深受学生欢迎的。

为什么是专题目标＋预习任务＋教学实录＋教学反思的形式？

微专题要联读哪些文本？要掌握哪些核心概念？要训练什么样的关键能力？“专题目标”是言简意赅的说明。“预习任务”是非常重要的一环，我们的实践证明，没有充分的预习就没有成功的微专题教学。“教学实录”和“教学反思”，属于“课堂行为分析”，这应该是一线老师最需要、最欢迎的内容。这个阶段我们已经有了很好的践履：“大单元统筹·微专题教学”《统编高中语文必修教材名师设计百例》在《语文教学通讯》（2021 年 7、8 合刊）发表，《统编高中语文选择性必修教材名师设计八十例》在《语文教学通讯》（2022 年 1、2 合刊）发表。虽然，大部分设计都经过了课堂教学的实践，但“没有最好，只有更好”，微专题教学还需不断改善。改善的最好途径，就是重新备课，重进课堂，再整理教学实录，撰写教学反思。

我以为，通过教学实录的整理，来反观自己的课堂行为，是否符合教学设计的预期，是否符合新教材的意图和新课标的理念，这是一线教师实现“双新”背景下教学转型的“不二法门”。换句话说，课程标准、教材意图、各类专业部门的指导意见，能否落实在课堂上，完全要看我们的教学行为。语文同行有无借鉴的例子，研究人员有无研究的样本，就要看一线老师对自己的教学行为有无记录。更重要的是，我们的课堂效果能否优化，我们的专业水准是否在提升，特别需要我们对自己的课堂行为反观自照。我相信广大老师都有自己的眼光和识力。与教学设计相比，“教学实录”是教学现场的还原。当然，有些实录，经过了修饰，我们不能因此说实录不“实”，经过合适而节制的删减修饰，实录会有更多的参考价值。与专家点评相比，“教学反思”，是执教者的夫子自道，老师们结合自身经验和教学实际，告诉我们该专题在教什么，为什么这样教，教学过程的得意和遗憾之处是什么，当然还有一些实操建议——过来人的经验和教训，这是特别值得记取的。

2017 年 12 月 30 日，教育部新闻发布会上，语文课程标准正式颁布；2019 年秋季，全国部分地区开始使用新教材；2023 年秋季，全国所有高中全部使用新教材。在微专题教学这条路上，我们已经走了六年。180 个微专题教学实录，就是这六年的教学践履。

教学之河，有惊涛如雪，也有静影沉璧。课标、教材和教学上的亮点与创意，犹如浮光跃金的水面，让人欢欣鼓舞。而新课标和新教材带来的与传统教学理念和教学习惯的落差，则如汹涌暗流，使人望而却步。多数一线老师没有“到中流击水，浪遏飞舟”的条件，但可以“摸着石头”，彼此照应，谨慎过河。180 个微专题教学实录，就是摸索着过河的样子。

2023 年 4 月 4 日

目　录

第一单元

第二单元

第三单元

第四单元

第一单元

文类与表达:实用类文体的分类及叙述特点

执教/宁波市四明中学 许萍萍 罗秉相

本课课件

【专题目标】

本单元所选作品共6篇,同属于实用类文本。联读《中国人民站起来了》《长征胜利万岁》《别了,“不列颠尼亚”》《在民族复兴的历史丰碑上——2020中国抗疫记》这4篇课文,了解实用类文体的类别及特征,探究不同体式作品的语体选择,思考文体与语体的关系。

【预习任务】

1. 了解每一篇课文的历史背景,做100字左右摘录。熟读每一篇课文,与同桌互相说说主要内容。
2. 了解每一篇文章的文体,比较本单元不同文体的主要特点。
3. 上网查找“语体”的概念及分类,判断每一篇文章的语体类别。试着与同桌交流,说说文体和语体有什么关系。

【教学实录】

任务一:辨体式,探文体与语体之关系

师:(播放PPT第1页)同学们好!正式进入课堂前,我们先做个热身。(播放PPT第2页)请在图1上面的方框内圈出实用类文体,并从下方的方框内找出该文体应使用的语体,把它们用线连起来。

文体	诗歌	开幕词	散文	说明书	话剧	律师函	书信	演讲稿	新闻	回忆录

语体	演讲语体	书信语体	新闻语体	文艺语体	说明语体	法律语体

图1

生：图 1 中实用类文体有开幕词、说明书、律师函、书信、演讲稿、新闻、回忆录，对应使用的语体如图 2 所示。（播放 PPT 第 3 页）

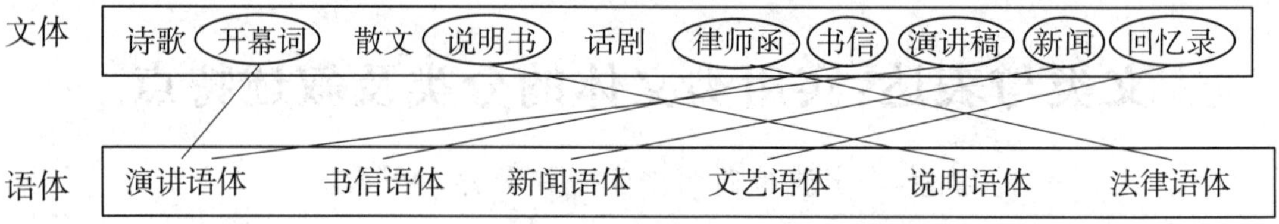

图 2

师：同学们对文体和语体的区分很清晰，可见大家都非常认真地完成了预习任务。接下来，让我们进入“辨文体，识文体特征”环节，请大家以 6 人为一组，结合预习任务，完成表 1，概括四篇课文的主要内容，梳理其文体类别及文体特征。（播放 PPT 第 4 页）

表 1

篇名	文体	主要内容	文体特征 （从写作功能与艺术特征角度分析）
《中国人民站起来了》		宣布中国人民政治协商会议第一届全体会议开幕，说明会议的性质、基础和任务，论证革命胜利，规划国家发展，描绘振兴蓝图，悼念英雄，庆祝伟大胜利	
《长征胜利万岁》			以第一人称叙事；以记叙、描写为主，追忆本人或他人的生活经历和社会活动；真实可信，饱含情感
《别了，“不列颠尼亚”》		叙写了查尔斯王子和离任港督乘“不列颠尼亚”号离港及中央关于香港政权交接的一系列仪式，报道了香港经历沧桑后回归祖国这一重大历史事件	
《在民族复兴的历史丰碑上——2020 中国抗疫记》			

生（第一小组）：我们选择第二篇《长征胜利万岁》。它的文体是回忆录，主要内容是描绘了红军胜利到达吴起镇后的激动与兴奋之情，叙写了红军伏击并歼灭敌军、召开全军干部会议等事件。

师：概括精准，棒！

生（第二小组）：我们选择第一篇《中国人民站起来了》。它的文体是开幕词，文体特征是语言虽然通俗简洁却饱含情感、振奋人心、鼓动性强。

师：你们抓住了开幕词最本质的特征。除了鼓动性强，还有其他特点吗？比如从写作功能角度考虑？

生：开幕词的主要功能应该是宣布会议开幕。

师：没错，概括文体特征时可以参考文章的“主要内容”，开幕词不仅具有宣布会议开幕的宣告作用，还有说明会议性质、任务等事项的说明引导作用。因而我们可以归纳出开幕词的文体特征——具有宣告性与引导性，号召力强、鼓动性强，语言简洁、明快。

生（第三小组）：我们选择的是《别了，“不列颠尼亚”》。它的文体是新闻消息，它的文体特征是采用第三人称，以叙述、描写的方法报道新闻事件，语言简洁。

师：你们很聪明，懂得借鉴表格已给内容进行比对、归纳。但是对新闻消息的文体特征概括还不够全面。大家都看过新闻联播，试想，如果你是一名记者，会选择什么内容进行新闻报道？如何选择内容时长？如何组织语言？

生：我会选择新近发生的有新闻价值的事件来报道，时长不能过长，语言要简练，否则观众就听不下去了。

师：说得很有道理，有成为一名记者的潜质。那现在能否概括新闻消息的文体特征？

生：首先内容要有新闻价值，具有时效性，其次篇幅要短，语言要简练。

师：完美！下一组。

生（第四小组）：《在民族复兴的历史丰碑上——2020中国抗疫记》的文体是新闻通讯，主要内容是报道抗击新冠肺炎疫情取得伟大胜利，并说明中国抗疫取得胜利的多方面原因。其文体特征是相对新闻消息而言，新闻通讯篇幅更长，报道更详细，语言凝练生动，但时效性弱。还有就是它运用了多种表达方式，有议论、描写、记叙等。

师：你们很机智，懂得运用比较的方法概括新闻通讯的特征。好，让我们一起看表格，在热身活动的时候同学们已经为各种实用类文体搭配了相应的语体，我们一起将相应语体也整理进来（播放PPT第5页，展示表2）。由表2可知，不同的文体，其文体特征各具特点且特征鲜明。

表2

篇名	文体	主要内容	文体特征（从写作功能与艺术特征角度分析）	语体
《中国人民站起来了》	开幕词	宣布中国人民政治协商会议第一届全体会议开幕，说明会议的性质、基础和任务，论证革命胜利，规划国家发展，描绘振兴蓝图，悼念英雄，庆祝伟大胜利	具有宣告性与引导性；号召力强，鼓动性强；语言简洁、明快	演讲语体
《长征胜利万岁》	回忆录	记述了红军胜利到达陕北，在吴起镇伏击并歼灭敌军、召开全军干部会议等事件，表达了对长征胜利结束的欣喜和激动之情	以第一人称叙事；以记叙、描写为主，追忆本人或他人的生活经历和社会活动；真实可信，饱含情感	文艺语体

续 表

篇名	文体	主要内容	文体特征 （从写作功能与艺术特征角度分析）	语体
《别了，“不列颠尼亚”》	新闻（消息）	叙写了查尔斯王子和离任港督乘“不列颠尼亚”号离港及中央关于香港政权交接的一系列仪式，报道了香港经历沧桑后回归祖国这一重大历史事件	简明扼要、篇幅短小；内容真实、新鲜、有价值；时效性强	新闻语体
《在民族复兴的历史丰碑上——2020 中国抗疫记》	新闻（通讯）	全面、客观、立体地报道了党中央领导全国人民抗击新冠肺炎疫情，取得重大战略成果这一事件，揭示了中国抗疫取得巨大成就的根本原因	综合运用记叙、描写、抒情、议论等多种表达方式；报道详细深入；议论色彩浓，思想性强，时效性相对弱一些	新闻语体

师：不同的文体具有不同的文体特征，那么与之相匹配的语体，是否也遵循这一规律呢？让我们来“辨语体，识语体特征”。请大家对比阅读以下两则语段，读一读，这两则语段在语言表达上有何差异？是什么带来了这种差异？（播放 PPT 第 6 页）

> 诸位代表先生们，全国人民所渴望的政治协商会议现在开幕了。
>
> 在三年多的时间内，英勇的世界上少有的中国人民解放军，战胜了美国援助的国民党反动政府所有的数百万军队的进攻，并使自己转入反攻和进攻。
>
> 诸位代表先生们，政治协商会议开幕了。
>
> 在三年多的时间内，中国人民解放军，战胜了国民党反动政府的进攻，并使自己转入反攻和进攻。

生：第一个语段比第二个语段更激昂，更鼓舞人心，原因是多了情感强烈的修饰语。

师：陈同学的语感和语言表达都很准确。大家再找一找，《中国人民站起来了》这篇文章里是否还有体现开幕词文体具有号召性和鼓动性特征的语段？作者是用什么手法达到这一效果的？

生：“只要我们仍然保持艰苦奋斗的作风，只要我们团结一致，只要我们坚持人民民主专政和团结国际友人，我们就能在经济战线上迅速地获得胜利”，这句话运用反复、排比的手法，强调了必胜的信心，增强语势，语气坚定，极具鼓舞性。

师：感谢欧阳同学的分享，这篇文章中还有很多这样情感激昂、鼓舞人心的语句，课后，大家可以互相诵读、分享，体悟语言的魅力。

师：能否还请欧阳同学总结概括本文演讲语体的语体特征？

生：演讲语体的特征是多选用情感强烈的修饰语，使得语言具有鼓舞性；多采用排比、反复等修辞手法，运用排比句式，增强气势，情感激昂，使语言表达极具感染力。

师：谢谢欧阳同学。欧阳同学刚刚从词语选用、句式选用和修辞手法三方面概括了演讲语体的语体特征。学习需要举一反三，接下来，请同学们结合刚才所做的品读与分析，从修辞手法、词语选用、句式选用、语言风格等角度鉴赏另外三篇文章节选语段的语体特征。（播放 PPT 第 7 页）

“吴起镇到了！”同志们欢叫着冲着跑了下去，看到这个欢乐、热烈的场面，我们都很高兴。

……

吴起镇披着灿烂的阳光在欢迎我们。

我们在蓝盈盈的天空下，列队进入了这个镇子……

苏维埃！多么亲切的名字啊！见了她，像见到久别重逢的亲人。可不是，自从去年离开瑞金、于都河，无论在巍巍的雪山上，还是在茫茫的草地上，不管是在怎样艰难的日子里我们都惦念苏维埃。

——《长征胜利万岁》

节选一：

《别了，“不列颠尼亚”》

节选二：

在蒙蒙细雨中，末任港督告别了这个曾居住过 25 任港督的庭院。

4 时 30 分，面色凝重的彭定康注视着港督旗帜在“日落余音”的号角声中降下旗杆……

0 时 40 分，刚刚参加了交接仪式的查尔斯王子和第 28 任港督彭定康登上“不列颠尼亚”号的甲板。在英国军舰“漆咸”号及悬挂中国国旗和香港特别行政区区旗的香港水警汽艇护卫下，将于 1997 年年底退役的“不列颠尼亚”号很快消失在南海的夜幕中。

——《别了，“不列颠尼亚”》

节选一：

灾难，是观照一个民族灵魂的镜子。

节选二：

从白衣战士冲锋在前的身影里，人们看到了“苟利国家生死以”的英勇无畏；从无数普通人坚守岗位的执着中，人们看到了“天下兴亡，匹夫有责”的责任感；从八方驰援的物资洪流中，人们看到了“岂曰无衣，与子同袍”的血脉深情；从方舱医院里“读书哥”的淡定中，人们看到了“莫听穿林打叶声，何妨吟啸且徐行”的乐观豁达……

——《在民族复兴的历史丰碑上——2020 中国抗疫记》

师：有请第五小组，你们选择哪个语段？

生（第五小组）：我们选最后一个《在民族复兴的历史丰碑上——2020 中国抗疫记》的语段。它用了比喻、引用、排比的修辞手法，句式上用排比句，加强说理的气势，增强了文章的说服力，语言生动凝练。

师：如你所说，这段文字说理性强。放眼全文，这是篇议论性强、思想性深的文章，比喻论证、引用论证等论证手法的运用，不但使文章读起来典雅厚重，而且使文章说理深入浅出、思想深刻。

师：有请第六小组代表。

生（第六小组）：我们选择《长征胜利万岁》的语段。首先，运用叠词“巍巍”“茫茫”等使语言具有音韵美。其次，运用拟人、比喻等修辞手法，语言生动活泼，让人真切地感受到作者的欣喜与激动之情。

师：概括很全面，为你点赞！还剩最后一个《别了，“不列颠尼亚”》的语段，请课代表代表你们组解读一番。

生：首先，节选一是文章标题。用了借代手法，以“不列颠尼亚”号代指英国，采用倒装的句式，两者都强调香港摆脱了英国的统治，回到了祖国母亲的怀抱。其作为标题，很新颖，又高度概括了全文的内容，语言简明精当。节选二画面感很强，真实再现了当时的场景。

师：分析得很细致。语言风格呢？有什么特点？

生：比较庄重，整个场景给人以庄严肃穆之感。

师：确实，语言情感饱满却又含蓄克制。结合同学们的智慧，我们来做一个梳理小结。（播放 PPT 第 8 页，展示表 3）从表 3 里大家看出了什么规律？

表 3

篇名	文体	文体特征	语体	语体特征
《中国人民站起来了》	开幕词	具有宣告性与引导性；号召力强，鼓动性强；语言简洁、明快	演讲语体	多用排比句、祈使句等情感强烈的句式，增强号召力与鼓动性；多用情感强烈的词语，增强语言感染力
《长征胜利万岁》	回忆录	以第一人称叙事；以记叙、描写为主，追忆本人或他人的生活经历和社会活动；真实可信，饱含情感	文艺语体	多用叠词，使语言具有音韵美；善用拟人、比喻等修辞手法，表达生动形象；善于刻画人物的动作和心理，准确传达人物情感；记叙、描写、抒情多种表达方式相结合，情感充沛，使语言表达极具感染力
《别了，“不列颠尼亚”》	新闻（消息）	简明扼要、篇幅短小；内容真实、新鲜、有价值；时效性强	新闻语体	用语精准且吸引力强；巧用倒装句，强调了告别的意味；运用借代的手法，突出而形象地宣告了英国统治的结束，中华民族扬眉吐气的时代的到来；语言既真实又生动、既客观又富有情感
《在民族复兴的历史丰碑上——2020 中国抗疫记》	新闻（通讯）	综合运用记叙、描写、抒情、议论等多种表达方式；报道详细深入；议论色彩浓，思想性强，时效性相对弱一些	新闻语体	运用排比等修辞，增强气势，加强文章说服力；运用比喻论证、引用论证等论证手法，既增强文章的典雅厚重之感，又从多角度多侧面理性论述了中国抗疫取得重大战略成果的原因，说服力强

生：不同的语体有不同的语体特征。

生：语体特征和文体特征有关联。

师：从文体上看，这 4 篇文章文体不一，分属开幕词、回忆录、新闻消息和新闻通讯；从语体上看，这 4 篇文章的语体也有差异，分属演讲语体、文艺语体和新闻语体。可见，不同的文体决定了写作应选用不同的语体。通过刚才的活动，又可知每篇文章的语体特征与它的文体是密切相关的。由此可知，语体虽是一个客观存在的语言体系，但它以文体为依托，是随着文体变化而变化的。

曹丕在《典论·论文》中也指出，“议宜雅，书论宜理，铭诔尚实，诗赋欲丽”，说的正是文体与语体的关系。（播放 PPT 第 9 页）

任务二：对比鉴赏，寻文体与语体关系之成因

师：虽然说语体是以文体为依托，但也不完全取决于文体。（播放 PPT 第 10、11 页）请大家阅读《国际奥委会主席巴赫在北京冬奥会开幕式上的致辞》《大战中的插曲》的两个片段，并与《别了，“不列颠尼亚”》《在民族复兴的历史丰碑上——2020 中国抗疫记》联读，试概括每篇文章的语言风格，完成表 4。

经历了诸多不确定因素，最终来到了这里。现在，你们即将迎来自己的时刻，这是你们一直长久期待的时刻，也是我们都长久期待的时刻。现在，你们将在中国数亿新冬季运动爱好者的支持下，在恢宏的运动场馆内，实现你们的奥运梦想。（《国际奥委会主席巴赫在北京冬奥会开幕式上的致辞》）

半天工夫，部队就派人把两个孩子送到了我的指挥所。我先抱起那个受伤的婴儿，看到伤口包扎得很好，孩子安详地睡着，我嘱咐医生和警卫员，好好护理这个孩子，看看附近村里有没有正在哺乳期的妇女，赶快给孩子喂喂奶。那个稍大些的孩子，很讨人喜欢，我牵着她的手，拿来梨子给她吃。小孩子还挺有意思，开始不肯吃，我用水把梨冲洗了以后，她才接了过去。（《大战中的插曲》）

表 4

篇名	文体	语体	语言风格
《中国人民站起来了》	开幕词	演讲语体	磅礴凌厉
《国际奥委会主席巴赫在北京冬奥会开幕式上的致辞》			
《长征胜利万岁》	回忆录	文艺语体	言近旨远
《大战中的插曲》			
《别了，“不列颠尼亚”》	新闻（消息）	新闻语体	
《在民族复兴的历史丰碑上——2020 中国抗疫记》	新闻（通讯）	新闻语体	

生：巴赫先生的冬奥会开幕致辞的文体是开幕词，语体是演讲语体，语言慷慨激昂。

师:精准。下一位。

生:《大战中的插曲》的文体是回忆录,语体是文艺语体,语言通俗易懂,直白质朴。

师:非常棒!下一位能否把最后两个空都填了?

生:《别了,“不列颠尼亚”》的语言风格是庄重凝练,《在民族复兴的历史丰碑上——2020中国抗疫记》的语言风格是说理深刻。

师:抗疫这篇确实有点难度,诚如冯同学所说,本文说理深刻,而且是从多方面、客观、立体地总结了我国取得抗疫的伟大胜利及原因,分析透彻,说理深刻,情感厚重,我们不妨概括为“深沉蕴藉”。(播放 PPT 第 12 页,展示表 5)

表 5

篇名	文体	语体	语言风格
《中国人民站起来了》	开幕词	演讲语体	磅礴凌厉
《国际奥委会主席巴赫在北京冬奥会开幕式上的致辞》	开幕词	演讲语体	慷慨激昂
《长征胜利万岁》	回忆录	文艺语体	言近旨远
《大战中的插曲》	回忆录	文艺语体	朴实无华
《别了,“不列颠尼亚”》	新闻(消息)	新闻语体	凝练庄重
《在民族复兴的历史丰碑上——2020 中国抗疫记》	新闻(通讯)	新闻语体	宏阔深刻 深沉蕴藉

师:同学们,有没有发现,老师把这三组文章放在一起的用心?

生:虽然《别了,“不列颠尼亚”》属于新闻消息,《在民族复兴的历史丰碑上——2020 中国抗疫记》属于新闻通讯,但从大类来说,两者都属于新闻文体。因而这三组文章,每一组都是相同的文体和语体。

师:聪明!之前我们发现不同文体会有不同语体,不同语体具有不同的语体特征。可是,这里的每一组文章,其文体与语体明明相同,为何它们的语言风格却不同呢?是哪些因素影响了文章语言风格的形成呢?

请大家以《中国人民站起来了》《国际奥委会主席巴赫在北京冬奥会开幕式上的致辞》两篇语段为例,小组讨论思考哪些因素影响了语言风格的形成,使得同一文体、同一语体的文章也具有独特的语言风格。(播放 PPT 第 13 页)

生:首先,作者不一样,毛泽东的词我们学过,都是豪迈壮阔、气势磅礴的。因而他的开幕词风格是磅礴凌厉的。其次,写作目的也不一样,巴赫在北京冬奥会开幕式上致辞是为了鼓励运动员,宣布全球瞩目的冬奥会开幕,所以演讲要更有激情,而毛主席的《中国人民站起来了》是中国人民政治协商会议第一届全体会议的开幕词,主要是为了说明会议的主要任务、规划祖国未来发展,语言风格会有差别。

师:说得有理,考虑了作者风格和写作目的两个因素。其他同学还有补充吗?

生：我觉得刚刚陈同学还有一点没讲出来，他说冬奥会开幕式上的致辞是为了鼓励运动员，所以写作对象也有差别，《中国人民站起来了》的对象是会议代表。这样说来，演讲场合不一样，也决定了两篇文章语言风格也不一样。第一篇的演讲场合是会议，所以语言除了鼓舞人心，还多了些庄严庄重，第二篇的演讲场合是冬奥会开幕式，所以力求激动人心，语言更激昂。

师：黄同学见解独到。那么就请大家结合两位同学的分析，从“场合或展现方式”“受众”“主题(写作目的)”“作者”四个维度去比较分析另外两组文章，看看是否能得出相同的结论。(播放 PPT 第 14 页)

(学生讨论，成果见表 6)

表 6

篇名	作者	受众	场合或展现方式	主题(写作目的)	语言风格
《中国人民站起来了》	毛泽东	中国人民政治协商会议第一届全体会议代表	中国人民政治协商会议第一届全体会议	回顾过去，论证革命胜利的历史必然性；立足当下，对国家的发展大计做出规划；展望未来，描绘中华民族振兴的壮丽蓝图	磅礴凌厉
《国际奥委会主席巴赫在北京冬奥会开幕式上的致辞》	巴赫	开幕式与会者及观众	2022 年北京冬奥会开幕式	表达对运动员的鼓励与期待，宣布北京冬奥会正式开幕	慷慨激昂
《长征胜利万岁》	杨成武	读者	图书出版	表达对长征胜利的欣喜和激动之情	言近旨远
《大战中的插曲》	聂荣臻	读者	图书出版	彰显伟大的革命人道主义精神	朴实无华
《别了，“不列颠尼亚”》	周婷(周树春、胥晓婷)、杨兴(杨国强、徐兴堂)	读者	报纸刊登	反映中国人民对维护主权、民族尊严和领土完整的不懈追求	凝练庄重
《在民族复兴的历史丰碑上——2020 中国抗疫记》	钟华论	读者	报纸刊登	表现出生命至上的价值追求，彰显科学抗疫的理性思考	宏阔深刻 深沉蕴藉

师：综上，我们可以得出这样一个结论——一篇文章语言风格的生成，不仅是由作家的个性决定的，更与文章要表达的主题、文章的写作目的密切相关，是作者兼顾写作对象及使用场合，充分考虑文体与语体的适配性后的匠心所致。(播放 PPT 第 15 页)

希望大家学完这节课，对文体与语体的关系有了更深刻的认知，并能学以致用。以下是今天的回家作业——同是对劳动场面的描写，不同的文体有不同的表达。联读《心有一团火，温暖众人心》片段和《芣苢》，试从表达方式、语言风格两个角度鉴赏不同文体与语体的表达效果。（播放 PPT 第 16 页）

人们用“主动、热情、诚恳、耐心、周到”这 10 个字，来赞扬张秉贵的服务态度。

每天，老张从早晨穿上工作服进入柜台，到晚上送走最后一位顾客，每分钟都是全力以赴。你看，他在柜台里，眼、耳、口、手、脚、脑这 6 部“机器”同时开动，他抬头售货，及时发现需要照顾的老弱病残顾客，随时倾听顾客的要求和意见，不断解答顾客的询问，还要不停地拿糖、过磅、包包、打捆，同时用心算代替算盘。在柜台里，他三步并作两步走，一点儿不知累，可晚上下班后，他就感到有些支持不住，有时连上楼还要扶着墙。（《心有一团火，温暖众人心》）

芣苢

〔先秦〕佚名

采采芣苢，薄言采之。采采芣苢，薄言有之。
采采芣苢，薄言掇之。采采芣苢，薄言捋之。
采采芣苢，薄言袺之。采采芣苢，薄言襭之。

【教学反思】

教什么和怎么教，永远是课堂教学两件说不尽的大事。

“文类与表达：实用类文体的分类及叙述特点”教什么，理据有三：一是单元教学任务。本专题教学内容选自高中语文教材选择性必修上册第一单元，属于“中国革命传统作品研习”任务群，本单元以论证性、实用性的作品为主，主要反映“伟大的复兴”这一人文主题，旨在引导学生既要从特定叙事、特定的历史背景中理解作品丰富的内涵，感受改造社会和建设新中国的革命豪情，树立文化自信，树立远大的志向，同时能够把握不同体式作品的风格特点，引导学生体会富有时代特征的语言表达艺术。基于此，教学内容设计聚焦“文类与表达”这一微专题，设计开幕词《中国人民站起来了》、回忆录《长征胜利万岁》、新闻消息《别了，“不列颠尼亚”》、新闻通讯《在民族复兴的历史丰碑上——2020 中国抗疫记》4 篇实用类文本联读，引导学生了解实用类文体的类别及特征，探究不同体式作品的语体选择，思考文体与语体的关系。二是单元教学任务的由来。“1＋X”是统编教材的阅读理念，以此方式可以进行同主题、同题材、同体裁文本不同作者、不同风格的比较阅读。比起单篇精读教学，比较阅读有助于学生形成关联、迁移、类比、贯通式的思维，形成文学眼光，提高文化视野。另外，选择性必修课程的设计更强调专题性、研究性、拓展性，所以，用联读的方式梳理实用类文体的分类与叙述特点，探究文体与语体的内在关系及成因，进而提升学生语言运用、审美鉴赏、思维发展等核心素养。三是教学任务由来的依据。依据当然是课程标准，尤其是语文学习要在真实情境中展开学习活动，引导学生积累实用类文体分类、风格特点等文学知识，提升学生实用类文本的阅读与鉴赏水平，在教学过程中发展学生语言运用、审美鉴赏、思维发展、文化传承等语文核心素养，落实立德树人的根本目的，最终实现语文学科的育人价值。

教什么讲清楚了，接下去就是怎么教的问题了。首先要依据学情。本课的教授对象是高二学生，经过高一必修上册第二单元的学习，学生对实用类文体的体式有了初步了解。又基于单元前两课时的学习，学生对单元篇目的思想内涵、人文主题已有深入的理解与感知，这就为联读四篇实用类文本，梳理不同体式类别与风格特点奠定了基础。尽管如此，学生的知识关联能力、提炼能力、逻辑思维能力仍有待提升，这就是学情。其次是确定教学目标。本次教学，目标可分解为以下四个层次：基础目标，主要是进行比较阅读，明文体，辨明语体特征；发展目标，即梳理整合，探究文体与语体之间的关系；任务目标，通过思辨交流，窥明文体语体关系的成因；迁移目标，即所谓学以致用，能够鉴赏同一主题不同文体的叙述特点。最后是确定教学流程。其关键是任务驱动，这堂课确定了两大任务：辨体式，探文体与语体之关系；对比鉴赏，寻文体与语体关系之成因。内含基本的逻辑有“是什么”和“为什么”，从现象到本质，有效地完成基础目标、发展目标、任务目标、迁移目标。这样的教学过程就是核心素养的有效培育过程。

本堂课呈现三个特色。第一是立足学情，把学情起点当作教学起点，使学生在探究中进步。第二是巧设支架，有针对性地指导促进学生思考，引导帮助学生进阶。第三是任务驱动，对比鉴赏提高学生阅读能力，梳理整合融通语文素养。这三个特色，也应该是微专题课堂教学应该拥有的。（罗秉相）

阅读微专题

情感与理性:实用类文体的理性和情感

执教 / 宁海中学　应晓静

本课课件

【专题目标】

联读《中国人民站起来了》《别了,“不列颠尼亚”》《在民族复兴的历史丰碑上——2020中国抗疫记》,把握演讲、新闻消息与时事评论等实用类文体的语言特点,明了“动之以情、晓之以理”是公共话题交流与对话成功的关键,鉴赏情理兼胜的语言,结合时事,学以致用。

【预习任务】

1. 圈点勾画阅读《中国人民站起来了》《别了,“不列颠尼亚”》《在民族复兴的历史丰碑上——2020中国抗疫记》三篇课文。

2. 早读课时,安排学生听歌曲《东方之珠》,观看1997年香港回归视频、中国人民政治协商会议第一届全体会议开幕式视频。

3. 在笔记本上抄写2遍下列名言警句:

语言是存在的家。——海德格尔

全是理智的心,恰如一柄全是锋刃的刀,教使用它的人手上流血。——泰戈尔

激情,这是鼓满船帆的风。风有时会把船帆吹断,但没有风,帆船就不能航行。

——泰戈尔

你的心灵常常是战场。在这个战场上,你的理性与判断和你的热情与嗜欲开战。

——纪伯伦

照耀人的唯一的灯是理性,引导生命于迷途的唯一手杖是良心。——海涅

热情,是普遍的人性。没有了热情,便没有了宗教、历史、浪漫、艺术。——巴尔扎克

理性是罗盘,欲望是暴风雨。——卡尔·波普尔

理智是人生的向导与光辉。——英国谚语

理智时常纠正感情的过于匆促的判断。——狄德罗

4. 课外阅读崔士鑫、王志锋的《中国人民从此站起来了(奋斗百年路　启航新征程)》(《人民日报》2021年2月8日)、卡尔·齐默的《病毒星球》(广西师范大学出版社,2019年版)。

【教学实录】

第一课时

任务一:感性认识——情感与理性

师:(播放 PPT 第 1 页)同学们好! 今天我们来探究实用类文体的语言。大家看过英国女作家简·奥斯汀的小说《理智与情感》吗? (播放 PPT 第 2 页)一个英国乡绅家庭的两姐妹,姐姐埃莉诺善于用理智来控制情感,妹妹玛丽安的情感却毫无节制。失恋时,埃莉诺把失恋的痛苦藏在心底,玛丽安则因悲伤而少吃不睡、眼泪长流。同学们对饱含情感与理性的语言有什么体验吗?

生:饱含情感的语言比较外露、浓烈、主观,心里想什么就说什么,率真动人,而理性的语言比较客观、平淡。

师:哦,看来大家比较喜欢情感丰沛的语言,毕竟是激情洋溢的青春年华啊,如泰戈尔赞美激情,他说,"激情,这是鼓满船帆的风。风有时会把船帆吹断,但没有风,帆船就不能航行"。那么理性的语言真的只是"客观""平淡"的吗? (播放 PPT 第 3 页)同样是登山,这两段话有什么区别? 你喜欢哪一位的言说? 请一位学生朗读。

海到无边天作岸,山登绝顶我为峰。

——林则徐

余尝寓居惠州嘉祐寺,纵步松风亭下。足力疲乏,思欲就林止息。望亭宇尚在木末,意谓是如何得到? 良久,忽曰:"此间有甚么歇不得处?"由是如挂钩之鱼,忽得解脱。

——苏轼《记游松风亭》

生:林则徐借登顶抒发了个人强烈的抱负,其凌云壮志,气势豪迈,自信满满,激情洋溢。而苏轼领悟到人生不一定时时处处要登上巅峰才好,量力而行,适合自己,悦纳自己,才能解脱,很理性。我更喜欢苏轼这种历经劫波后的豁达自适、自知之明。

生:我觉得他们讲得都很好,特别是林则徐的这两句,让我想到张桂梅老师任校长的华坪女子高中的校训——"我生来就是高山而非溪流,我欲于群峰之巅俯视平庸的沟壑。我生来就是人杰而非草芥,我站在伟人之肩藐视卑微的懦夫!"每每读来,我都热血沸腾,碰到困难时也就有了力量。

师:你们听懂了林则徐、苏轼的心声。激情澎湃,充满自由与梦想,令人向往。但有时理想很丰满,现实很骨感,正视现实与自身条件,分析权衡利弊,做出最适合的选择,从而获得身心的解放,这是理智。真正的理性并不平淡,它是人生的向导与光辉,他时常纠正感情过于匆促的判断。下面我们来仿写句子,进一步厘清两者关系。(播放 PPT 第 4 页)

例句:情感是滔滔江水,理性是管道与渠坝。

仿写:

> 情感是充满能量的飞机，理性__________。
> 情感是暴风雨，理性__________。
> 情感是______________，理性是火外炉。

生：情感是充满能量的飞机，理性是跑道和航线。

生：情感是暴风雨，理性就是罗盘。

生：情感是炉中火，理性是火外炉。

师：发乎情感的语言，往往源于心动，基于直觉；发乎事理的语言，往往源于经验，基于逻辑。一篇优秀作品的语言，其情感与理性无法绝对割裂，也很难做到界限分明，就像鸟的一双翅膀，保持着微妙的平衡，所谓情理兼得。（播放 PPT 第 5 页）

任务二：典例赏析——开幕词的情理兼得

师：下面我们以三篇实用类文本《中国人民站起来了》《别了，“不列颠尼亚”》《在民族复兴的历史丰碑上——2020 中国抗疫记》为例来学习。这三篇文章涉及中国三大重要的政治事件——1949 年中国人民政治协商会议第一届全体会议、1997 年香港回归、2020 年抗疫胜利。这些事件是关系新中国成立、国家统一、国家安全稳定的大事。三篇文章语言如何做到情理兼得的呢？我们来依体而赏。

师：大家知道《中国人民站起来了》属于什么文体吗？

生：开幕词。

师：文体是开幕词。开幕词是党政机关、社会团体、企事业单位的领导人，在会议开幕时所作的讲话，旨在阐明会议的指导思想、宗旨、重要意义，向与会者提出开好会议的中心任务和要求。（播放 PPT 第 6 页）

师：开幕词的语言有什么特点呢？请看 PPT 知识支架——（播放 PPT 第 7 页）

> 实用类文体，总体上要求文风简洁明快，语言准确平实。准确，就是精准明白地说出你的思想、你的要求、你到底要干什么。平实，即要求文辞朴实无华，不能浮夸虚假。但好的开幕词，还讲究语言的情感张力，有强烈的鼓动性与号召性，使听众读者更好地明了问题、明确任务、树立信心、落实会议任务。

师：政治协商会议是严肃重大的政治会议，作者是怎么做到情感与理性兼得的呢？我们从几个问题来窥豹一斑。开幕词的标题是“中国人民站起来了”，文中又提到“占人类总数四分之一的中国人从此站立起来了”“我们的民族将再也不是一个被人侮辱的民族了，我们已经站起来了”。请说说“站起来”用了什么手法，有哪些含义，有什么作用。（播放 PPT 第 8 页）

生：中国人民现在“站起来”了，说明以前是跪着趴着，屈膝为奴，不能挺直腰杆的状态，用了象征手法，象征中国人民经过一百多年的英勇斗争，终于推翻了三座大山的压迫，取得新民主主义革命的胜利，成为国家的主人。

生:人站起来,意味着可以自由行走了,象征中国从此走上独立、民主、统一的道路,历史进入新纪元。

生:“中国人民站起来了”还是大家的“共同的感觉”,反复出现,以此作为主线,去追溯以往的历史,去赞美今天的胜利,并构思和憧憬未来的发展,既充满翻身当家做主人的豪情,也有任重道远、理性深沉的忧患之思,更有建设新中国的宏伟气魄和坚定信念。

师:一句“中国人民站起来了”,苦尽甘来、当家作主的自豪与兴奋溢于言表。(播放 PPT 第 9 页)在开幕词中,老师发现“我们”这个词语竟然出现了 45 次,请从理性和情感角度分析“我们”在文中的作用。(播放 PPT 第 10 页)

生:从情感角度讲,使用“我们”,一是能迅速拉近演讲者和与会者的距离,强调了彼此是在一条战线上的战友、盟友,是同心同德为人民解放、国家富强、民族强盛而奋斗的共同体。二是能真切自然地把“我”的见闻、经历和思想感受开诚布公地向其他党派及民主人士倾诉,使其感同身受。

生:从理性角度讲,使用“我们”,一是说明共产党人正确认识到各民主党派的性质、地位和作用,建设新中国,必须团结一切可以团结的力量,发展最广泛的爱国统一战线。二是表明共产党人欲与其他党派及民主人士建立肝胆相照、荣辱与共的关系。

师:45 次“我们”把其他党派及民主人士的心连在了一起,连成了大中华的力量,这就是情理兼得的妙处。

任务三:典例赏析——特写式新闻的情理兼得

师:下面我们来鉴赏《别了,“不列颠尼亚”》。这篇文章的文体是什么呢?

生:新闻。

师:这是四位年轻人共同撰写的一篇特写式新闻,记录了查尔斯王子代表英国参加英方告别式和中英香港政权交接仪式,与末代港督彭定康撤离香港的具体情景,通过对五个告别现场的描述和 156 年的历史回顾,体现了香港回归的划时代意义。(播放 PPT 第 11 页)大家觉得新闻这种文体有什么特殊要求或特质吗?

生:真实事件、客观描述。

师:客观呈现真实,那是理性。那是不是意味着新闻没有主观的情感、态度、倾向性立场呢?

生:有,但比较隐晦,最好是中立的吧?(教师播放 PPT 第 12 页)

新闻写作的目标是服务于全体人民,客观性和中立性是新闻专业主义最主要的两个特征。尽管中西方对新闻专业概念的理解有所差异,但大体包含的五个原则——公共利益至上,追求真实、客观,价值中立,恪守专业伦理,坚持专业学习和素养提升,则早已成为共识。

新闻是客观事实的“主观映象”,体现着记者对客观事实的认识过程、结果,以及情感、态度,同时也渗透着记者的政治观念,因此,它必然具有某种程度上的倾向性。

师：新闻的理性里有情感立场。《别了，“不列颠尼亚”》这篇通讯的导语部分作者没有写交接仪式的现场多么庄严，也没有写欢庆回归的人们多么激动，而是选择从英方撤离这一角度叙述香港回归这一重大历史事件。表面上，语言庄重含蓄、理性克制、客观中立，没有太多直接的抒情议论。细读深思却能感受其内在充满张力的情感。我们先来看这一句——别了，“不列颠尼亚”。（播放 PPT 第 13 页）

不列颠尼亚（英文 Britannia）是罗马帝国对不列颠岛的古意大利语称呼，后据此设立不列颠尼亚行省，被罗马人神化后衍生为不列颠女神，后成为现代英国的化身和象征，是英国的别称和敬称。

“别了，‘不列颠尼亚’”采用主谓倒装的句式，更能表达强烈感情——香港回归，中国雪耻。虚实结合，匠心独运。“实”指查尔斯王子和离任港督彭定康将乘坐英国皇家邮轮“不列颠尼亚”号回国，“虚”指英国结束在香港的殖民统治。

英国有一首爱国歌曲《统治吧，不列颠尼亚》，由詹姆斯·汤姆森作词，托马斯·阿恩于 1740 年作曲。歌词写道，“当英国第一次接受上天的号令，从蔚蓝的大海里崛起，这就是这片土地的宪章，守护天使唱出了这样的旋律：统治吧！不列颠尼亚！统治这片海洋！不列颠人永远都不会被奴役”。《别了，“不列颠尼亚”》与之相呼应，宣告英国殖民统治的破产，暗含讽刺意味。

“不列颠尼亚”号游轮是英国历史上第 87 艘王室游艇。1954 年 1 月 11 日首航，1997 年 7 月 1 日“不列颠尼亚”号参加中英香港政权交接仪式，接载查尔斯王子和离任港督彭定康驶离维多利亚港湾回国。1997 年 11 月退役。一语双关。船走了，船也要寿终正寝退役了，英国对香港的统治也要完结了。

师：请每位同学任选下列一两句进行赏析，写在当堂练的作业纸上。（播放 PPT 第 14 页）

(1) 掩映在绿树丛中的港督府于 1885 年建成，在以后的近一个半世纪中，包括彭定康在内的许多港督曾对其进行过大规模改建、扩建和装修。随着末代港督的离去，这座古典风格的白色建筑成为历史的陈迹。

(2) 在蒙蒙细雨中，末任港督告别了这个曾居住过 25 任港督的庭院。

(3) 此时，雨越下越大。查尔斯王子在雨中宣读英国女王赠言说：“英国国旗就要降下，中国国旗将飘扬于香港上空。150 多年的英国管治即将告终。”

(4) 4 时 30 分，面色凝重的彭定康注视着港督旗帜在“日落余音”的号角声中降下旗杆。

(5) 大英帝国从海上来，又从海上去。

（老师选择、展示学生的赏析，并品评。播放 PPT 第 15、16 页）

生：(1)(4)句中描述了“人”与“屋”。从“面色凝重”里我们读出了末代港督彭定康的失落、不甘心。“这个曾居住过 25 任港督的庭院”，“25 任”“1885 年建成”“150 多年”，客观陈述数字的同时，渗透着中英双方不同的情绪——英人曾经在此“大规模改建、扩建和装修”作威作福，如今人去楼空；国人曾经任人宰割，如今扬眉吐气。

生:(2)(3)两句都写到了“雨”,渲染下雨的环境,用简单两笔特写——“蒙蒙细雨”“雨越下越大”。在历史性的场面中,作者关注到雨的细节,雨既渲染出英方离别的无奈,也象征洗刷民族的百年耻辱。

生:(4)句中“日落余音”让人想起“日不落帝国”。英国曾经建立了广大的殖民地,被称为“日不落帝国”,喻指在它的领土上,永远都有阳光照耀。香港脱离英国统治,可以说在中国香港的土地上,英国殖民的“太阳”落了。“日落余音”此曲与“日不落帝国”形成极大的反差与落差感。视听结合,更有现场感。

生:(5)“从海上来,又从海上去”运用了象征,百年旧耻终于昭雪的激动与感奋以简短又意味深长的句子结尾,仿佛在说——英国你从哪儿来回哪儿去,这里已不再属于你,永别了!

师:这节课我们赏析了开幕词、特写式新闻情理兼得的语言,同学们从看似平实的文字中感受到了情感与理性的魅力。语言是我们的家。日常生活中我们的语言有没有做到情理皆得呢?请同学们完成课后练习,并通读《在民族复兴的历史丰碑上——2020 中国抗疫记》,圈点勾画情理兼得的好句子。下课。

第二课时

任务四:典例赏析——新闻评论的情理兼得

师:(播放 PPT 第 17 页)同学们好!上节课我们品鉴了开幕词、特写式新闻情理兼得的语言,这节课我们来学习《在民族复兴的历史丰碑上——2020 中国抗疫记》。先来明确一下文体。

生:时事评论。

师:时事评论是新闻评论的一种。(播放 PPT 第 18 页)

新闻评论是大众传媒对新近发生的事件或事实进行的评述,是一种阐释观点表达意见的文体,具有较强的论辩性。其中,社论作为一种重要的新闻评论类型,它代表编辑部就当前重大事件、事变或问题发表官方权威性的评论。

新闻评论具有论辩话语特质,即新闻评论的根本目的是劝服。论辩合理性是实施劝服的基础,即晓之以理,但最终要使劝服效果最大化,还需要动之以情。

师:经历三年疫情,回顾武汉大地疫情肆虐、最终走出阴霾,仍不免悲欣交集。官方社论又是怎样评述这次疫情的呢?亚里士多德认为在说理中,逻辑、可信度、动情都是必要的手段。我们分八个小组,每个小组快速浏览分到的章节,并找出课堂练作业纸上的这些句子(见表 1),用做批注的形式去感受理性与情感的力量。

表1

章节	情理兼得的语句
(一)国家力量,挺过疫情	① 在以习近平同志为核心的党中央坚强领导下,14亿中国人民众志成城、团结一心,打响疫情防控的人民战争、总体战、阻击战。
(二)制度优势,八方支援	② 恩格斯说:“为了进行斗争,我们必须把我们的一切力量拧成一股绳,并使这些力量集中在同一个攻击点上。”坚持全国一盘棋,集中力量办大事,是中国特色社会主义制度的显著优势,也是我们战胜疫情的重要法宝。
(三)中国精神,力量之源	③ 从白衣战士冲锋在前的身影里,人们看到了“苟利国家生死以”的英勇无畏;从无数普通人坚守岗位的执着中,人们看到了“天下兴亡,匹夫有责”的责任感;从八方驰援的物资洪流中,人们看到了“岂曰无衣,与子同袍”的血脉深情;从方舱医院里“读书哥”的淡定中,人们看到了“莫听穿林打叶声,何妨吟啸且徐行”的乐观豁达……
(四)生命至上,人民至上	④ 每一次握手,都在传递力量;每一句话语,都是郑重的承诺:“你若性命相托,我必全力拼搏。”
(五)科学防治,贯穿始终	⑤ 爱因斯坦曾说:“科学的不朽荣誉,在于它通过对人类心灵的作用,克服了人们在自己面前和在自然界面前的不安全感。”当相信科学、依靠科学、使用科学蔚然成风,我们应对风浪侵袭就有了理性的“压舱石”。
(六)总结经验,吸取教训	⑥ 疫情好比一面放大镜,让优势和长处更加凸显,也让我们把短板与不足看得更加清晰。抗疫斗争,暴露出我国在重大疫情防控体制机制、公共卫生体系等方面存在一些短板,反映出一些领导干部的治理能力和专业能力跟不上,折射出形式主义、官僚主义的危害,警示我们养成文明健康的卫生习惯是何其重要……
	⑦ 反思,是面对灾难的应有态度;改变,是面对问题的最好回答。
(七)全球抗疫,中国担当	⑧ 4月19日凌晨,在巨大光束投射下,瑞士阿尔卑斯山脉的马特洪峰“披”上了一面五星红旗。夜空沉寂,灯光传递着一个信念——只要心中有光,世界就有希望。
	⑨ 疫情,以一种残酷的方式,分外真切地警示我们:人类是一个休戚相关的命运共同体。
	⑩ “山川异域,风月同天”的互帮互助,“青山一道,同担风雨”的携手前行,不断给各国人民带来温暖与力量。
(八)重焕生机,展望未来	⑪ 我们从哪里来?从深重的苦难与磨砺。我们向何处去?向着民族复兴的光明未来。任何磨难都只能激发我们奋斗的力量。任何困难都不能阻挡我们前进的步伐!

师:我先示例——(播放PPT第19页)

岁月静好,只因有人负重前行;稳若泰山,源于根基坚实如铁。

批注:采用对称句式,讴歌了那些为国为民勇担重任的人,是他们为我们创造了美好生活。用比喻手法分析揭示了大疫面前国家仍安定的根本原因在于群众拥护党的领导,党有坚强的群众基础,写出了对中国共产党的高度信任与赞扬,语言富有诗意又饱含情感。

师：大家可尝试从修辞、结构、内容、语言特色等多方面鉴赏表1中的句子，思考探讨这些句子中情与理如何相得益彰。

（小组讨论，鉴赏语言，撰写批注。教师巡视指导。每组学生代表展示成果，播放PPT第20—22页）

生：①句是全文的总纲，以“战争”比喻抗疫工作，可见形势的严峻。一方面，以“人民战争”“总体战”“阻击战”，从参战的对象、战略、战术不同层面来揭示中国积极开展国内抗疫工作，全力救治患者、拯救生命；另一方面，强调中国人民团结一致，为取得抗疫胜利约束自我乃至牺牲自我，遏制了疫情大面积蔓延。

生：②句引用恩格斯的话，强调团结的力量和作用，高度赞扬中国人民集中力量办大事的作风，肯定社会主义制度的优越性，名人名言的引用使得文章的观点有说服力。

生：③句引用大量诗句诠释抗疫期间中国人民时代精神的丰富内涵，语言典雅厚重，传统文化与民族精神在国民血脉中得到了延续；运用排比、铺陈，增强了语言气势，给人一种荡气回肠、激动人心的力量。

生：④句采用整齐对称的句式，有韵律，节奏欢快。引用话语，显现医务工作者、中国共产党生命至上、人民至上的价值取向。

生：⑤句引用科学家的话，把科学比作压舱石，强调科学能给人安全感的作用，以理性科学来应对疫情，是在不确定的困境中解困的正确道路。

生：⑥句以放大镜作比，理性反思抗击疫情中存在的种种问题，勇于自我解剖，不隐瞒，不掩饰。有自我净化功能的政党、国家、人民，才能真正提升、进步。“暴露出……”“反映出……”“折射出……”句式整齐，形成强烈的气势。⑦句采用对称格言式的句子，将疫情给予中国人的启示进行了总结与提炼，在灾难与问题面前，要进行多维度的反思并及时改正错误。语言简练果断，富有哲理。

生：⑧句以光明为隐喻，强调世界对于我们中国抗疫的肯定，自豪感油然而生。⑨句以命运共同体为隐喻，理性客观地揭示了一个真相，抗疫不是一国之事，而是需要全人类团结起来才能应对的事。⑩句引用、化用诗句，表现了全世界人民互帮互助，携手前行带来温暖与力量。

生：⑪句采用反复、对称、对比的手法，通过追问思考，坚定信念——中华民族必将走向复兴的光明道路。

师：本文语言情感饱满，运用铺陈、排比、反复、对偶、比喻等修辞手法和整齐的句式增强气势，形成张弛有度的节奏韵律和具体可感的形象；又采用格言式的句子，选用大量名言、诗句、典例进行论证来增强说服力。既有情感的张力又有理性的思辨，时而激情澎湃，时而冷峻深沉，如黄钟大吕，大气磅礴，动人心魄。

任务五：课外练习交流

师：下面我们来展示讨论一下同学们做的课外练习。请同学们读一读下列防疫寄语、宣传标语，给这些标语分类，并说说该类型标语的特点。（播放PPT第23页）

(1) 中国加油、武汉加油!

(2) 没有一个冬天不可逾越,没有一个春天不会来临。

(3) 世上没有从天而降的英雄,只有挺身而出的凡人。

(4) 日本汉语水平考试事务所捐赠湖北2万个口罩和一批红外体温计,物资外包装的标签上写着八个字:山川异域,风月同天。

(5) 日本四家医药机构联合捐赠的物资上写着:岂曰无衣,与子同裳!

(6) 日本舞鹤市政府驰援大连的物资上写着:青山一道同云雨,明月何曾是两乡。

(7) 今天聚会图热闹,骨灰盒中乐逍遥。

(8) 出门不戴口罩,可能戴孝帽。

(9) 戴口罩总比戴呼吸机好,躺家里总比躺ICU强。

(10) 带病回乡不孝儿郎,传染爹娘丧尽天良。

(11) 今天沾一口野味,明天地府相会。

(12) 少出门、不聚集、戴口罩、勤通风、勤洗手。

(13) 早发现、早报告、早隔离、早治疗,对自己负责,对他人负责。

(14) 新冠没有特效药,烟酒抗毒是谣言。

(15) 少吃一顿饭,亲情不会淡;少喝一顿酒,感情仍长久。

(学生回答示例,见表2)

表2

类型	宣传标语内容	特　点
温情激励类	(1)(2)(3)(4)(5)(6)	有温暖美好的鼓励,有信心满满的坚定,有同心同德的担当,有雪中送炭的情谊,有美丽诗意的语言,这些宣传标语契合心灵需要,体现出在大灾大难前人类命运与共
警告威胁类	(7)(8)(9)(10)(11)	内容:警示民众重视防疫、佩戴口罩、减少聚会等,防疫的重要性与疫情的严重性得到了充分的渲染。通俗易懂、表达有威慑力 用了比喻、夸张、对比、对偶等修辞,但缺乏共情和理性,语气强硬野蛮,缺少人文关怀
科普引导类	(12)(13)(14)(15)	有对病毒特点的宣传,也有从卫生习惯、人际关系处理等角度,对防病策略进行的提醒与指导,以人为本,可行性、操作性强

师:你认为什么样的标语、寄语、口号有更好的宣传效果?你有怎样的反思?(播放PPT第24页)

生:防疫宣传标语宜简短醒目、通俗易懂,有强烈的鼓动性与感化的力量。面对突发公共事件,针对公共话语空间,我们的宣传标语口号写作一定要做到合情合理,多些温情关怀,多点科普引导，少些疾言厉色。因为沟通说理是摊开的手掌，不是攥紧的拳头。说理是通过说明和协商，而不是暴力来解决人与人之间可能出现的矛盾和冲突。使用非理性的、诅咒式的、张牙舞爪式的语言，或使用低俗粗暴的语言进行人身攻击，用瘆人的语言制造恐慌绝不应该，因为摧残性的语言暴力，不仅败坏了语言，也毒害心灵，不利于管理工作的开展和社会的稳定。必须防止宣传语言的暴力化倾向，防止用不讲理的“你死我活”来代替讲理的相互体谅。此外，说理也是公民修养的体现。非理性的群众，极具排他性、压制性和暴力倾向，我们每个人要警惕被裹挟而盲从，学习成为心明眼亮，有情怀、有理性的公民。

师：请从预防流感的有效措施出发，尝试拟写三则合情合理、具有人文关怀的标语。（播放 PPT 第 25 页）

示例：① 请居民居家隔离。
② 请居民戴口罩、勤洗手。
③ 请抚慰武汉市民。

生：在家闷一闷，闷死小病毒！
隔断病毒传播，隔不断情谊绵延。
家是永远的避风港，非常时期请停靠！
生：戴口罩病毒难进，勤洗手病毒难留。
戴口罩、勤洗手、多通风，保护自己，关爱他人！
生：同气连枝，共盼春来！
待到樱花烂漫时，我们一起笑。
你不是一个人在战斗，我们永远在你身后。

师：在这个不确定的时代，我们的话语空间更欢迎更需要理性精神与人文关怀，希望我们都能习得这样情理兼得的语言！

【教学反思】

新冠肺炎疫情肆虐时，有感于公共空间的话语撕裂现象，制作了“标语、寄语怎么写？”“张文宏的专业科普怎么让大众接受？”“梳理绘制新闻时间轴”等微课，力图从语言人、从语言出。同时，在学生作业与交流中，发现不少学生对现实生活中语言的高雅、粗鄙、文明、野蛮缺少分辨，有的学生甚至视粗暴、凌厉、诅咒、威胁为力量，认为老百姓素质低就该简单粗暴地宣教才有效果，缺乏理性思辨与审美鉴赏力。导致这些现象的原因是复杂的，但有一点值得我们关注——我们重视文学类文本的教学，而对生活中真正需要什么样的语言，教得、练得还太少了。另外，教材中两篇文章《中国人民站起来了》《别了，“不列颠尼亚”》历史跨度大，背景复杂，学生本就对实用类文体的特质及功能存在隔膜，鉴赏实用类文本情理兼胜的语言，在平淡、克制、理性的文字中去理解其隐藏的情感，或从激情洋溢的文字里感受其内在的逻辑与理性思考，对于学生来说更是陌生而困难的。如果我们不花心思，这些实用类文本就成了鸡肋。

针对以上难点，我尝试突破。

首先，情境再现。要求学生在早读课、课外时间，看一些历史影像资料，如毛泽东与政治协商会议、香港回归的纪实影像，听《东方之珠》歌曲；发放预习资料，如崔士鑫、王志锋的《中国人民从此站起来了（奋斗百年路　启航新征程）》；建议学生课后阅读卡尔·齐默的《病毒星球》；要求学生在课前圈点勾画、阅读原文，在预习练习中，抄写两遍名言警句。这些预习活动使学生对文本的背景有了较为感性的认知，产生了走进课文的兴趣。

其次，以点带面。这两节课的重中之重是围绕"实用类文体的理性和情感"这个点，让学生由浅入深地感知、掌握情感与理性。通过举林则徐与苏轼的例子，以及仿句练习，引导学生区分情感与理性；以三篇不同文体的实用类文本为典例，摘选有代表性的段落、句子，引导学生分辨其情是否真挚、其理是否透辟，两者又是如何相辅相成、相得益彰。点讲透了，学生对文章的其他方面的感知也会逐渐丰富起来。

再次，因体而教。为了让学生吃透三种不同的实用类文体，通过"知识支架"的方式，具体介绍了三种文体的核心特质。比如，开幕词有很强的应用性，但很多开幕词给人刻板、充满套话的印象，抓住《中国人民站起来了》中"站起来"与 45 个"我们"的反复出现，让学生领会其情理兼得。选取特写式新闻《别了，"不列颠尼亚"》的经典语句，示范讲解语句蕴含的丰富知识与情感，让学生学着进行语言鉴赏。新闻评论，学生接触较多，而且学生亲身经历了疫情，对《在民族复兴的历史丰碑上——2020 中国抗疫记》的文本内容比较熟悉，于是我将教学重点从品味新闻评论情理兼得的特点，转到思考情理兼得是怎样做到的，通过引导学生分组做批注的方式，了解怎样的写作才能抵达情理兼得的胜境。

最后，学以致用。课后作业要求学生关注、分析生活中公共空间的语言现象，训练学生如何做到情理兼得。徐贲在《统治与教育：从国民到公民》中，指出"霸气、含混、反逻辑、少理性的语言在中国已经成为一个深入公共文化肌理的普遍痼疾"。让学生在实际情境中运用自己学到的知识与能力去辨析，让学生的语言建构能力、审美能力、思维品质都能得到进一步的提升，善莫大焉。

以上只是我粗浅的尝试，两节课还不能真正提升学生实际运用的能力，特别是理性思辨能力的提升还需要长期更专业的学习与实践。

平实与生动:实用类文体的语言艺术

执教 / 宁波中学　孙　瑾

本课课件

【专题目标】

联读《长征胜利万岁》《大战中的插曲》《县委书记的榜样——焦裕禄》,感受实用类文体语言准确通俗的平实之美与灵活多变的生动之趣,体悟实用类文体在语言表达方面的独特性。

【预习任务】

1. 品读《聂将军和日本小姑娘》《大战中的插曲》,厘清传记文学与回忆录两种文体在语言表达上的差异。

2. 默读《大战中的插曲》和《长征胜利万岁》,圈点语言,感知回忆录平实准确、亲切质朴的语言风格。

3. 微型评论是一种"以短小著称,针对性强,一语道破,数语成文,言极简,意极明"的文学体裁。通过写作微型评论,体会实用类文本平实与生动兼备的表达艺术。

【教学实录】

任务一:比较异同,辨言识体

师:(播放 PPT 第 1 页)原来的苏教版语文教材中有一篇名为《聂将军和日本小姑娘》的文章,它讲述的故事来源于聂荣臻的《大战中的插曲》,前者在一定程度上有传记色彩,而后者则属于回忆录,这就决定了两者在表达上有很大的差异。大家课前已经预习了这两篇文章,发现两者的差异了吗?(播放 PPT 第 2 页,展示表 1)

表 1

篇目	文体	作者与人称	语言风格
《聂将军和日本小姑娘》			
《大战中的插曲》			

生:《聂将军和日本小姑娘》是一篇传记,它采用第三人称,而《大战中的插曲》是聂荣臻自己的回忆,所以用了第一人称的方式讲述自己的亲身经历,并由此展现所思所想。

师:慧眼如炬,你发现两者在叙述人称上的差异。还有补充吗?

生:前者的语言特点鲜明,让人读起来能入情入境,而后者采用生活化的语言,比较平实、质朴、亲切。

师:说得不错,两位同学分别从人称、语言风格的角度对两种文体进行了辨识,现在我们先来看《长征胜利万岁》《大战中的插曲》两篇回忆录。我设计了这张表格(表2),请同学们深入阅读文本,探讨质朴自然、真实可感的语言艺术是如何达成的。(播放PPT第3页,组织学生讨论)

表2

篇目	句式与用词	材料的组织	语体特征
《长征胜利万岁》			
《大战中的插曲》			

生:两文均以第一人称讲述,语言浅白,在句式上也多以短句为主。

师:语言浅白你是从哪里得出的结论?

生:大家看《大战中的插曲》中,聂将军用口语形式进行叙述,娓娓道来,使读者沉浸于一位长者所叙述的往日故事,而《长征胜利万岁》一文除了以上特征,还用"啊""啪""嗬""讲妥了"等拟声词和口语,增强了文章的亲和力。

生:我觉得两文都如实地再现了事情的经过。《长征胜利万岁》围绕着时间和地点两条线索组织材料,《大战中的插曲》中聂将军对战争中的一些小事记忆犹新,如数家珍。

师:也就是说都特别注重事件的描述,你能具体说一说吗?

生:《长征胜利万岁》就集中讲了红四团到达吴起镇、吴起镇战斗、毛泽东宣布长征胜利三件事,每一件事都采用顺叙的叙事方法,清晰准确地再现"长征胜利"这一核心;而《大战中的插曲》中,如救助小姑娘的过程,特别是在考虑该拿两个孩子怎么办的时候,是抚养,还是送回去?这样的心理活动,都体现了文章的真实性。

师:是非常有价值的发现。大家在两篇文章的语体色彩上还有新发现吗?

生:我发现作者在主观叙述的同时,力求做到对史实的客观再现,会适当运用书面语,在《长征胜利万岁》中运用了大量成语,如"运筹帷幄""互诉衷肠""七零八落",而"大战中的插曲"这一题目也以比喻的手法,把救助日本小姑娘比作大战中的插曲,形象生动,设置悬念,激起读者的好奇心。

任务二:共赏雅俗,因言探旨

师:大家再来默读《大战中的插曲》中聂荣臻写给日军的一封信。聂荣臻全文引述的这封信与回忆录的整体语言风格是有不同之处的,你们发现了吗?

生:我觉得《大战中的插曲》整体读起来,语言通俗易懂、自然亲切。但是这封信的语言显得十分典雅庄重。

生：我也觉得这封信读起来特别义正词严，而且多用文言词汇和成语，具有很强的震慑力。

师：是的，这样的一种语言使全文呈现出口语与书面语兼备的格局，达到了雅俗共赏的艺术效果。那么，大家有没有想过，这一篇回忆录中，聂将军为什么要全文引用这封书信，使用书信体表达呢？

生：因为这是聂荣臻将军写给日军的信，在当时具有外交属性，信中不仅借送还日本小女孩的事件动之以情，还义正词严地阐明中国人民的立场，揭露日本军阀的罪恶，可以说是晓之以理，情理并重。

生：我也赞成，这样能促使日本军人认识到日本军阀发动侵华战争的非正义性，从而产生强大的说服力和感召力。

师：大家说得都很棒，既能从书信功用上考量，又能从语言特色上把握。教育家吴玉章就说过，“许多历史著作，同时也是很好的文学作品。我们应当保持这个传统，力求使我们的历史著作不但有丰富的材料，卓越的思想，而且写来有声有色，从内容到形式都很精美”。我想《长征胜利万岁》和《大战中的插曲》都可以称得上是材料丰富、思想卓越的回忆录，同时也写得有声有色。

师：对于这样优秀的回忆录，我们不妨尝试为它们写一段微型评论，当然，在写作之前我们首先要清楚什么是微型评论呢？请看课件展示——（播放 PPT 第 4 页）

微型评论指篇幅十分短小的评论。微型评论同样具有评论的基本要素，有论点，有论据，有论证，其特点主要有：(1)篇幅短小，多则三五百字，少则三五句话。(2)开门见山，直截了当，立即触及所评所论问题的敏感点、要害处。(3)命题小，一事一议，论点鲜明，论据不繁，论证层次从简。微型评论包括小评论、微言录、一事一议等，均以短小著称，针对性强，一语道破，数语成文，言极简，意极明。

师：小组成员之间可以首先展开一次讨论，结合课前的任务单内容，听听同组伙伴们分别打算从哪些角度来写微型评论。大家用 5 分钟时间交流，可以吗？

（学生交流）

师：思维碰撞的时刻，时间总是过得特别快。我们能请哪组同学来分享交流结果？

生：我们组有同学想从细节描写彰显的人物个性这一角度来写微型评论。

师：嗯，我们不妨把它概括为“细节描摹塑人物”怎么样？

（学生点头认同）

师：我能在大家确定的选题上提出一个更高的要求吗？能不能以“细节描摹塑人物”这样形式相仿的短句来展示大家的微型评论角度？

生：我们组确定了两个——“叙议结合显张力”和“用词精练求准确”。

生：我们也有两个——“平实叙述藏激情”和“多种表达蕴深意”，而且我们组有一位同学已经从“多种表达蕴深意”的角度写了一段非常出色的评论。

师：哦？能不能让这位同学读一读，我们一起来欣赏一下？

生：《长征胜利万岁》在记叙过程中，运用场面、心理及侧面描写来表现红军指战员兴奋和激动的心情，并在记叙中融入抒情、议论，更好地表达了长征胜利后作者的喜悦之情，以及对革命烈士的追思，对革命美好未来的向往。《大战中的插曲》在叙述故事的过程中，表现出对落难老百姓的同情，对小女孩的关爱，还有对日军暴行的披露和对未来发展的预测。行文最后一句“今天的美穗子，纯朴善良，给我留下了很好的印象”，看似简单却情感充沛，一方面表现了聂将军对美穗子几十年后来探望自己的行为表示欣慰，另一方面对美穗子的赞美也体现了聂将军对中日两国和平相处的希望，对中日友情的珍视，真可谓言简义丰、主旨深远。

（学生自发鼓掌）

师：通过大家的探讨和分享，我们会发现其实很多优秀的回忆录，不论是写革命斗争的历程，还是缅怀革命先辈的生平事迹，有时会采用丰富的语言表达技巧，描述动人的故事情节，刻画鲜明的人物形象，有时作者对人物和事情的感情，自然地流露笔端，作者按捺不住内心的激动，便发表议论直抒胸臆，或点拨升华，使文章平实而不乏生动，通俗自然又情感真挚。

任务三：聚焦特质，缘言品效

师：如果说回忆录是一种追记本人或者他人过去生活经历或社会活动的文体，其叙述口吻闲淡而亲切，语言表达追求质朴自然、真实可感。那么新闻通讯又应该是怎么样的呢？我们不妨将《县委书记的榜样——焦裕禄》与1980年5月29日《人民日报》上转载的一篇名为《日本小姑娘，你在哪里？》的新闻通讯相比较，以文本中的语言表达为立足，探讨新闻通讯“散文化写作”的具体体现。（播放PPT第5页，展示表3）现在大家可以课前学习任务为发言依据，各抒己见。

表3

篇目	“散文化写作”的具体体现	表达效果	作用小结
《日本小姑娘，你在哪里？》			
《县委书记的榜样——焦裕禄》			

（学生讨论）

生：在《县委书记的榜样——焦裕禄》的开头用数字来记叙兰考的受灾程度，用白描的手法描绘灾区面貌，接着用抒情的笔触表达对主人公焦裕禄的深情礼赞就是“散文化语言”的体现。

生：我看到写推进治理兰考“三害”的一段文字，焦裕禄日益严重的肝病，以及他对自己病情的忽视与对兰考工作的重视形成鲜明对比，而“踩”“顶”“揣”“按”等一系列动作又将焦裕禄忍痛的情态用细节描摹的手法描绘出来。

师：分析得不错，这样一来一个为百姓谋幸福的县领导形象就跃然纸上了。这些细节描写很打动人，有真挚的情感蕴含其中，真是以情感人，的确有散文“因子”。有没有说一说《日本小姑娘，你在哪里？》这篇的？

生：《日本小姑娘，你在哪里？》的开头结尾都采用了散文的笔触，并且三次重复出现“日本小姑娘，你在哪里？”使整篇文章情感起伏层层递进式发展，体现出强烈的思念之情，让读者情不自禁产生了共情。

生：在描写滹沱河的景色时，不仅运用视觉形象，还运用听觉嗅觉来构成形象，达到视听结合的艺术效果。

师：哦，多种感官的描摹，的确让人身临其境，感染力极强。

生：而且为了烘托大战前的气氛，作者化用了“蝉噪林逾静”的诗句，以声衬静，并插入一段悲凉的山歌，渲染了紧张凝重的氛围。

师：是啊，这些散文化手法的运用使文章气势不凡，撼动人心。同时，这也启示我们在写新闻通讯时，要特别注意综合运用多种写作手法，让文章富有波澜，具有感染力。

生：老师，我有一个疑惑。

师：愿闻其详。

生：我们不是说新闻通讯要真实地报道新闻事实，以此来触动读者的心，但是在《县委书记的榜样——焦裕禄》一文中有几处这样的叙述——“他想，按照毛主席的教导，不管做什么工作，必须首先了解情况，进行调查研究”“焦裕禄想：‘嗬，洪水呀，等还等不到哩，你自己送上门来了。’”等，这些都是焦裕禄的内心活动，是外人无从感知的，如何理解作者在报道时采用这样的言语表达呢？

师：真是一个好问题，识疑则悟，由此我们就能进入阅读的佳境。有哪些同学对这个同学的疑惑可以给出回应呢？

生：记者在描绘一个不是自己亲眼所见的场景时，没有交代明确的消息来源，却把这个场景或者人物心理描写得栩栩如生，如同记者目睹身历一样，这是为塑造人物性格和形象而展开的一种想象。

师：你说到的这点我们可以称之为记者的“现场化”策略，“现场化”策略实际上是一种“伪现场”，是合理想象的结果。当然，如果人物已经去世，就让熟悉他的人采用回忆的方式来帮助人物说明当时的内心和感受，这种交代新闻来源的方式，或许是新闻写作中真实展示人物思想感受较为科学的手法。

师：同学们，铃声已经响起，今天我们从“比较异同，辨言识体”“共赏雅俗，因言探旨”“聚焦特质，缘言品效”感受实用类文本语言准确通俗的平实之美与灵活多变的生动之趣，希望在日后实用类文本的学习中，大家都能体察到这类文体在语言表达方面的独特性。下课！

【教学反思】

在新课程的教学中，微专题教学是落实核心素养的有效途径，且大单元主题式教学能助力学生形成并优化知识结构。以这一教学立足为生发点，结合本次教学反思如下：

1. 立足单元，聚焦精微

新教材的变化，要求我们在课程的实施过程中由过去重视单一知识的讲解、单篇课文的赏析，转变为重视大单元教学，以整合的思想组织单元教学，努力创设真实情境下的任务学习活动,拓展语文课程的时空维度,以达到提升学生的核心素养这一目标。《长征胜利万岁》《大战中的插曲》与《县委书记的榜样——焦裕禄》是统编高中语文教材选择性必修上册第一单元中的三个文本,该单元对应的是"中国革命传统作品研习"学习任务群。本单元"单元导语"中提到"把握不同体式作品的风格特点,学习其写作技巧,欣赏富有时代特征的表达艺术",三篇课文中,《长征胜利万岁》《大战中的插曲》同属回忆录,而《县委书记的榜样——焦裕禄》则是新闻通讯;此外,"单元研习任务"的任务二提到"本单元的作品,既抒发了深沉的情感,又表现出理性的思考。选择一篇最能体现这一特点的作品,体会作者是如何将情感抒发与理性表达结合在一起的,进行小组研讨"。基于以上"单元导语"和"单元研习任务"的指引,以及三篇课文的文体差异,我把此次微专题教学的教学目标确定为"感受实用类文本语言准确通俗的平实之美与灵活多变的生动之趣,体悟实用类文本在语言表达方面的独特性",引导学生对两种实用类文体的语言表达进行鉴赏与探究。

2. 问题引领,课堂生成

统编教材教学适合用"学习任务"来串联和统率单元中的课文,使课文成为完成学习任务的学习素材,从而促使学生理解文本深意,形成个性化的解读能力。因此,我在课前设置了一份预习任务单,以三个主要任务作为学习的"驱动点":①品读《聂将军和日本小姑娘》《大战中的插曲》,根据学习任务单中的具体要求,厘清传记文学与回忆录两种文体在语言表达上的差异。②默读《大战中的插曲》和《长征胜利万岁》,圈点语言,感知回忆录平实准确、亲切质朴的语言风格。③通过写作微型评论,体会实用类文本平实与生动兼备的表达艺术。设计这三个学习任务旨在抓住文本深层的情感抒发和理性思考相结合的特点,为学生深入阅读文本,理解回忆录与人物通讯的语言特点提供可以攀登的思考支架。从课堂反馈来看,本班同学在课前做了充分的预习,在课内有了思维火花的碰撞。但是,由于紧凑的课堂时间与相对"丰满"的教学环节之间的冲突,导致部分环节中教学动态生成的欠缺,这也警示教师在设置学习任务时需立足学情,并注重给予学生持续思考或实践的可能。

微专题教学引导学生从学习"面"的广度转向学习"点"的深度,本专题的教学点就是平实与生动兼备的语言,这具有文学类文本和实用类文本语言"两栖性"的特点,也就是这组文章语言的独特性。遗憾的是,学生对于文体和语体的关系,缺乏足够的知识铺垫,初中时也没有系统地学过这一类语文知识,所以上课时,部分同学对于实用类文本"两栖性"语言特点的认知缺乏知识的支撑,故而不够敏感。

立意与选材：通讯标题的妙用

执教 / 浙江省余姚中学　陈宜伦

本课课件

【专题目标】

围绕“立意与选材”这一中心，集中探讨通讯标题的妙用，理解标题与文章主题、内容和结构的关系。主要训练两点：一是通过拟大标题凸显文章主题，二是如何通过小标题安排文章结构和组织材料。

【预习任务】

1. 重读《喜看稻菽千重浪——记首届国家最高科技奖获得者袁隆平》《心中一团火，温暖众人心》《“探界者”钟扬》《县委书记的榜样——焦裕禄》四篇通讯，思考标题特点及其与文章中心的关系，以表格形式呈现。

2. 细读《县委书记的榜样——焦裕禄》，梳理文章围绕小标题选择了哪些典型材料。

【教学实录】

师：同学们，我们在必修上册学习过人物通讯，这个单元我们又学习了《县委书记的榜样——焦裕禄》和《在民族复兴的历史丰碑上——2020 中国抗疫记》两篇通讯，你觉得写好一篇通讯需要注意些什么呢？

生：要注意取好标题，选择好材料。

生：要注意时效性和真实性。

生：要围绕中心选择合适的材料。

师：“工欲善其事，必先利其器”，今天老师给你们一把围绕标题选择材料，立起通讯的骨架的“钥匙”。（播放 PPT 第 1 页）

任务一：研读

活动一：美目盼兮巧拟题

师：课前，我们已经安排了预习任务，让同学们思考四篇通讯的标题有何特点，它与文章中心有何关系。从同学们交上来的学习任务单来看，同学们基本能够把握这些标题的特点，并指出其与文章中心的关系。老师站在同学们的肩膀上，再作一下整合、梳理。（播放 PPT 第 2 页，展示表 1）

表 1

标题	特点	与文章中心的关系
《喜看稻菽千重浪——记首届国家最高科技奖获得者袁隆平》	引用毛泽东《七律·到韶山》诗句	赞美了袁隆平勇立潮头，引领“绿色革命”的精神，还用副标题肯定了他的科研成果
《心有一团火，温暖众人心》	对称语句	体现了张秉贵爱岗敬业、全心全意为人民服务的“一团火”精神
《“探界者”钟杨》	以引号强调，贴上“标签”	提炼了钟杨勇于担当、甘于奉献、不断探求的“探界者”精神
《县委书记的榜样——焦裕禄》	贴上“标签”，开门见山直接点明	凸显和强调了焦裕禄精神

师：白居易说，“感人心者，莫先乎情”，优秀的通讯标题也一样，要能运用各种手法给人以感染力，引起读者情感的共鸣，从而更好地传递文章的中心。关于袁隆平的事迹，老师还拟写了如下 6 个标题，请同学们评价下你喜欢哪一个，并谈谈你喜欢的理由。（播放 PPT 第 3 页）

①《袁隆平：最幸福的事就是泡在田里》
②《袁隆平：稻田里的“追梦人”》
③《袁隆平：“最怕闲下来，没想过退休”》
④《袁隆平：在水稻研究领域突破创新更上层楼》
⑤《袁隆平：把功勋写在大地上》
⑥《袁隆平：把对祖国的热忱结成饱满的稻穗》

生：我欣赏①②两个标题，分别用“田里”“稻田里”点出了我国杂交水稻专家袁隆平的工作地点，以强调地点来凸显袁隆平劳作的精神。

师：你抓住了①②两个标题的共同点，火眼金睛，相当不易。

生：我对②还有补充，我觉得②还运用了引号，给袁隆平贴上了“追梦人”的“标签”，非常形象生动，凸显他为了水稻事业不懈追求的精神，中心突出。

师：说得对，引号强调了他“追梦人”的精神。我们再听听其他同学的意见。

生：我欣赏③，它引用袁隆平的个性化语录，标题比较煽情，能引起读者共情，突出袁隆平时刻都在研究的精神。

生：我欣赏⑥，⑥运用比喻修辞，将袁隆平“对祖国的热忱”比作“饱满的稻穗”，既指明了人物所从事的工作，也体现出袁隆平对祖国的爱之深这一中心。

师：通过同学们的讨论，我们不难发现，优秀的标题能够直击文章中心，可见标题拟法有讲究。根据同学们的课前预习和刚才的讨论，我们归纳一下标题的拟法。（播放 PPT 第 4 页）

标题的拟法：化用诗句、引用人物个性语言（材料语句）、运用比喻等修辞、对称句式、贴上人物“标签”……

师：现在我们试着用这些方法来拟写通讯标题。请同学们为《在民族复兴的历史丰碑上——2020 中国抗疫记》的八个部分拟写小标题，同学们可以把每一部分都当作独立的一篇文章。

（学生拟写）

师：很多同学已经完成了，现在我们来看看同学们拟写的标题，课代表先开个头吧！

生：我的标题分别是——“让党旗在防控疫情斗争第一线高高飘扬”；抗疫，绝对不是孤军作战；生生不息的精气神，永恒不灭的民族魂；“你若性命相托，我必全力拼搏”；对抗疫魔，人类最有力的武器是科学；以反思面对灾难，以改变面对问题；人类是休戚相关的命运共同体；渡尽劫波看神州，迎难而上向未来。

师：我们请同桌给他点评一下。

生：这八个标题都巧妙地浓缩了材料的内容，能够概括出材料的中心；有两个标题直接引用材料语句，很巧妙；还有对称语句，足见课代表的语言功底。

师：你的评价很高，不愧是铁杆同桌。（学生笑）我们再请其他同学展示一下标题。

生：我全部采用对称语句，让整篇通讯在标题上吸人眼球，给读者以感染力。

师：好的，请读一下你写的标题。

生：党旗飘扬武汉间，民众挺立疫情前；制度优势为法宝，八方支援筑防线；传统底色精神气，永恒不灭民族魂；铭记大爱脊梁者，永燃生命希望火；依靠科学的不朽，走对防控的“路子”；凸显优势和短板，反思改变交答卷；摸索世界性经验，红光照亮第一线；喧嚣嘈杂声又起，奋斗复兴再向前。

师：精彩！（教师鼓掌，学生跟着鼓掌）但是，同学们一定要注意，我们不能为了标题的整饬而刻意雕琢，标题依然要以能准确反映材料内容、体现文章中心为宗旨。下面是老师拟写的小标题（见表 2），大家可以参考一下。（播放 PPT 第 5 页）

表 2

章节	小标题（示例）
一	“我们挺过来了！”
二	一方有难，八方支援
三	中国精神，在抗疫中淬炼，在磨砺中升华

续 表

章节	小标题(示例)
四	生命至上,人民至上
五	对抗疫魔,人类最有力的武器就是科学
六	增强忧患意识,破除沉疴积病,永远都是进行时
七	只要心中有光,世界就有希望
八	多难兴邦,玉汝于成

活动二:骨架立兮细选材

师:同学们,其实,小标题是对大标题的深化和细化,也是对文章中心的深化和细化。优秀的通讯作品,往往根据小标题选择典型材料,让人物更加有血有肉,事件更加丰富多样。有了小标题和典型材料,文章结构才清晰起来。老师根据同学们交上来的学习任务单,整合一下《县委书记的榜样——焦裕禄》这篇通讯根据小标题所选择的典型材料(见表3)。(播放PPT第6页)

表3

标题	小标题	所选的典型材料	选材原则(理由)
县委书记的榜样——焦裕禄	"吃别人嚼过的馍没味道"	组织"三害"调查队;调研途中遭遇"白帐子猛雨";激流中绘制洪水流向图	
	当群众最困难的时候,共产党员要出现在群众面前	风雪天带着年轻同志"访寒问暖",高唱《南泥湾》;安慰许楼一双无依无靠的老人	
	他心里装着全体人民,唯独没有他自己	肝病严重却拒绝吃药看病;关心其他同志身体状况;病床上写文章;临行嘱托,不久他就会回来的	
	"活着我没有治好沙丘,死了也要看着你们把沙丘治好!"	病危时仍关心盐碱地、豫东大雨,心系兰考;希望死后葬在沙丘上;病榻下发现书籍《毛泽东选集》《论共产党员的修养》	
	他没有死,他还活着	兰考发生的巨变	

师:同学们,围绕小标题选材是要有章法、有原则的,有怎样的小标题就应该有怎样的选材。根据表3内容,同学们能看出作者的选材原则,或者说作者选这些材料的理由吗?大家说说看。

生:"吃别人嚼过的馍没味道"这个小标题强调了焦裕禄重视亲自调查,尊重第一手资料,所选三则材料都是贴近小标题这个中心的。

生：第二部分，作者所选择的两则材料以风雪天恶劣的环境为背景，点明了小标题中的“最困难”，深化了小标题的内涵。

师：哦，你观察得很仔细。风雪天，群众“最困难”，党员要冲在前，标题是概括性的，而选材具象化了。

生：第三部分，作者所选材料对比明显，正好对应小标题“心里装着全体人民，唯独没有他自己”，是小标题的具体表现，也是贴着标题选材的。

师：好，分析得非常到位！选材其实就是对小标题的具体细化。

生：我觉得第四部分所选内容都是焦裕禄心系兰考的表现，第五部分所选材料是补充焦裕禄死后的兰考变化，正好反映“他还活着”这个主旨。

师：你觉得第五部分所选材料是一种补充材料，跟焦裕禄没有直接关系，对吗？

生：是的，补充他死后兰考的情况，正是他之前奋斗的结果。“他还活着”，说明兰考人民记住了他。

师：非常好！同学们，由此我们是不是可以达成这样的共识——根据小标题选材，我们始终要贴近标题中心、深化标题内涵、细化标题内容、补充标题情节？（播放 PPT 第 7 页）

师：老师把这篇人物通讯的小标题作了如下修改，同学们觉得这篇文章所选材料是否依然适用？大家自由发表看法吧！（播放 PPT 第 8 页）

一、与天斗其乐无穷
二、毛泽东思想滋润兰考人民的心
三、痛忍肝病，心怀人民
四、沙丘，我来了
五、他将永垂不朽

生：第一个小标题有点夸大，跟材料结合不紧密，也不能突出焦裕禄亲力亲为的务实精神。

生：第三个小标题给人感觉主要写焦裕禄的肝病情况，原来的材料已经不适用；第四个“沙丘，我来了”变成了表现焦裕禄刚到兰考的情景。

生：第四个小标题“沙丘，我来了”，我觉得主要是表意不明，到底是写焦裕禄刚到兰考，还是死后的一种隐晦说法，这直接影响如何选材，所以这个标题不可取。

师：同学们讲得非常好，有想法的同学继续发言。

生：我觉得第二个小标题的中心变成了毛泽东思想对兰考的影响，范围扩大了，偏离了焦裕禄这个人物材料。

生：第五个小标题也有点夸大，如果用这个标题，原来材料就不可用了。

师：同学们，小标题和选材是密不可分的，是不能割裂的，共同表现文章主旨。小标题把握得好，选材就能有的放矢，会产生“点睛”、升华的功效，为文章增色；把握不好，会出现虚浮、夸张的现象，不利于选材，使文章受损。

师：其实，原来的每个小标题都承载着焦裕禄精神的某一个侧面，五个小标题从不同角度来凸显县委书记焦裕禄的精神和品格，共同表现大标题的内涵。修改后结构层次就凌乱了，和大标题的关系也就不密切了。

师：以大标题统领小标题，以小标题指引选材。这样，文章的主体结构就明确了，骨架就立起来了，中心也由此突出了。我们来看一下这篇通讯的结构框架（见图 1）。（播放 PPT 第 9 页）

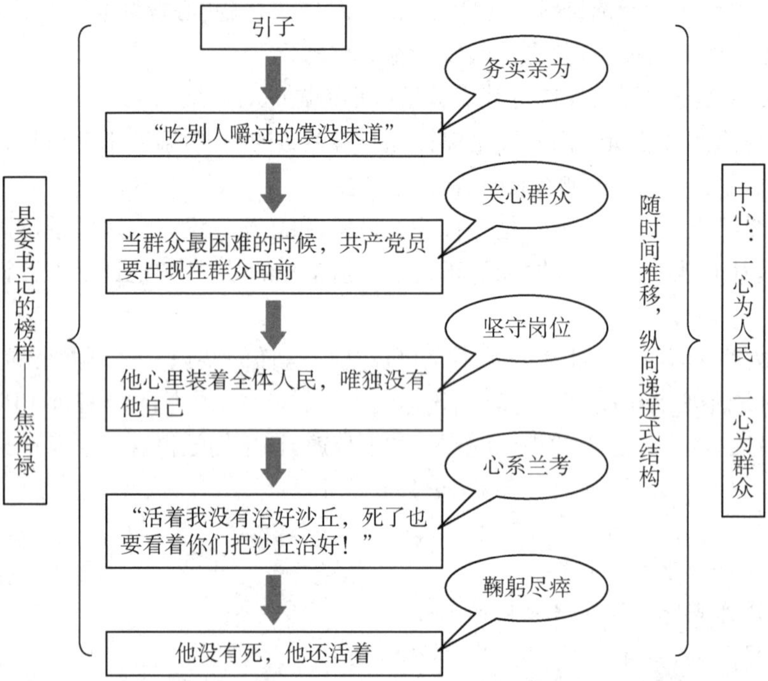

图 1

师：这篇通讯围绕小标题随时间推移选择材料，呈现纵向的递进式结构；当然有些通讯根据标题和选材的需要可以采用并列式结构或递进并列交叉式等。

任务二：操练

活动一：学以致用立框架

师：学以致用，现在我们就用今天所学的知识来组织、架构一篇通讯报道。老师已经发给同学们一份有关“感动中国 2020 年度人物”张桂梅的事迹列表。请同学们小组合作，确定大标题明确中心，拟写小标题，然后根据小标题选材，列出框架。（播放 PPT 第 10 页）

（学生分组活动，列框架）

师：由于课堂时间有限，现在我们就请两组同学的代表发言，其他组同学课后再做交流，就先请第一组同学吧！

生：我们组的大标题是《深山燃灯者——记华坪女子高级中学校长张桂梅》，然后采用三个小标题“命运置你以危崖，你馈人间以芬芳”“我什么都有”“让梦想飞越大山”来分别讲述张桂梅这位深山燃灯者的故事。

师：你可以具体分析一下你们组的构思思路吗？

生:大标题“深山燃灯者”是这篇通讯的中心,旨在赞美张桂梅为大山传播了知识和文化,这个灯是心灵之灯、知识之灯,这是整篇通讯的总纲。第一个小标题“命运置你以危崖,你馈人间以芬芳”,是引用颁奖词中的语言,主要选用③⑨两则材料,说明张桂梅虽艰难但依然馈人间以芬芳的精神;第二个小标题“我什么都有”是直接引用了张桂梅的话,主要选用⑦⑧⑩三则材料,说明张桂梅物质贫穷、精神富有;第三个小标题“让梦想飞越大山”主要选用⑪⑬两则材料,说明张桂梅带领女学生们成功实现梦想。文章结构我们主要采用并列式,分别讲述了她三个方面的事迹和精神。

师:看来你们组是优秀的通讯写手。你分析得也很到位。其实,你们组的三个小标题分别涉及“初创奋斗”“精神富有”“实现梦想”三块内容,这不仅仅是并列式的,还有一种层层推进的感觉。你同意吗?

生:同意。

师:现在,我们再请一组同学直接把你们组的框架写到黑板上,哪一组同学的书写功底比较好?

(学生高呼第四组)

师:好!我们有请第四组代表上台。

(第四组学生上台,在黑板上写出标题框架,见图2)

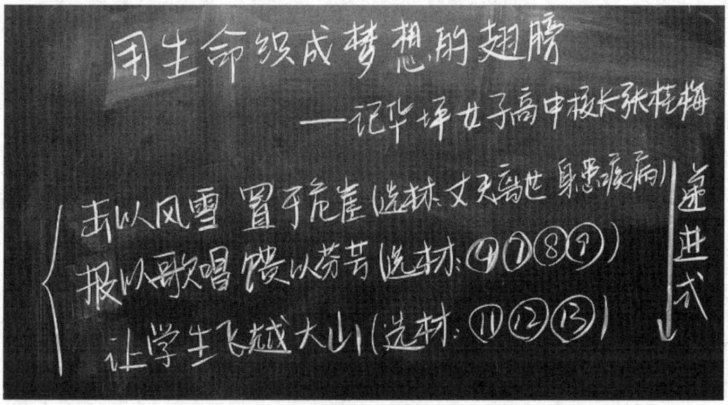

图2

师:字写得不错!现在,老师也给同学们提供一个框架(见图3)。(播放PPT第11页)

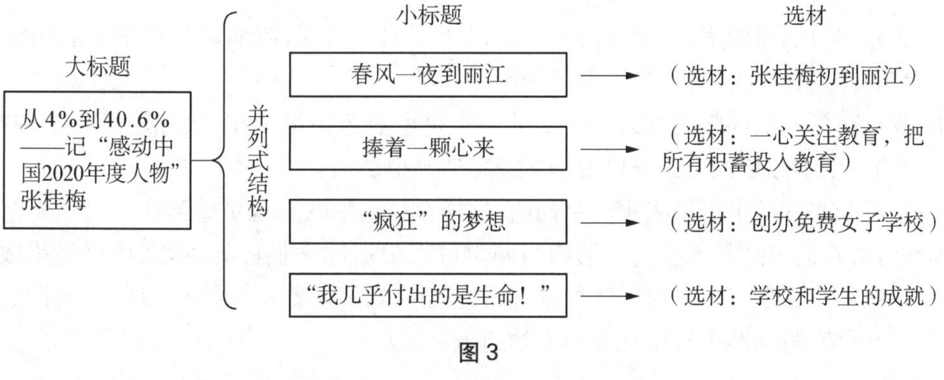

图3

活动二:美其美兮请点评

师:老师根据这节课内容,给大家梳理出一个“知识支架”(表 4),请同学们根据这个“知识支架”的内容为这两个框架做点评。大家开始吧!(播放 PPT 第 12 页)

表 4

项目	评价标准
标题	(1) 大小标题是否准确恰当概括所写内容 (2) 小标题能否从不同角度、不同侧面服务大标题,形成向心力 (3) 小标题主次、轻重是否恰当,排列次序是否合情合理,条理清晰 (4) 标题是否有艺术性,如采用修辞、对称句式、形象化语句、概括性的“原话”等
选材	(5) 选材是否紧密围绕小标题 (6) 所选材料是否典型,并能准确反映中心
架构	(7) 形式上是否整齐匀称,讲求布局的美感

生:图 3 这则框架大标题以数字呈现,很有震撼力,浓缩了张桂梅的教育成就,主题鲜明,中心突出。

生:“捧着一颗心来”化用了陶行知的语录,用在张桂梅身上很形象,很贴切。

师:老师补充一下,其实“春风一夜到丽江”也是化用了诗句,化用了唐代诗人王恭的“春风一夜到衡阳”。

生:“春风”一语双关,选材完全贴合小标题,这既是指云南四季如春,也暗含对大山女孩而言,张老师便是吹来的春风。

师:你发现了玄机,太精彩了!请给他一点掌声!(学生鼓掌)好,其他同学继续点评。

生:我觉得 PPT 上“‘疯狂’的梦想”这个标题取得非常好。张桂梅的行为看似“疯狂”实则大爱,看似“疯狂”实则大勇,看似“疯狂”实则大智,艺术性很强。从选材看,“创办免费女子学校”正好诠释了这看似疯狂却大爱大勇大智的主旨。

师:(赞许)你的点评也是一绝!

生:我觉得 PPT 上的框架从大标题“从 4%到 40.6%”到每部分的小标题都直击张桂梅的教育情怀这个中心,四个方面层次清晰,主题鲜明。

师:同学们可以谈谈黑板上的这个框架,别冷落了第四组同学。(学生大笑)就请第四组同学自己发言吧!

生:我觉得我们组的第一、第二两个标题以四字词语呈现,浓缩就是精华。但相较 PPT 上的框架,总体设计平淡了些,吸引力还不够。

生:我觉得第四组同学的框架最主要的一点是中心还不够突出,大标题既然强调“用生命”,下面的每个小标题就应该都要围绕“生命”展开拟题,再去选材。

生:第三个小标题也可以采用四字词语,这样在结构形式上也更整洁些。

师:好,群众的眼睛是雪亮的。第四组同学可以根据同学们的意见,课后再做修改。今天,这节课我们主要学习了如何围绕标题选材并确立文章框架这一内容。课后,请同学们再完善各自的框架,写一篇关于张桂梅的人物通讯,可以吗?

生(齐声):好!

师:那么,这节课我们就上到这里,同学们再见!

【教学反思】

选择性必修上册第一单元的单元写作任务是“材料的积累与运用”,写作提示中指出“写作如同盖房造屋,既要有好的设计框架,也要有合适的材料”。就通讯报道而言,如何架构好框架,选择好素材,这对大多数学生来说还是有一定难度的,因此找准写作指导的切入点尤为重要。本堂课试图从“如何围绕标题选材”这一角度切入来指导学生立起通讯的骨架,主要完成两个训练目标:一是学会通过拟写标题凸显文章中心,二是学会围绕小标题选材,架构文章框架。

本堂课教学围绕目标,设计了“研读”和“操练”两个环节。“研读”部分设计了“美目盼兮巧拟题”“骨架立兮细选材”两项活动,并结合必修上册第二单元课文,旨在先根据课文搞清楚大标题和中心的关系,小标题对选材的影响,让学生认识到标题、选材和中心三者的关系。“操练”部分也设计了“学以致用立框架”“美其美兮请点评”两项活动,采用了学生比较熟悉的张桂梅事迹,旨在紧贴着学情,创设情境,让学生具体把握标题、选材和中心三者的互动关系,做到有的放矢。从“研读”到“操练”是一个循序渐进的过程,学生从具体感知到实际操作,教学目标得到了切实的落实,实现了飞跃。

整堂课从学生反映来看,这样的设计和定位是有效的。学生积极参与,活动效果明显,尤其在“巧拟题”和“请点评”活动中,学生还是冒出了思维的火花,说明学生对通讯的拟题、选材和框架的确立有了较为深层的认识,从而使课堂的教学目标得以达成,这是可喜的。

但是教学是有缺憾的艺术。课后从学生反馈来看,课堂容量还是较大,尤其在“操练”环节,未能让更多的小组代表展示“框架”,涉及面不广,导致课堂讨论仅限于两则框架;此外,部分环节课堂讨论还不够充分,导致浅尝辄止。

【附录】

张桂梅的事迹列表

① 张老师被女孩子亲切称为“张妈妈”。她像一束希望之光,照亮孩子们的追梦人生。

——联合国教科文组织促进女童和妇女教育特使　彭丽媛

② 烂漫的山花中,我们发现你。自然击你以风雪,你报之以歌唱。命运置你于危崖,你馈人间以芬芳。不惧碾作尘,无意苦争春,以怒放的生命,向世界表达倔强。你是崖畔的桂,雪中的梅。

——《感动中国》颁奖词

③ 一手创办丽江华坪女子高级中学,这是全国第一所全免费的女子高级中学,专门招收那些因家庭原因无法继续完成学业的贫困山区女孩。

④ 为了这片贫穷的土地,她毅然踏上了募捐之路,5 年间,她被人放狗咬,被人吐口水骂骗子,有一次因为太累还坐在机关大门口睡着了。姐姐心疼她,骂她:“这是人干的事吗?”

⑤ 2021 年 2 月 17 日,被评为“感动中国 2020 年度人物”,此后荣获“全国脱贫攻坚楷

模”荣誉称号，被党中央授予“七一勋章”，获全国道德模范荣誉称号。

⑥ 2021 年 2 月 6 日至 2 月 16 日，她家访了山区 104 个学生家庭，这是第 13 次进行的寒假家访。这些年她累计行程 11 万多公里，覆盖华坪和周边县的 1 500 多名学生。

⑦ 为了节省每一笔开支，她节衣缩食，每天生活费不超过 3 元，连一件像样的衣服都没有。

⑧ 为了改善孩子们生活、学习状况，她把省下的每一分钱都用在学生身上，还“阔绰”地捐出 100 多万工资和奖金资助教育。

⑨ 她身体不好，身患多种疾病。1997 年 12 月，由于过度劳累，病情复发，领导、同事、学生多次劝她住院治疗，她不肯。她说：“我的事业是教书，我的希望是学生，不把他们送出学校我是不会先走的。”

⑩ 1996 年 8 月，她丈夫因癌症去世。她没有孩子，没有亲人，没有家。她笑着说：“不，我是一名共产党员，我有一颗火热的心……有国家，有千千万万的孩子，我什么都有！”

⑪ 从 2008 年成立至今，华坪女子高级中学陆续有 1 084 名女孩走出大山，走进大学，走上社会，成为教师、医生、警察……

⑫ 2008 年成立之初一本上线率仅为 4%，2019 年一本上线率为 40.6%，本科上线率达到 100%，排名全丽江市第一。

⑬ 张桂梅曾说：“一个女孩接受教育，可以改变三代人的命运。”……当接受央视记者采访时，张桂梅说：“我几乎付出的是生命！”

闪亮的名字:《家乡英雄纪念册》编辑展示会

执教 / 宁波市李惠利中学　杨志丹

本课课件

【专题目标】

本专题是以“寻找家乡的英雄”为主题的单元综合实践活动。讨论英雄的定义,明确英雄所具有的特质,整合搜集到的家乡英雄资料,采用不同文体进行写作,共同编辑《家乡英雄纪念册》。

【预习任务】

1. 以小组为单位,搜集家乡英雄的相关材料,要注重真实性和丰富性。
2. 明确小组的撰写形式,撰写成文,并在课上分享。

【教学实录】

师:习近平总书记说,“一个有希望的民族不能没有英雄”。什么是英雄,不同的时代有不同的解读。希望同学们能够通过编辑《家乡英雄纪念册》这个任务,去定义、描摹出自己心中的英雄形象。下面将话筒交给负责人。

任务一:召开策划会,定义英雄

生(总编辑):大家好,很荣幸担任《家乡英雄纪念册》的总编辑。此次“选题策划会”,主要任务是对“英雄”进行定义,请大家谈谈在你们心中,什么是英雄。(生笑)

生:英雄要对国家、人民有所贡献,具有牺牲精神。

生:英雄具有英勇、正直、坚韧等品质,不贪图名利,在其他人不理解的情况下也能勇敢坚持。

生:英雄是可以作为榜样的人,要有正确的价值观。

生:英雄就是要锄强扶弱。

生:锄强扶弱太具有画面感了,更像草莽英雄。

生:不如说舍己为人,将大我置于小我之上。

生:我觉得英雄可以是平凡的人,坚守在自己岗位上的普通人。

生:人民群众就是英雄!(生鼓掌)

生:英雄身上要能反映出他所处时代的特征、时代的精神。

生:英雄没有年龄限制,我们以前就学过小英雄雨来的故事。

生:英雄要能不断战胜自我。

生:还要把国家、人民利益放在首位。

生(总编辑):大家发言非常积极,"选题小黑板"上已经记录了大家提出的英雄所应具有的特点。

场下的老师也帮助我们找到了一些关于英雄的表述(生笑),请看大屏幕。(播放 PPT 第 1、2 页)

毛泽东:人民英雄永垂不朽!

《三国演义》:英雄者,胸怀大志,腹有良策,有包藏宇宙之机,吞吐天地之志者。

鲁迅:真的猛士,敢于直面惨淡的人生,敢于正视淋漓的鲜血。

梁启超:所贵乎豪杰者,非谓其有桀骜骁骜之才,足以推倒他人,岿然独雄于群上也,因谓其能谋团体之幸福,以一群之公益为目的也。

习近平:世上没有从天而降的英雄,只有挺身而出的凡人。

罗曼·罗兰:我所说的英雄,不是指那些靠自己的思想和威力而取得胜利的人。我所说的英雄,是指那些具有伟大灵魂的人。

休谟:一种过度的勇敢和豪情,尤其当它表现在形势险恶的时候,在很大程度上渲染了一个英雄的性格,并且使一个人成为后代的景仰对象。

生(总编辑):根据大家的讨论,我们可以初步确定英雄所具有的特质——

(1) 忠诚爱国,为人民牺牲奉献。我认为这是英雄必备的最基本特质。英雄要有强烈的爱国主义精神,始终把人民利益放在首位,为了国家和人民的利益可以做出最大的牺牲和奉献。

(2) 刚毅坚定,为目标勇往直前。这是大家讲述最多的,我认为这是英雄在具体实践中的表现,英雄要具备坚强的意志和顽强的毅力,敢于迎难而上,实现目标。

(3) 品质高尚,能成为学习榜样。英雄要具备高尚的品德和正确的价值观,可以成为其他人学习的典范,引领社会风尚,传承优秀文化和传统。

(4) 追求真理,被历史和人民认可。这是英雄的最终归宿,只有经过历史的检验,得到人民的认可,英雄才能真正成为永恒的典范和精神力量的源泉。

接下来大家可以分组,选择你所认同的某一个或者某几个特质进行构思。

任务二:召开编辑会,"遇见"英雄

生(总编辑):下面召开"编辑会议",大家谈谈自己的构思,尽量避免重复。

生(第一小组):我们组的思路是通过收集宁波籍英雄先烈的资料,撰写一篇人物传记。宁波是一座拥有红色基因的城市,了解家乡英雄的故事,会让我们获得直抵人心的精神力量。之所以选择传记这种较为传统的人物纪念册文体,是因为可以更好地从整体上把握人物形象。我们把人物的生平经历、所获成就和重要贡献作为主要内容。

生(第二小组):我们组采用的是回忆录的形式,主要因为我们有一位很给力的组员。陈同学的大太爷爷是一位抗美援朝的战士,也是她心目中最亲近的英雄,因此作为军人后代的她就成为讲述英雄故事最为恰当的人。而回忆录作为一种更为亲密、个人化的纪念册文体,我们主要撰写她对大太爷爷的回忆和感悟。

生(第三小组):我们组感兴趣的家乡英雄人物是获得2015年度诺贝尔生理学或医学奖的屠呦呦女士。鉴于无法联系到本人(生笑),不能进行面对面采访,我们打算通过查找、参考以往的采访记录,编写采访集,展示她的研究经历、思想和成就。

生(总编辑):大家的思路很好,充分发挥了各组的优势,还兼顾了各类文体。宁波作为我们的家乡,有着各类英雄——既有革命先烈前仆后继,将生死置之度外;也有科研人员默默耕耘,将成果无私奉献;还有各行各业工作者,兢兢业业,时刻坚守岗位。我们要借助文字的力量,认识他们,纪念他们。

任务三:召开发布会,致敬英雄

生(总编辑):此次"发布会",我们将看看大家编辑的内容,提出意见并修改,最后编辑班级的《家乡英雄纪念册》。

生(第一小组):我们今天呈现的人物传记主角是抗美援朝一级战斗英雄——余新发(图1)。他出生于余姚市,是我们家乡的一位英雄人物。我们查找了他的生平、所获荣誉和照片,最后还特别标注了他在入党申请书中所说的一段话,"作战勇敢,不向困难低头,要做硬骨头",更好地展现了人物。缅怀英雄,就是对英雄最好的纪念;传承精神,就是对英雄最好的延续。我们也要在学习中争当一名不向困难低头的"硬骨头战士",成为新时代青年,用青春去践行英雄誓言,为祖国发展贡献力量。(展示学生PPT)

抗美援朝一级战斗英雄——余新发

浙江省余姚市人,1920年12月出生,1950年12月参加革命,中国共产党党员,志愿军第二十军第五十八师第一七五团第三营机枪连排长。在第五次战役千佛山阻击战中,他忍着病痛,坚持指挥战斗,歼敌200多人,圆满完成了任务,立特等功,获一级英雄称号。从部队回到宁波被分配到硫酸厂,遭遇硫矿石塌方,为了给工友争取时间,他不幸被埋在了里面,时年仅55岁。在艰苦卓绝的战场上,余新发在自己的入党申请书上写过这样一段话,"作战勇敢,不向困难低头,要做硬骨头"。

图1

生(总编辑):大家谈谈对第一小组的看法。

生：第一小组在人物传记的介绍上比较简略，更多讲述了英雄人物给自己带来的影响。但是他们使用了照片的形式，将战斗英雄的形象比较鲜明地呈现出来。

生：人物传记可以短也可以长，他们的文字涵盖了较为清晰的人物经历，虽然没有太多细节，但是主旨明确的标题，讲清楚了英雄人物。

生：虽然将人物生平讲得很清晰，但是感觉人物缺少了些血肉，还是建议把经历写得再多一些，可以帮助读者对人物了解得更加透彻。

生（总编辑）：好，第一小组的内容通过。照片的形式比较直观，标题较为突出，建议人物经历再写详细一些。

生（第二小组）：大家好，我是陈同学。我的大太爷爷是一位抗美援朝的战士，也是我身边的一位平凡英雄。这一篇回忆录，是我对英雄的纪念，也是我对亲人的追思。我的大太爷爷叫陈嘉龙，是一名普通的战士。26岁那年，他参军走上了朝鲜战场。我认识大太爷爷，都是通过爷爷和阿太的述说。在他们的讲述里，大太爷爷英俊潇洒，气宇轩昂，就像一位将军一样。但我知道，他英勇的样子并不是因为衣锦还乡，而是来自参加革命斗争的经历。回顾那段特殊的日子，大太爷爷曾说过一句话，“每个青年都要去当兵，这是国家的需要，也是我们应尽的职责”。具体内容大家可以看我写的回忆录。（展示文档《我的大太爷爷是抗美援朝战士》）爷爷常常反复讲，他们那个时代的人们，不仅仅是为了自己，更是为了国家和民族的未来而奋斗。

我的大太爷爷是抗美援朝战士

我叫陈××，我的家里有两位军人，一位是我的爷爷，一位是我的大太爷爷。爷爷常常给我讲大太爷爷的故事，因为他是一名光荣的抗美援朝战士。我也很幸运能够有机会了解家族的历史。我的大太爷爷叫陈嘉龙，生于1925年，是一个出生在浙江宁波贫苦农家的孩子。原本的生活清贫而平凡，却因为一场战争变得不一样。1950年，随着抗美援朝战争的开始，越来越多的青年人加入部队。大太爷爷曾经说过一句话：“每个青年都要去当兵，这是国家的需要，也是我们应尽的职责。”他因为身体素质好，最终成功入选，走向了朝鲜战场。当时他仅仅二十几岁，虽然是一名普通士兵，但是在战场上，他却经历了许多生死关头。他说：“每天都是生死存亡的战斗，我们的生命都在一线之间。但是为了保卫祖国，为了看到五星红旗照常升起，我们必须坚定不移地前行。”爷爷说，大太爷爷回来后跟他说，当时的生活真是非常艰苦。他们在荒山野岭中与敌人搏斗，还总是在野外行军，很少有稳定的住处。有时候是在山洞里过夜，有时候就睡在路边。战场形势严峻的时候，他和战友们还得靠野菜等来充饥。朝鲜的天气真的是非常冷，最开始他不能适应北方和南方气温的差距，但战场上的局势瞬息万变，随着各种冲锋、转移、撤退的命令，他只能迅速地跟着部队跑啊，战斗啊，很快忘记了温差的影响。大太爷爷曾经讲过他参加的一次战斗，那是在一片山林里。他们的部队距离美军非常近，敌众我寡，形势十分危急。保存有生力量，迂回到敌人后方，是他们当时的战斗策略。大太爷爷回忆道，他们趁着天黑，沿着崎岖的小路，跟着前面战友的脚步跑，有时候还要攀爬上陡峭的石壁。大太爷爷说那时候大家都紧张得不行，连呼吸都很难，但是大家凭借合作和默契，最终绕开了包围，与其他部队会合后，才返回来发起了反包围冲锋。

正是他和他的战友们，用自己的血肉之躯，为我们现在的生活奠定了基础。大太爷爷说，在战场上，他和战友们一起奋斗，相互扶持，一起抵御着敌人的猛烈攻势。他们不怕困难，不怕牺牲，只为了保卫祖国的尊严和荣誉。在回忆大太爷爷的故事时，我感受到了那段历史的峥嵘和波澜，也感受到了那一代人的无畏精神和奉献精神。虽然他已经去世多年，但是他的精神和信仰依然鼓舞着我。我希望能够继承他的遗志，成为新时代有为青年，为祖国的繁荣发展做出贡献。

生(总编辑)：大家谈谈对第二小组的看法。

生：虽然我不认识她的大太爷爷，但是会被打动，感觉人物很真实。

生：应该是一些细节描写，让人物更加形象。

生：相比于第一小组，我会觉得很可惜，没有大太爷爷的照片。

生：回忆录这种文体，有讲述人自己的情感在流动，带动了听众、观看者的情绪。

生(总编辑)：我觉得第二小组的内容挺好。因为是身边人的故事，在选材取材上就更为恰当。第一组可以参考一下，对于英雄人物事迹还是要有更为深入的挖掘。但是作为对人物的纪念，照片的确能最直观地呈现人物形象，如果家里有老照片，可以补充一下，相信大家都很好奇。

生(第三小组)：各位编辑好。(生笑)因无法面对面采访屠呦呦女士，所以我们查阅了以往的采访资料，编撰了几条采访问题，并以合理想象、大胆猜测的方式(生笑)，模拟了屠呦呦女士的回答。(展示文档《屠呦呦女士访谈“记录”》)我们的采访，集中围绕青蒿素抗疟研究而展开，包含如何开展中药抗疟研究、如何发现青蒿素、青蒿素治疟的优势、研究过程中的困难、对中国传统药物在现代医学的地位以及成就的看法等。大家可以认识一位致力于医学研究、兢兢业业工作、团队意识强，却十分谦虚的屠呦呦女士，尽管很遗憾没有通过中考成为她的校友，但是我们依然为家乡有这样一位新时代的英雄人物而感到无比骄傲和自豪！(生鼓掌)

屠呦呦女士访谈“记录”

记者：感谢屠呦呦女士接受我们的采访，您在20世纪60年代末开始研究中药抗疟，您是如何开始这项研究的？

屠呦呦：那时候，我在中国中医研究院的中药研究所工作。当时，全国范围内疟疾很常见，而传统的疟疾治疗方法并不十分有效。我从事药物研究多年，深知中药在治疗疟疾方面具有潜力，于是开始了研究。

记者：您是如何找到青蒿素的？

屠呦呦：我在一些典籍中发现，青蒿是一种传统中药，用于治疗发热和寒热病。我开始研究其化学成分，并对其进行了提取和分离。最终，我们发现青蒿中的一种成分——

青蒿素具有抗疟作用。经过多年的研究和实验，我们成功地提取出了高纯度的青蒿素，并将其用于治疗疟疾。

记者：青蒿素在治疗疟疾方面有哪些独特的优势？

屠呦呦：青蒿素的分子结构中含有一个吗啡环结构，能够在人体内被迅速分解为二氧化碳和水，不会产生任何毒副作用。同时，青蒿素的抗疟活性非常强，且对疟原虫的多种类型都具有杀灭作用。因此，青蒿素成为治疗疟疾的一种非常有效的药物。

记者：您在研究青蒿素的过程中遇到了哪些困难和挑战？

屠呦呦：在研究青蒿素的过程中，最大的困难就是如何从青蒿中提取出纯度较高的青蒿素。青蒿中含有多种成分，如果提取不纯，会影响药效。我们花费了很长时间和精力，通过改进提取方法，最终成功地得到了高纯度的青蒿素。

记者：您如何看待中国传统药物在现代医学中的地位？

屠呦呦：中国传统药物是中国文化和医学宝库的重要组成部分，拥有着悠久的历史和深厚的文化底蕴。同时，中国传统药物在现代医学中也具有非常重要的地位。许多传统药物中含有丰富的有效成分，这些成分对于治疗某些疾病有着独特的疗效和优势。因此，我们需要对传统药物进行深入的研究。

记者：您对您的成就感到自豪吗？

屠呦呦：当然，成就是团队共同取得的，也代表了中医对世界医学的贡献，我为我们团队感到自豪。我希望我的研究可以帮助更多的人，尤其是那些生活在疟疾流行地区的人们。我还希望能够通过我的工作，推动中药现代化和国际化，让更多的人了解和信任中药。

生（总编辑）：大家谈谈对第三小组的看法。

生：如果不告诉我这是一篇“大胆创作”的采访稿，我会以为是真的。（生笑）

生：因为了解而真实，他们的“创作”是基于以往采访的回答。

生：采访提纲比较集中，让我感觉还比较专业。

生：最后的感慨也很真实。（生笑）

生（总编辑）：第三小组的整体思路是很不错的，通过采访可以更为集中地展现英雄人物某一方面的特质，也可以通过问题的层层深入，让我们对人物的了解更为深刻。我个人比较喜欢他们的处理方式，现实情况让我们无法实地开展实践活动，但是基于一些现实材料，进行合理想象，大胆猜测，也是一种很灵活的处理办法。可能因为 800 字的字数限制，感觉采访刚刚开始，第三小组可以再去拓展一下，相信大家对屠呦呦女士还有很多的好奇。

生（总编辑）：通过前期的选题会、编辑会，到此次发布会，我们已经基本捋清几位英雄人物的事迹，尽管不同文体的写作没有形成统一的格式，但是精彩正在不平常处。希望大家结合发布会上的修改意见进行修改，最终整理成别样的班级《家乡英雄纪念册》，谢谢大家！

师：感谢主持人。三组同学讲述了不同的英雄故事，他们有战斗英雄，也有医学工作者，英雄的定义不一而足。他们既是伟人，也是平凡人；既可以是个像，也可以是由一个个人组成的群像，是社会中付出贡献的一群人。习近平总书记说，“英雄是民族最闪亮的坐标”。这些闪耀着宁波元素、红色基因的故事，彰显着英雄人物不断进行自我革命的巨大勇气，也激励着一代代甬城人立足发展，走向未来。希望同学们用心制作出精美而又意义深远的纪念册，希望它们可以成为你案头的常备读物，希望同学们在寻访英雄的足迹中，自觉传承红色基因，在致敬先锋人物的过程中，赓续红色血脉。（播放 PPT 第 3 页）

英雄，是民族的脊梁，是人民的精神指引。英雄不是神话，而是历史的真实。英雄，是为了民族和人民利益而英勇斗争、不懈奋斗的伟大人物。他们不是为个人利益而斗争，而是为了民族和人民的利益而斗争；他们不是单纯的个人英雄，而是代表着一个民族的英雄；他们不是寻求虚荣和享乐的，而是真理、善良和美好的不懈追求者。

【教学反思】

本专题是单元综合性活动专题，以“家乡的文化生活”为核心，注重对材料的积累与运用方面的指导。同学们通过搜集家乡英雄人物的资料，撰写文章，在班级里交流展示，编辑《家乡英雄纪念册》，借此理解英雄，敬重英雄，树立崇高信仰。

1. 创意与亮点

其一，主题的必要性。中国共产党成立以来，不同时期的共产党人用自己的理想和信念托起整个中华民族伟大复兴的事业，尤其是那些近在身边的家乡英雄更值得铭记。新时代的青年需要在纷繁芜杂的信息浪潮中，更好地理解这些英雄人物的闪光精神。

其二，形式的主动性。课上内容以学生活动为主，老师只做了课前任务的布置与点拨、课后的总结。学生有更多的参与以及信息分享的机会，提升了宏大主题下学习的积极性。

其三，方法的灵活性。综合性活动在语文学习中处于略显尴尬的地位，课前调查发现学生面临考试压力，对纪念文体的撰写并不感兴趣。于是，教师临时更改，不限制文体，可以结合身边人物创作，也默许在不能实地采访的情况下，通过查阅资料来仿写采访内容，小组的积极性才被调动起来。

2. 不足与改善

其一，对英雄的认识还不够深刻。尽管借鉴了一些英雄的定义，但寻找英雄时仍然下意识地选取战场上流血牺牲的人物。在给英雄定义时，已经意识到平凡人也可以是英雄，但是依然缺少对群体英雄的认识。

其二，对英雄精神缺少共鸣。同学们缺少对战争的经历和认知，有些英雄事迹对于他们而言只是冷冰冰的文字。

建议老师们引导学生更广泛、深入地挖掘身边的英雄，有血有肉的真实事迹可以增强学生对人物的理解和共鸣。英雄精神不是一道阅读理解题，更需入脑、入心的浸润。

第二单元

修身与养性:阐释孔孟之道

执教 / 宁波市北仑中学　王科威

本课课件

【专题目标】

联读《〈论语〉十二章》《大学之道》《人皆有不忍人之心》,管中窥豹,梳理孔孟之道的核心理念"仁",并进一步探讨"仁"与"礼"的关系,尝试辨析孔孟"仁学"思想的差异。

【预习任务】

1. 联读《〈论语〉十二章》《大学之道》《人皆有不忍人之心》,疏通文言字词,掌握文章内容。

2. 借助网络等,收集相关文献材料,了解孔孟之道的相关文化知识,并给孔孟之道写一段 100 字左右的解释。

3. 孔孟对"仁"的认识有何不同? 拟写几点看法。

【教学实录】

第一课时

师:"孔曰成仁,孟曰取义",在儒家传统中孔子和孟子总是"形影相随"。先来考考大家,孔子被后世尊称为"至圣",那么孟子呢?(播放 PPT 第 1 页)

生(齐声):"亚圣。"

师:看来同学们对孔孟已经有所了解,这堂课起点不错。孔子和孟子是儒家的代表人物,他们的思想、学说联系紧密,相辅相成,因而被合称为孔孟之道。孔孟之道是儒家思想文化的精华,对中国悠久的历史文化产生了深远的影响。某种意义上,孔孟之道是了解中国传统文化的一扇窗。

(板书:孔孟之道)

师:也许有同学会困惑,这个时代为什么还要学习研究孔孟之道? 其实,孔孟之道不仅仅是传统文化,它在当今时代依然有着不小的影响和价值,同学们能不能举例说说?

生：孔孟之道作为国学的重要组成部分，成为当代青少年学习的内容。

师：很多学校还将其开发成了学校的课程。

生：我知道世界上有很多国家成立了孔子学院，还颇受外国人的欢迎和认可。

师：你看连外国人都很感兴趣，这本身就足以说明孔孟之道的价值，我们中国人更有必要好好学习孔孟之道。老师课前布置了预习任务，让同学们借助网络等工具收集相关文献材料，了解孔孟之道的相关文化知识，并写一段100字左右的解释。下面我们先请小组推选代表，交流分享大家的成果。

（事先分好学习小组，小组推选一名代表发言）

生：所谓孔孟之道，指以孔子、孟子为代表的儒家思想和理论体系。就个体而言，它弘扬和践行仁、义、礼、智、信等德行；对社会而言，它是弘扬中华之德道，即厚生、爱民、公平、正义、诚实、守信、革故、鼎新、文明、和谐、民主、法治之道。

生：孔孟之道是指由孔子和孟子的言论及思想构成的一套理论体系，对中国文化的影响可谓源远流长。如今对于孔孟之道的文化精髓，“仁者见仁，智者见智”，但毫无疑问，其中有很多有价值、在今天也值得人们借鉴的主张。

师：对于孔孟之道，我们不能一味仰视，也不可一概俯视。这节课，就让我们以平视的姿态走近孔孟之道。

任务一：觅径

师：从之前同学们的发言中，我们了解到孔孟之道是一个复杂的文化现象，要想走近孔孟之道需要寻找一条适宜的路径。这条路径我们不妨就从《大学之道》这篇课文中去找一找，先请大家齐声诵读《大学之道》。

（学生齐读，其间有字音等错误老师及时纠正）

师：同学们在诵读时，有没有发现这篇文章写法上有什么特点？

生：文章非常连贯，一环扣着一环，朗读起来很有气势，感觉一读就停不下来。

生：感觉非常适合诵读，而且有助于我们记忆。

师：这种环环相扣的效果源于文章运用了一种特殊的修辞手法，谁知道？

生：应该是顶针手法。

师：对，就是顶针手法，是古文中的一种惯常使用的修辞手法。下面我们就来具体了解一下顶针手法。（播放PPT第2页）

> 顶真，亦称顶针、联珠、蝉联，是一种文学修辞方法，是指上句的结尾与下句的开头使用相同的字或词，用以修饰两个句子的声韵的方法。顶真手法是古典文献中比较常见的修辞手法，很多句子我们都耳熟能详，如“天时不如地利，地利不如人和”（《孟子·公孙丑下》）。顶真手法上递下接，结构紧密，可以使语气紧凑，语义贯通，读来给人和谐流畅之感，具有节律整齐之美。

师：通读《大学之道》之后，我们以小组为单位，合作完成整篇课文的翻译。

（小组合作翻译《大学之道》，教师巡视并适时给予点拨指导）

师：每组都完成了自己的翻译，接下来大家对照老师给出的参考译文，修改完善自己的翻译。（教师当堂下发参考译文）

参考译文：

大学的宗旨在于弘扬光明正大的品德，学习并应用于生活，使人达到最完善的境界。知道应达到的境界才能够志向坚定，志向坚定才能够镇静不躁，镇静不躁才能够心安理得，心安理得才能够思虑周详，思虑周详才能够有所收获。每样东西都有根本，有枝末，每件事情都有开始，有终结。明白了这本末始终的道理，就接近事物发展的规律了。

古代那些要想在天下弘扬光明正大品德的人，先要治理好自己的国家；要想治理好自己的国家，先要管理好自己的家庭和家族；要想管理好自己的家庭和家族，先要修养自身的品性；要想修养自身的品性，先要端正自己的心思；要想端正自己的心思，先要使自己的意念真诚；要想使自己的意念真诚，先要使自己获得知识；获得知识的途径在于认识、研究万事万物。认识、研究万事万物后，才能获得知识；获得知识后，意念才能真诚；意念真诚后，心思才能端正；心思端正后，才能修养品性；修养品性后，才能管理好家庭和家族；管理好家庭和家族后，才能治理好国家；治理好国家后，天下才能太平。上自国家元首，下至平民百姓，人人都要以修养品性为根本。若这个根本被扰乱了，家庭、家族、国家、天下要治理好是不可能的。不分轻重缓急，本末倒置却想做好事情，这也同样是不可能的！

师：为什么我们选择《大学之道》？因为《大学》是一部论述儒家思想的重要著作，其中提出了“三纲领”“八条目”。有人说，抓住了这“三纲八目”，就等于掌握了一把打开儒学大门的钥匙。请同学们提炼课文信息，填充横线上的内容。（播放 PPT 第 3 页）

“三纲领”：________、________、________。

“八条目”：________、________、________、________、________、________、________、________。

生：“三纲领”就是“明明德”“亲民”“止于至善”。

生：“八条目”就是“格物”“致知”“诚意”“正心”“修身”“齐家”“治国”“平天下”。

师：其实“三纲领”和“八条目”之间既有联系，也有区别，请大家自主思考两者在儒家思想中分别侧重哪个方面。

生：我觉得“三纲领”更侧重于目标，或者说是要达成的成就。

生：“八条目”则是实现“三纲领”目标的方法，具体分解为八个条目或者是八个步骤，它们之间也有一定的顺序和层级，感觉是循序渐进的。

师：说得非常到位。“三纲”侧重儒学“垂世立教”的目标，也就是可以达成怎样的目标；“八目”强调为达到“三纲”而设计的措施、方法，也就是怎样去达成目标。

师：格物、致知、诚意、正心、修身、齐家、治国、平天下，正是《大学之道》向我们提供的人生的“进修阶梯”。如果仔细观察这八个条目，我们又可以将它们分为哪两个方面？

生：我觉得总体上可以分为“小”和“大”两个层面，或者说是“个体”和“集体”两方面。

“格物、致知、诚意、正心”是个人方面，这可以说是“小”的；“齐家、治国、平天下”是集体方面，这可以说是“大”的。

师：你概括得很好，老师在你的基础上进行一点补充。这八个条目包括“内修”和“外治”两方面，“格物、致知、诚意、正心”是“内修”，“齐家、治国、平天下”是“外治”。

师：你认为其中最根本的是什么？

（学生一时有些茫然，找不到回答的方向）

师：如果我们找不到答案，同学们可以回归文本，答题的思路往往就在文本中。

生：文章中说“自天子以至于庶人，壹是皆以修身为本”，明确提出要把“修身”作为根本，显然最根本的是“修身”。

师：最根本的就是“修身”，为什么呢？因为“修身”是联结“内修”和“外治”的枢纽，它既与前面的“内修”连在一起，是保持“独善其身”，又与后面的“外治”连在一起，是追求“兼济天下”。

师：可见，儒家思想非常强调个体的德行修为，由此我们也明确了“修身”与“养性”是了解孔孟之道的途径和角度，更是理解孔孟之道的关键与核心。

（板书：修身与养性）

师：这节课我们成功地寻觅到了走近孔孟之道的路径，下节课我们将继续这一次的探究之旅。

第二课时

师：上节课我们初步交流了大家对孔孟之道的了解，重点寻觅到了走近孔孟之道的路径，今天这节课我们将沿着这条“修身与养性”的路径进一步“寻幽”“探界”并加以“分辨”。

任务二：寻幽

师：古人有“冷看《论语》，热读《孟子》”之说，无论是“冷看”还是“热读”，都要求我们对这些经典字斟句酌、了解透彻，而细读、熟读正是适宜的方式。请同学们大声诵读《〈论语〉十二章》《人皆有不忍人之心》。

（学生自主诵读，教师巡视其间，发现错误及时纠正）

师：既然我们找到了走近孔孟之道的路径，那么它内里的核心到底是什么？接下来我们以《〈论语〉十二章》和《人皆有不忍人之心》两篇文章为依据，管中窥豹，尝试寻找孔孟之道的精髓。我们还是以小组为单位，合作完成老师提供的表格（表1），先概括两篇文章的观点。（播放PPT第4页）

表1

篇目	概括观点（逐章概括）	提炼思想（关键词）
《〈论语〉十二章》		
《人皆有不忍人之心》		

（巡视过程中发现有些小组存在不得其门而入的情况）

师：我看大家完成这个任务或多或少遇到了一些困难，觉得这两篇文章思想有点散乱，不怎么好概括。语录体的《论语》，往往采取孔子与弟子的对话，多以零散的片段为主，确实在逻辑上和脉络上缺乏整体性和连贯性。在学习过程中，我们可以先翻译每一则内容，然后进行相关主题的自我整合，或许能有更好的效果和更多的收获。

（小组继续交流讨论，完成表格）

师：下面我们就来交流一下，请各小组推荐代表展示合作成果。

（各小组呈现合作成果，见表 2）

表 2

篇目	概括观点（逐章概括）	提炼思想（关键词）
《〈论语〉十二章》	君子好学（敏、慎、就有道）；仁与礼；道的重要性；君子与小人的义利观；见贤思齐；君子要文质彬彬；仁以为己任；功亏一篑与持之以恒；知者、仁者、勇者的表现；克己复礼为仁；己所不欲，勿施于人；学《诗》的作用	
《人皆有不忍人之心》	“不忍人之心”和“四端”	

师：《〈论语〉十二章》在内容上侧重君子的修养。文章通过多则材料对君子的修养进行多方面的论述：有大的方面，也有小的细节；有外在的讲究，也有内在的要求。而《人皆有不忍人之心》以人突然看见小孩子将要掉入井里时的反应为依据，论证“人皆有不忍人之心”，由此提出人都有“四端”，进而论述“四端”对为人处世、治理天下的重要性。如果我们将两篇文章放在一起，要从中提炼出一个共通、共有的思想，大家认为是什么呢？

生：我们认为是“如何成为君子”，就是做一个道德完善的人，即君子之道。

生：我们认为是“礼”，两篇文章都提到了这个主题，算是一个共同点。

生：我们认为是“仁”，尽管《〈论语〉十二章》有多个方面的论述，但是“仁”的思想和主张在其中占了好几章，而《人皆有不忍人之心》提出的“不忍人之心”与“仁”不谋而合。

师：《论语》论述庞杂，包罗万象，但其核心思想还是很明显的。刚才最后一位同学说得有理有据，我们通过这两篇文章确实可以提炼出孔孟之道的核心思想——“仁”。

师：可以说，“仁”就是我们依据一定的路径寻找到的孔孟之道的核心精髓。据统计，在《论语》中“仁”字出现过 109 次，但什么是“仁”似乎又很难说清楚，即便是孔子和孟子对“仁”的内涵也有多种表述和阐释。“仁”到底是什么？请结合下面文字进行理解并概括。（播放 PPT 第 5 页）

① 曾子曰：“士不可以不弘毅，任重而道远。仁以为己任，不亦重乎？死而后已，不亦远乎？”（《论语·泰伯》）

② 颜渊问仁。子曰：“克己复礼为仁。一日克己复礼，天下归仁焉。为仁由己，而由

人乎哉?”颜渊曰:“请问其目。”子曰:“非礼勿视,非礼勿听,非礼勿言,非礼勿动。”颜渊曰:“回虽不敏,请事斯语矣。”(《论语·颜渊》)

③ 有子曰:“其为人也孝弟,而好犯上者,鲜矣;不好犯上,而好作乱者,未之有也。君子务本,本立而道生。孝弟也者,其为仁之本与!”(《论语·学而》)

④ 子贡曰:“如有博施于民而能济众,何如?可谓仁乎?”子曰:“何事于仁,必也圣乎!尧、舜其犹病诸!夫仁者,己欲立而立人,己欲达而达人。能近取譬,可谓仁之方也已。”(《论语·雍也》)

生:“仁”是一种“死而后已”的人生重任。

生:“克己复礼”就是要约束、克制自己,回归礼。

生:“为仁由己”说明“仁”要靠自己,从自己做起,不能依靠别人。

生:做到“仁”,就是以“礼”为标准,“非礼勿视,非礼勿听,非礼勿言,非礼勿动”,看看是否符合“礼”。

生:“仁”的根本是“孝弟”,也就是孝顺父母、尊敬兄长。

生:“仁”是“己欲立而立人,己欲达而达人”,能够设身处地,积极为人。

师:同学们都从某一章或某一个角度阐释了“仁”,综合同学们的结论可以发现这个“仁”的内涵深厚,涉及范围广,并没有明确、标准的定义。《论语》中的“仁”并没有一个明确的范畴和清晰的定义,往往针对不同的场合、对象等有不同角度的说法。有时候,它可以具体为一种待人接物的道德品性,有时候又可以发展成一种社会道德的最高境界;有时候它是一种具体的做法,有时候又是一种抽象的理念。

师:一般而言,“仁”即“爱人”,以“孝弟”为根本,具体方法是“己欲立而立人,己欲达而达人”和“己所不欲,勿施于人”。

(板书:爱人,“孝弟”为本,“己欲立而立人,己欲达而达人”“己所不欲,勿施于人”为方)

任务三:探界

师:“仁”固然是孔孟之道的核心思想,但并不是唯一的思想维度。孔子很早就意识到,单有道德理想是远远不够的。要达到治国安邦、恢复周礼的目的,还必须在社会中形成一股外在的约束力,而“礼”正是这样一种能反映“仁”的外在“边界”。

师:我们中国人对于“礼”并不陌生,中国素来被称为礼仪之邦,我们日常也要讲究礼节礼貌。那么在孔孟之道中,“礼”到底是什么呢?请同学们结合下面文字进行理解并概括。(播放PPT第6页)

① 子曰:“非礼勿视,非礼勿听,非礼勿言,非礼勿动。”(《论语·颜渊》)

② 子曰:“礼云,礼云,玉帛云乎哉!乐云,乐云,钟鼓云乎哉!”(《论语·阳货》)

③ 礼乐不兴,则刑罚不中;刑罚不中,则民无所措手足。(《论语·子路》)

④ 子曰:“道之以政,齐之以刑,民免而无耻;道之以德,齐之以礼,有耻且格。”(《论

语·为政》)

⑤ 孔子谓季氏:"八佾舞于庭,是可忍也,孰不可忍也。"(《论语·八佾》)

生:"礼"是一种标准,制约着人们的言行举止。

生:"礼"不仅仅是"玉帛"这些物质层面的东西,换言之,它应该还有更本质的东西。

生:"礼"不仅仅是日常礼仪,还关乎"刑罚",可见"礼"是很重要的。

生:"礼"是治国的重要手段,只有"齐之以礼",才能使百姓"有耻且格",如果僭越了"礼"就可能出现"不可忍"的事情。

师:同学们很好地解读了材料中的"礼"。在中国古代,"礼"是用以区别尊卑贵贱的社会制度及与之相应的礼节仪式。如果说"仁"是人格修养所能达到的最高境界,那么"礼"就是反映个人修养的道德规范和行为准则,是各种美德的标准和底线。"礼"不仅能够调节人与人之间的关系,是立身处世的重要美德,更是治国理政的基础,让老百姓有所依从、各安其分,维护等级秩序,保持社会稳定。

师:在儒家思想中"仁"和"礼"是两个重要理念,它们经常同时出现在相关论述中。那么两者的关系究竟如何?请同学们结合下面两段文字,概括并梳理"仁"与"礼"的关系。(播放PPT 第 7 页)

① 子夏问孝。子曰:"色难。有事,弟子服其劳,有酒食,先生馔。曾是以为孝乎?"(《论语·为政》)

② 子曰:"人而不仁,如礼何?人而不仁,如乐何?"(《论语·八佾》)

生:就像之前说的,"礼"可能更注重外在的形式,比如"玉帛""酒食"。但如果仅仅是这些东西,而没有内在的情感支撑,或者说缺少"仁"作为底色,那么这样的"礼"是虚情假意,这样的"孝"也不是真正的孝顺。

生:"礼"需要有"仁"的引领,没有"仁"也就没有"礼",不能将两者割裂开来。因此,我们不能就"礼"讲"礼",而是要将两者有机结合起来。

师:综合同学们的说法,我们来总结一下。"礼"是人们的行为准则,体现了社会对人的外在约束;"仁"则是"礼"的本质,是修己、爱人的内在自觉性。礼乐,不能只重形式,更要从内心真正认同;"仁",只有发自内心,人才能自觉实践"礼"。"礼"是"仁"的外在表现,"仁"是"礼"的内在根本。

(板书:"礼"是外在表现,"仁"是内在根本)

任务四:分辨

师:学到这里,感觉我们总是在说"孔孟之道",似乎孔子和孟子的思想可以相提并论。其实,孔子和孟子虽然都推崇"仁"的思想,也都讲求"仁者爱人",但两者并非完全一致,应该说是"同中有异"。最后,我们就来初步探究孔子和孟子在"仁"思想方面的区别。请同学们再次研读《〈论语〉十二章》和《人皆有不忍人之心》,谈谈两者在"仁"思想方面的区别。(播放

PPT 第 8 页）

生：孔子的“仁”有些散乱，往往有不同的角度和情境。

师：确实，《论语》在具体的生活场景和对话中渗透并阐释孔子的思想主张。不同的情况下，“仁”会有不同的定义，有些时候对“仁”的阐释看起来似乎毫不相关，甚至自相矛盾。

生：孔子的“仁”似乎更侧重君子的修身养性，即告诉人们具体该如何做，具有很强的操作性。

师：我想这也更符合《论语》作为语录体著作的特色。

生：孟子对“仁”的阐释相对更系统，也体现了他文章一贯的论辩色彩。《人皆有不忍人之心》不仅提出了“不忍人之心”，还进一步挖掘了“四端”。

师：比较而言，孔子提倡以“仁”为人格修养的理想目标，只是简单提出了“仁”的要求，而孟子则进一步解释了“仁”的来源，提出了人性之所以向善的“四端说”。

师：这个话题很值得探究，从比较的维度去探究孔孟之道的“仁”，或许能让我们更全面、深刻、辩证地理解孔孟之道的核心思想。可惜，由于课堂时间和资源有限，我们只能将其作为一个课后延伸的探究作业。请同学们以小组为单位，以“孔子和孟子仁学思想的不同”为主题，完成一篇有针对性的小论文，或者在小组内完成一次主题性发言。建议——①搜集并整理材料；②摘录并理解有关语句；③探讨并明确角度；④整理并连缀成文。（播放 PPT 第 9 页）

（教师视情况予以适当点拨：(1)从他们对“仁”的看法来看，孔子是“大厦”的奠基者，孟子是“大厦”的建立者和完善者。孔子针对“春秋无义战”提出了“仁”思想，他并没有将“仁”的思想形象化具体化，“仁”还只是一个笼统的概念。孟子则在“仁”的基础上将其形象化为“不忍人之心”，并建立“性善论”来对其进行论述，进而提出“仁政”的概念。由“仁”到“仁政”是一种从社会道德到社会政治的飞跃，这种飞跃将能更好地巩固“仁”的观念，并能更好地促进施行“仁政”。(2)从具体的施政主张来看，孔子的施政纲领比较简单原始，孟子的施政纲领则详细具体得多）

师：关于孔孟之道，我们这两节课仅仅是“小试牛刀”，如果大家要想更全面而深入地了解、研究孔孟之道，还需要课外多阅读、多思考、多讨论。当然，这两节课我们采取的学习方法和学习所得，都是我们进一步深度学习的基础。好，这节课就上到这里，期待同学们与我分享你们精彩的探究作业。

【教学反思】

统编语文教材选择性必修上册第二单元要求学生集中研习先秦诸子散文，以加深对传统文化之“根”的理解。本单元选择了先秦诸子的一些经典论说，内容涵盖儒家、道家、墨家等各家学说。

本单元所选课文都是文言文，如果我们依然沿用照搬传统的文言文教学方式，通过字词句的落实逐篇完成授课，尽管某种程度上也能提供给学生一种有意义、有收获的学习方式，但它无法体现选择性必修“大单元”和“小专题”的学习导向。因此，对于本专题的学习，我主动打破常规思路，尝试采取以“群文阅读”的方式进行微专题教学。

本单元开展微专题教学的有利条件，一是相较于其他文言文，先秦诸子的文章篇幅短小，字词相对简单平实，有利于学生开展自主学习；二是本单元的学习并非无中生有，学生在之前的学习中已经有所积累，对相关的文化背景有所了解，有利于学生开展探究学习。

通过本次教学实践，我有两点收获和心得：

1. 小组合作学习

以往的文言文教学，我们很少甚至不敢采取小组合作的学习方式，即便是有也是局部使用或者装点课堂所需。然而，本次教学实践完全建立在小组合作学习模式上，无论是课前的预习任务，还是课堂中的文言研习，甚至是课堂后的探究作业，都采用了小组合作学习的方式。从实践效果来看，只要学习目标明确、环节设置合理，小组合作学习能充分激发学生的学习热情，改变以往文言文学习“死水”般的状态，可谓事半功倍。当然，小组合作学习并不排斥或抹杀教师的作用，在教学中教师要体现自身的价值，及时引领小组合作学习的方向，并及时发现问题予以评价纠偏，防止小组合作学习流于形式。

2. 整合选择文本

群文阅读并非不加选择地堆积材料，我们需要对单元所选文本进行精心的选择和整合，这种教学上的自主权是以往传统教学所没有的。如何选择文本构成群文阅读的材料？首先，我们需要确定微专题教学的“聚焦点”，比如，我根据单元学习目标确定“修身与养性：阐释孔孟之道”的教学目标，如果换一个教学目标，那么选择的文本自然要有所调整。其次，据此对单元课文进行取舍重组，甚至还可以引入课外的其他文本，这样不仅使微专题教学更加具有针对性，而且能够有利于课堂教学的实施。对于微专题教学而言，面面俱到未必是最佳的选择，有时候合理地整合选择文本才能使教学效果更加显著。我们大可不必“患得患失”，被考试假想敌“牵着鼻子走”。

当然，课堂实践永远是有缺憾的，尽管基本完成了预想中的教学目标，实施了预设中的教学环节，但在提问艺术、课堂生成、活动多样性等方面还存在很多不足。教学设计具有很强的逻辑性和连贯性，但在具体实施过程中并不是很顺畅。在小组合作学习上，形式略显单一和呆板，无法充分调动学生的学习积极性。在教学环节设置上，有些任务学生完成难度较大，比如最后一个任务“分辨”，在实施过程中，因为时间、难度等关系，只能调整为课后小组探究作业。

基于群文阅读的微专题教学无疑是一种有益的探索，更是新课改背景下的一个正确的方向，在今后的教学实践中我会继续探索尝试。

“对待”与辩证:感受道家之风

执教 / 浙江省慈溪中学　黄宏武

本课课件

【专题目标】

精读《〈老子〉四章》《五石之瓠》,参读《老子道德经注校释》《庄子·逍遥游》《老子智慧》《庄子品读》,感受《老子》《庄子》中的辩证思想和突破俗见的表达,感受道家文化的审美创造与时代意义。

【预习任务】

根据以下议题,利用圈点勾画的方法阅读课文。

1. 熟读《〈老子〉四章》《五石之瓠》,积累主要的文言知识和文言现象(以八个虚词为主)。

2. 分析两篇课文各自蕴含了哪些丰富的意蕴和思想。

3. 课外阅读《老子道德经注校释》(中华书局 2008 年版)、《庄子·逍遥游》(《庄子集释》,中华书局 2004 年版),探究道家哲学思想的思辨性,探究儒道之间的异同与互补。

4. 课外阅读姚淦铭著《老子智慧》、刘厚琴著《庄子品读》,感受老庄的哲学之道对当今社会所起的积极意义。

【教学实录】

任务一:以“有”“无”探讨老子的“对待”

师:(播放 PPT 第 1 页)中国人做事常说有用没用,那么什么是无用的事?什么是有用的事?今天我们一起学习《〈老子〉四章》,理解老子是如何论述“有”与“无”的。

师:请大家齐读《〈老子〉四章》。

师:请四个学生逐章翻译。

(学生翻译略,教师纠正翻译中的错误)

师：本课“学习提示”第二段引用学者柳诒征的观点“老子之书，专说对待之理”，“对待之理”意思是任何事物内部都有相关和相对的因素，而那些对立的因素也是相辅相成的。《〈老子〉四章》内容都包含“对待之理”，请同学们结合每章文本分别谈谈其中包含的“对待之理”。

生：第十一章借助日常生活中的车子、器皿、屋室等事物，论述了“有”与“无”、“利”与“用”的辩证关系，通过体察车毂、器皿、屋室之中空即“无”的作用，说明“有”和“无”是相互依存的、相互为用的，阐明了“无之以为用”的对待道理。

生：第二十四章通过列举社会现象、人生现象，剖析了“自见”“自是”“自伐”“自矜”的危害，从反面证明了“无我”的重要性，这就是对待。一个人有了“自见”“自是”“自伐”“自矜”的心病，一定要及时反省，反省后要自我改正。

生：第三十三章把“知人”与“自知”、“胜人”与“自胜”等关系进行对比，这些表现及其结果往往是对立的、相互矛盾的，在老子看来，“知人”“胜人”十分重要，但是“自知”“自胜”更加重要，“自知”“自胜”方为立身之本。

生：第六十四章告诉我们要见微知著、居安思危、防患于未然；要把握大小、高下、远近等对立项之间的逻辑关系，重视“小”“下”“近”，注重积累，证明了大的东西无不是从细小的东西发展而来的。

师：同学们都理解得非常到位，结合文本把“对待之理”在四章中的体现概括出来了。综合刚才的回答，我们可以找到“对待之理”的哪些共同特点？

生：矛盾双方相互依存，互为条件，对立面双方可以互相转化。

生：我补充一下，老子说事物总要走向它的反面，为了防止走向反面，老子主张把自己放在弱者地位。

生：是的，平常我们总执着于这种对待关系中的一面，比如“有”“知人”“胜人”等，可老子总是提醒世人重视被忽视的一面。

师：同学们总结得太好了！以上就是我们对老子“对待之理”较为全面的理解。（播放PPT第2页，展示表1）

表1

选文	异	同
第十一章	通过列举分析典型的日常生活用品，阐明了“无之以为用”的道理	（1）“专说对待之理”：任何事物内部都有相关和相对的因素，而那些对立的因素也是相辅相成的，所以要客观地、全面地认识事物 （2）矛盾双方相互依存，互为条件，对立面双方可以互相转化，事物总要走向它的反面。为了防止走向反面，《老子》主张要把自己放在弱者地位
第二十四章	通过列举一系列的社会、人生现象，剖析了“自见”“自是”“自伐”“自矜”的危害，从反面证明了“无我”的重要性，阐明了无为立身的主张	
第三十三章	强调了加强自我修为的重要性。人要有自知之明，要经常反省自己，要不断战胜自己的弱点，要抑制贪欲，坚守本分，不屈不挠地追求自己应该追求的东西	

续表

选文	异	同
第六十四章	《老子》告诉我们做事要有预见性，要见微知著、居安思危、防患于未然；要把握大小、高下、远近等一系列对立项之间的逻辑关系，重视“小”“下”“近”，注重积累；要始终如一，坚持到底	(3) 通常情况下，人们执着于这种对待关系的一面，比如“有”“知人”“胜人”等，可《老子》总是提醒世人重视那通常被忽视的一面

师：请同学们看第六十四章“合抱之木，生于毫末；九层之台，起于累土；千里之行，始于足下”，你会想起荀子《劝学》中“积土成山”“积水成渊”“故不积跬步，无以至千里；不积小流，无以成江海”。请问这两位先人表达的内容有什么不同？

生：老子阐述的是大小、高矮、短长等对待和转化关系，荀子强调的是积累。

生：两人的侧重点有所不同。老子也提到积累，但强调的是依照自然规律办事，稍有松懈，常会造成前功尽弃、功亏一篑的结局；荀子的说法更积极进取。

任务二：从寓言理解庄子的“无用”

师：我们再来学庄子的《五石之瓠》。运用对话描写刻画人物是本文的一大特色，请同学们结合文中人物语言说说惠子和庄子的形象。

生：从惠子“其坚不能自举”“瓠落无所容”“吾为其无用而掊之”与庄子“夫子固拙于用大矣”“则夫子犹有蓬之心也夫”等语言可看出惠子是拘泥的，不善变通的。

生：庄子是个灵活的、有大智慧的人。在惠子和其他所有人看来，大葫芦是废物，而庄子想到了“浮乎江湖”。

师：惠子和庄子经常讨论，对于惠子和庄子的这场大瓠之争，你是怎样理解的？

生：和《老子》一样，本文蕴含着对“有用”和“无用”的认识问题。庄子认为只要不凝滞于物，则大小皆是可用的，而这必须超然物外，优游于忘我之境。

生：庄子超越了某些世俗观念，既没有将大葫芦劈开，也没有将它视为粗笨的器皿，在他眼里，大瓠可以用来缚在身上，漂浮渡水。他不仅保全了大瓠，还发挥了它的“大用”。

生：是的，无用就是大用。有用和无用，本是对立统一的关系，两者互相依存，没有“有用”，无所谓“无用”，没有“无用”，也无所谓“有用”。

生：这就是庄子倡导的逍遥，无所事事，绝对自由。联系我们学过的《逍遥游》，我们可以看到庄子的逍遥境界，突破了一般人的功利境界。

师：庄子认为只要不凝滞于物，则大小皆为可用，这是有用。有用必须超然物外，优游于忘我之境。当然，最好是无用，无用则无害，也无困苦，就可以逍遥自在，绝对自由了。因而无用就是大用，这是庄子追求的理想境界。（播放 PPT 第 3 页）

任务三：用“三言”把握老庄的传承

师：同学们在暑假里已阅读了《老子道德经注校释》《庄子·逍遥游》，请联系文本谈谈老子和庄子的思想有哪些相似的地方?

生:老子和庄子都是深刻而通透的哲学家,有着最朴素的辩证法思想。一般人只看到事物的正面,而老子和庄子却看到了反面;一般人只看到事物的外表,而老子和庄子却看到了内涵。

生:他们都强调"无为"才能"无不为",顺应自然,不主动干预,不刻意追求。

生:他们都是自然规律的代言人,认为天地万物是依照自然规律发展变化的。

生:他们都反对无止境地追求物欲的满足,讲求的是精神境界的提升。

(此处有所省略,因为学生谈得比较多,限于篇幅,只选取其中几个较有代表性的观点,下面的一些活动学生回答取法类同)

师:相似点我们谈了很多,但我们从《老子》中看到"道",从《庄子·逍遥游》中看到"逍遥游",这两者之间有什么联系?或者说,老庄是一家,那么庄子是怎样传承老子思想的?

生:道是"无待"的,世间之物都需要一定条件才能存在,需要条件或者说"有待"就无法绝对自由了,真正的逍遥只能属于不需要任何条件的道。这个道就是庄子所说的"至人""神人""圣人",只有这些人,才能"乘天地之正,而御六气之辩,以游无穷"。

生:道是"大全",是整体,是一,它为了表现自己的整体性,就不得不通过"分"的形式,先是一分为二,二生成三,三生成万物。《逍遥游》通过用大鹏、朝菌、蟪蛄、大椿、宋荣子、列子等大小之象、有待之物推导出无条件存在之物,这个"物"就是老子所说的"道",此物无大无小,但能分化出大大小小。

生:换一个角度来说,道是齐一,它为了表现自己的齐一,就以不齐的形式展现自己,所以庄子以鲲鹏、朝菌、蟪蛄、冥灵、大椿、彭祖、宋荣子、列子等大小不齐之人与物来隐喻道之齐一。

生:道是恒久的,它为了表现自己的恒久,就以无恒之物来展现自己,所以朝菌、蟪蛄固然短寿,长寿者如冥灵、大椿、彭祖亦终究有寿终之日,只有道才是永恒的。

师:同学们读通了《老子道德经注校释》和《庄子·逍遥游》,才有如此精彩的回答。我做个简单的小结,《庄子·逍遥游》整篇文章写的都是庄子与其老朋友惠子的闲谈和对话。我们不妨这样揣想,庄子以诙诡纵恣的寓言,以大鹏、蜩鸠、朝菌、蟪蛄、冥灵、大椿、宋荣子、列子等意象对老友惠子解说什么是无待的"道",然后以尧与许由的对话为喻,对惠子说,如果获得这个"道",就是像尧那样让个天子当也不换。总之,庄子运用寓言、重言、卮言这"三言"来反复比喻解释什么是老子的道,信仰这个道有什么好处,回答道和世界的关系,以及人证道之后方可逍遥的问题。(播放 PPT 第 4 页)

庄子"三言"

寓言:虚构的、有寄托的故事、对话。

重言:援引或摘录前贤或古人的谈话或言论,替自己说话,加重论说的分量。

卮言:自然之言,文中的观点,说明文中的思想观点并非一己之偏见,而是自然造化本身的言论。

师:我们已经谈了老庄之间的思想传承关系,有趣的是两人的文章也有相同之处,接下来请同学们结合《老子道德经注校释》和《庄子·逍遥游》来谈谈两人写作上的相似之处。

生：他们都善于运用比喻和寓言讲述道理，把深奥的哲理形象化。

生：老子和庄子文章中的感情色彩都非常鲜明，赞成什么与反对什么的态度一目了然。

生：我猜测写作背景相似，老子和庄子可能都生活在社会矛盾极其尖锐的乱世，以追求精神上的自由来逃避纷乱的现实，所以在写法上有相似点。

师：你的猜测是有道理的。

师：我们做一个小结，整理《老子》和《庄子》写作上的异与同(见表2)。

(播放PPT第5页)

表2

著作	异	同
《老子》	(1) 行文凝练畅达，采用大量的韵语，语句简短精练又充满哲理 (2) 善于使用排比、对偶、递进等各种句式表情达意，形式新颖，变化灵活 (3) 善于汲取世俗经验展开哲理思辨，直接论说道理	(1) 设喻说理相似：运用比喻和寓言讲述道理，把深奥的哲理形象化 (2) 面临处境相似：老子、庄子都生活在社会矛盾极其尖锐的乱世，追求精神上的自由来逃避纷乱的现实，所以在写法上有共同点
《庄子》	(1) 注重表现生活理想和人生境界，带有强烈的主观性和抒情性，达到了哲理与诗意的交融 (2) 大胆借鉴神话传说，突破常规性思维的局限，展开奇异丰富的想象，富于浪漫色彩 (3) 文章汪洋恣肆，结构富于跳跃性，行文跌宕开阖、变化多端，语言奇峭富丽、生动活泼，有时用韵，颇富有诗意	

任务四：据异同梳理儒道的互补

师：同学们刚才比较了道家老子和庄子在思想上的传承关系和写作上的异同点，接下来我们看本单元前一课《〈论语〉十二章》《大学之道》和《人皆有不忍人之心》，它们代表了儒家的思想，请结合这些课文，再结合你的课外阅读，比较儒家和道家有什么不同。

生：儒家入世，道家出世。儒家思考"人与人"的关系，强调道德完善和人格提升，强调积极进取的历史使命感和社会责任心，讲"先天下之忧而忧"；道家思考"人与自然"的关系，突出宁静和谐与超越世俗的观念，讲"采菊东篱下，悠然见南山"。

生：儒家主张"仁"，尊孔孟之道，主张"礼治"；道家强调"道"，主张"无为而治"，一切顺应自然，讲求修身养性。

生：仁者乐山，智者乐水。儒家似山，崇高而又安宁；道家如水，悠然而又淡泊。

师：同学们把儒家与道家的不同之处谈得很透彻了，我们用一张图(图1)来显示两者之间不同。(播放PPT第6页，展示图1)

师：儒道不同，我们平常又经常提到生活中需要儒道互补，请你来谈谈，儒道互补体现在哪里？或者说怎样才能做到儒道互补？

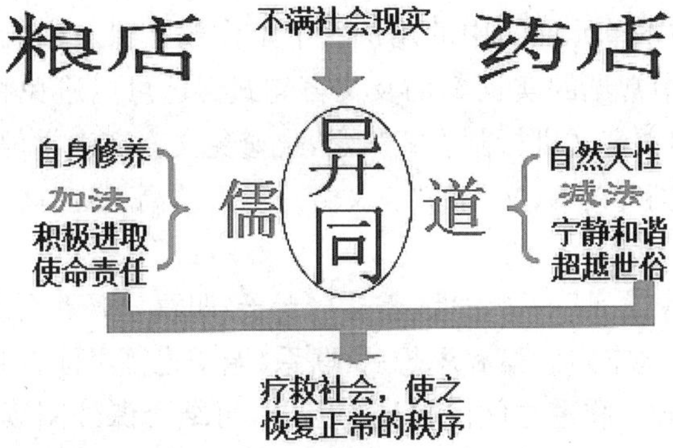

图 1

生：儒家偏重社会伦理，侧重人道；道家偏重哲学问题，侧重天道。但古代知识分子往往兼有儒道思想，兼有积极用世和超然通达的心态，他们起初总是希望能够“学而优则仕”，有一番作为，当理想受挫、四顾茫然时，便思退隐，寄情山水。所以闻一多说，“中国人的文化上永远留着庄子的烙印”。

生：我记得李泽厚说过，“中国文人的外表是儒家，但内心永远是庄子”。把积极的人生观念和消极的人生观念适度地搭配起来，便能得到一种和谐的中庸哲学，介于尘世的徒然匆忙和完全逃避现实人生之间，这是人类生活上最健全、最完美的理想，苏轼等人便是如此。

生：我学过美术、音乐，发现儒道互补有着美学上的功能，在“大音希声，大象无形”的道家美学中发现了西方现代派艺术所梦寐以求的写意的风格和自由的境界。

生：儒道两家思想差别很大，却又相互制衡，相互补充，构成了中国文化独特的积极入世和道法自然的矛盾统一，也影响了整个中国传统文化和思想。

生：《红楼梦》中，薛宝钗是一个“儒家人物”，谨言慎行、积极进取，近乎“圣人”；而林黛玉则更像一个“道家人物”，自然率真、灵动飘逸，宛若仙子。前者是主流、正统，因此称为“（蘅芜）君”；后者为辅助，因此称为“（潇湘）妃（子）”。我们常常想如果能“钗黛合一”，那可能就是世上完美的人了，这也是一种“儒道互补”吧。

师：本节课同学们对“道家之风”的研习广阔而深入，已超越“感受”这两个字的层次了。同学们可以把自己的发言整理一下，写成评论文章。从中也可以清楚地看出同学们暑假里在传统文化典籍上所下的功夫。

师：另外，布置一项课外作业。在充斥着“996”“007”的“内卷”时代，有一些年轻人崇尚“躺平”“丧文化”“佛系”等，他们说这是老子的“无为”，是庄子的“无用之用”，你赞同吗？（播放 PPT 第 7 页）请将你的想法写成小论文，写在“观察日记”上。

【教学反思】

《〈老子〉四章》阅读难度很大，语言极简，又缺少语境，且学生相对熟悉儒家思想，对道家观念比较陌生；《五石之瓠》文字不难，但要领会庄子文中要义委实不易，需联系《庄子·逍遥游》。因此，在高一结束的暑假我布置学生阅读《老子道德经注校释》《庄子·逍遥游》《老子智慧》《庄子品读》，感受《老子》《庄子》中的辩证思想和突破俗见的表达，感受道家文化的审美创造与时代意义。

将积累八个虚词在本单元课文中的用例这个工作放在课前完成，因为高二学生一般能自主梳理、积累文言文中常见的实词虚词及文言句式。这可以避免将本课《〈老子〉四章》和《五石之瓠》当成孤立的文言文进行割裂式教学，也避免文言文教学停留在文字的层面，从而努力追求文言文教学文字、文章、文化的“三文合一”，且从高二选择性必修的要求看，教学应侧重文化的研习。

本节课是“感受道家之风”的研习课，需从《〈老子〉四章》和《五石之瓠》入手，引导学生在理解两篇课文各自有哪些丰富意蕴和思想后，联系《老子道德经注校释》《庄子·逍遥游》，探究道家哲学思想的思辨性、儒道之间的异同与互补，再结合课外阅读的《老子智慧》《庄子品读》，感受老庄的哲学思想对当今社会所起到的积极意义。整节课安排了四个任务，分别是以“有”“无”探讨老子的“对待”、从寓言理解庄子的“无用”、用“三言”把握老庄的传承、据异同梳理儒道的互补，前两个任务侧重研习课文的内涵及思想，后两个任务侧重拓展研习道家文化，从课文出发，结合课外读物较为全面而深刻地理解“道家之风”及“儒道互补”的含义和现实意义。

本专题研习以学生阅读与鉴赏、梳理与探究、表达与交流为主要学习活动。教师创设任务活动，提供阅读策略，推荐拓展阅读资料，搭建展示交流平台，为学生积累文言阅读经验、提升思维品质、领悟表达妙处、传承传统文化提供有效帮助。

这样的一堂课看起来会显得比较厚实，课堂分量足够，这也正是高二语文课堂所应追求的研习风范，当然这得基于高一一年在语文课堂创设情境组织学生完成任务，扎扎实实提高学生的语文学科核心素养。

兼爱与非攻：破译墨家之法

执教 / 宁波市效实中学　顾乐波

本课课件

【专题目标】

通过研读《兼爱》，联读《非攻》，把握墨子的立身处世之道，领会其精神内涵；感受《墨子》自成一家的表达风格，探讨其成因；以客观、科学、礼敬的态度，探讨墨家思想的现代意义，体会其文化价值。

【预习任务】

1. 利用网络或书籍了解墨子生平，寻找关于墨子的可靠资料。

2. 通读《兼爱》和《非攻》。利用工具书，读准字音，理解词义，读准句读，了解文章大意。写下你的初读困惑。

3. 把握文意，根据示例，梳理《兼爱》的说理脉络（见表 1）。

表 1

段落	内容概要	说理脉络
第 1 段	圣人以治天下为己任，就要知道天下动乱的根源，否则就无法达成目的	提出问题，治天下要知道天下动乱的根源
第 2 段		
第 3 段		
第 4 段		

【教学实录】

任务一:墨子生平知多少

师:春秋战国是中国古代思想、文化最为辉煌灿烂的时代。先秦诸子,百家争鸣,墨家是其中非常重要而又异常独特的一家。今天让我们一起走近墨子,研读《兼爱》,联读《非攻》,了解墨子的立身处世之道,探讨其文风特点及成因,思考墨家思想的现代意义。(播放 PPT 第 1、2 页)

师:《史记》对墨子的介绍"盖墨翟,宋之大夫,善守御,为节用,或曰并孔子时,或曰在其后",只有区区 24 个字。可司马迁的《史记·孔子世家》洋洋近万言,其对老子、庄子的介绍也有数百言。墨子成了"谜一样的存在"。同学们,能说说你们对墨子的了解吗?

生:墨子生活在战国初年,是墨家学派的创始人,也是著名的思想家、教育家、科学家、军事家。墨子的核心观点是兼爱、非攻、尚贤、尚同、天志、明鬼、非命、非乐、节葬、节用。

生:墨子听说公输盘为楚王造了云梯准备攻宋,就赶了十天十夜的路,从齐国跑到楚国去劝说楚王放弃攻宋。

生:墨子大约生活于孔子与孟子之间。墨家代表小生产者的利益,在先秦时期有很大的影响力,与儒家并称"显学"。

师:的确,墨子的学说在先秦是很有影响力的。《韩非子》说,"世之显学,儒、墨也"。《淮南子·道应训》说,"孔丘、墨翟,无地而为君,无官而为长,天下丈夫女子,莫不延颈举踵而愿安利之者"。墨子跟孔子一样,没有任何领地却成为众人敬仰的精神领袖,没有任何官职却能成为人们思想的主宰,天下男男女女无不伸长脖子、踮着脚跟仰望他,并希望他平安顺利。(播放 PPT 第 3—6 页)

任务二:把握墨家核心观点——兼爱

师:(播放 PPT 第 7 页)春秋战国是一个大动荡的时代,战乱频仍,民不聊生,儒道墨法各家都给这个"有病"的社会开出了各自的"药方"。那么墨家的"药方"是什么?我们一起来齐读《兼爱》。

(学生齐读《兼爱》,教师纠正读音、句读的错误)

师:请同学们梳理《兼爱》各段落的内容及全篇说理的脉络。(播放 PPT 第 8—13 页)

老师先来示范解说第一段。第一段说的是圣人以治天下为己任,就要知道天下动乱的根源。不知道祸乱兴起的原因,就不能治理。墨子以医生治病类比,"譬之如医之攻人之疾者然,必知疾之所自起,焉能攻之;不知疾之所自起,则弗能攻"。"攻"在这里是"治疗"的意思。医生治病一定要知道疾病产生的原因,才能进行治疗;不知道疾病产生的原因,就不能治疗。第一段结尾他又把观点重申了一下。从说理的脉络看,第一段是提出问题——治理天下要知道天下动乱的根源。

(学生交流讨论,教师播放 PPT 第 14 页,展示表 2《兼爱》的说理脉络)

表 2

段落	内容概要	说理脉络
第一段	圣人以治天下为己任，就要知道天下动乱的根源，否则就无法达成目的	提出问题。治天下要知道天下动乱的根源
第二段	战国时代伦理崩坏、诸侯攻伐，人人只知“自爱”而“不相爱”。君臣、父子、兄弟之间互相损害，盗贼侵夺财物、杀伤性命，乃至大夫、诸侯之间的争斗攻伐，皆因“不相爱”	分析问题。批判现实，指出动乱的根源在“不相爱”
第三段	如果反其道行之，大家将心比心、以己度人，做到互相爱护，则“国与国不相攻，家与家不相乱，盗贼无有，君臣父子皆能孝慈”	继续分析问题。从正面立意，假设天下人“兼相爱”，就能消除种种乱象，使天下大治
第四段	天下兼相爱则治，交相恶则乱。鼓励人们奉行兼爱思想	得出结论，这也是《兼爱》的总论点：天下兼相爱则治，交相恶则乱

师：同样主张相爱，儒家的“仁爱”与墨家的“兼爱”有何不同？你更认同谁的主张？（播放 PPT 第 15 页）

生：儒家的“仁爱”是有等级的爱，墨家的“兼爱”是不分等级，打破阶级界限的平等的爱。我更认同儒家的“仁爱”。

生：儒家的“仁爱”是有差等的爱，推己及人，亲疏有别。墨家的“兼爱”是平等的爱，是无差别的爱，是大爱。我更认同墨家的“兼爱”。

生：儒家的“仁爱”以“礼”为纲，有强烈的等级色彩。墨家的“兼爱”更多的是“待人如己”，以爱自己的方式爱别人，是博爱。如果我是统治者，我就支持“仁爱”；如果我是老百姓，那我就支持“兼爱”。

师：儒家的“仁爱”是建立在“礼”（等级制度）的基础上，也是以“礼”为原则和指导的，所以提倡“君君、臣臣、父父、子子”，以亲情为纽带，推己及人，从家庭亲人到整个社会实现“仁爱”。孟子说，“老吾老，以及人之老；幼吾幼，以及人之幼”。“以及”是“推己及人”，是有差别的。同学们是不是想起了上学期我们读的费孝通《乡土中国》里的“差序格局”？墨家“兼爱”则是建立在所有人平等基础上的，是无等级差别的爱，不分厚薄亲疏，人与人之间互相友爱，利益共享。墨子说，“爱人若爱其身”“视父兄与君若其身”，“若”是“如同”“好像”，这种爱可不就是没有差别的吗？

至于“仁爱”和“兼爱”孰优孰劣，恐怕不是三言两语能说清的，我们不可能抛开孔子和墨子所处的时代、他们所代表的立场而简单地下判断。孔子所处的时代是春秋晚期，墨子所处的时代是战国早期。“春秋无义战”，而战国比春秋更动荡，更加民不聊生。孔子站在贵族的立场，较多为统治者着想，所以儒家强调的是有等级的“仁爱”；而墨子站在平民的立场，时时为普通老百姓着想，所以主张的是人人平等的“兼爱”。墨子一开始追随儒学，后来发现儒家那套主张特别繁琐，还不管用，战争没见少，百姓的日子没见好。于是墨子放弃儒学，创立了自己的学派。墨子是孔子的第一个反对者，认为“儒之道足以丧天下”，他讥讽注重“礼”的孔圣人虚伪。而孟子也毫不客气地批判墨家，说“杨氏（杨朱）为我，是无君也；墨氏兼爱，是无父也。无父无君，是禽兽也”。

好，了解了墨子的核心主张，也了解了“仁爱”“兼爱”之别后，我们再把《兼爱》最后两段读一下。

（齐读《兼爱》最后两段）

任务三：墨子文风为何如此别具一格？

师：（播放 PPT 第 16 页）之前问过大家，是否喜欢墨子的文章，大约统计了一下，有三分之二的同学表示不喜欢。哪位同学来说说看？（播放 PPT 第 17 页）

生：不喜欢。呆板，啰嗦，一个意思颠来倒去地说，把人绕晕；语言直白无味，行文一板一眼，很正，但也很无聊；观点过于理想化，没考虑人性的因素，把人想得太高尚了。

生：不喜欢。其一，冗长，啰嗦，文章的核心观点其实用三句话就可以概括的；其二，论证方式单一且无逻辑性，大量用道理论证与类比论证，缺少事实支撑；其三，观点空洞、片面，不切实际。

师：两位同学的观点颇具代表性。谁来说说喜欢的理由？

生：其一，语言通俗易懂；其二，说理有条理，层层递进；其三，利用身边的平常事物来讲道理，易于理解。

生：思路清晰，层次分明；语言平实，举例贴切；思想具有超越时代的意义。

师：说得很好。同样的语言，有人认为直白无味，有人认为通俗易懂；同样的论述，有人认为颠来倒去，缺少逻辑，也有人认为思路清晰，层次分明；同样的观点，有人认为观点空洞，过于理想化，也有人认为思想具有超越时代的意义。你们看，是不是很有意思啊？

先秦诸子之文，面貌性情各异。《论语》温文尔雅，《孟子》气势磅礴，《大学》文质彬彬，《老子》冷静简约，《庄子》汪洋恣肆，《墨子》实实在在。《兼爱》的内容，换成《论语》式的表述，可以怎么说？

生：天下大乱，皆起不相爱；使天下兼相爱，则治矣。

师：墨子为何要用浅白的语言反复论说，甚至让人有太啰嗦的感觉？

生：可能与墨子的出身有关吧，墨子并非贵族出身，是庶民的代言人，不太可能张口闭口引经据典。

生：也可能与墨家弟子多平民出身有关吧，他们没什么文化，墨子给他们“上课”当然力求语言浅显，并把几个重要观点反反复复地讲。

师：嗯，所以刘勰评价《墨子》“意显而语质”。墨子重“理”轻“文”，跟他的学术思想倒是一致的。墨家提倡质朴和实用，文字表达上也是如此，强调有切实的内容，以道理说明人，反对无益于实用的修饰和文采。

师：还有一点大家很难想到，那就是可能与墨子所处的时代有关。《论语》里，孔子针对某个事件、某个问题直接给予是非、对错、好坏的评判和论断，这是“真理言说”模式的“论”。可到了战国时代，人与人对话的共识基础越来越弱，你有你的立场，我有我的立场，你说你的，我说我的，于是“辩”取代了“论”。所以，墨子围绕核心观念，反复论说，多方举证，铺陈因果，极力表明自己的立场，说服他人。

任务四:了解兼爱思想在战争问题上的体现——非攻

师:(播放 PPT 第 18 页)在战争频仍、民不聊生的春秋战国,墨家收获了一大批支持者和追随者。为什么?墨家主张"兼爱"是一个重要原因,除此之外,墨家主张"非攻"是另一个重要原因。让我们齐读《非攻》。(播放 PPT 第 19、20 页)

(学生齐读《非攻》)

师:什么叫"非攻"?(播放 PPT 第 21 页)

生:不做损害他人利益的不道德的事,禁绝仇恨。

生:不挑起战争,保持天下和平。

生:不攻打其他国家。

生:反对战争,国家与国家之间不应该相互攻伐。

师:看来大家对"非攻"的理解还不统一。那么我们不妨理一理《非攻》的行文思路。

生:以盗窃为例,盗的东西越贵重,对他人的损害就越大,别人就越觉得他不道义。然后引申到攻打一个国家,按理是不道义的,有人却称赞它。由此可见当时的君子不分道义。

生:先从偷人物品这样的小事说起,再讲到杀一人,进一步扩大到国家与国家之间的矛盾,顺理成章地论证了攻国是最大的不义,所以要反对。

师:墨子从窃人桃李不义说到窃人犬豕鸡豚不义,再说到窃人牛马不义,再说到杀死清白无辜的人并抢劫其财物不义,最后说到最大的不义是攻国。而世人指责小的不义,却赞誉大的不义,可谓荒谬到了极点。《非攻》采用类比论证,层层递进,条理清晰。

师:所以,刚才第四位同学的表述更准确些。"非攻"就是反对攻伐无罪之国。用《兼爱》里的话怎么说?

生:国与国不相攻。

师:所以,墨子的"非攻"主张是"兼爱"思想在战争问题上的体现,两者是一致的。国与国之间秉持"兼爱"的原则,"视人国若其国",于是"国与国不相攻""若此则天下治"。

师:墨子有"反战"思想,孟子也有"反战"思想。他是这么说的——(播放 PPT 第 22、23 页)

> 孟子曰:"求也为季氏宰,无能改于其德,而赋粟倍他日。孔子曰:'求,非我徒也,小子鸣鼓而攻之,可也。'由此观之,君不行仁政而富之,皆弃于孔子者也;况于为之强战?争地以战,杀人盈野;争城以战,杀人盈城:此所谓率土地而食人肉,罪不容于死!故善战者服上刑,连诸侯者次之,辟草莱、任土地者次之。"(《孟子·离娄上》)

师:那么墨子和孟子的战争观有什么异同呢?

生:墨子与孟子都不赞成打仗,因为战争是不道义的。孟子反对战争是因为战争有违"仁"的原则;墨子反对战争是因为战争对他国造成损害,有违"兼爱"的理念。

生:两人都反对侵略战争。墨子认为国与国之间应相亲相爱,不应有战争。孟子认为征服他国不应用战争的方式,而应行仁政。

师：墨子主张“非攻”，孟子认为“善战者服上刑”，墨子和孟子都反对不义的战争，但两人反战的理由不尽相同。

墨子之所以主张“非攻”，是因为他认为攻打别的国家是“不义”的。墨子又说，“义，利也”，在墨子看来，“义”即“利”。所以，墨子“非攻”更多是出于“利益”的考量。

孟子反对战争，也是因为战争的“不义”。孟子对“杀人盈野”“杀人盈城”“率土地而食人肉”的战争深恶痛绝，认为“罪不容于死”，他还说过“春秋无义战”。但孟子的“义”与墨子的“义”不同，其内核是“仁”，而非“利”。

任务五：墨家仅仅是璀璨的中华文明星空里一颗匆匆而过的流星吗？

师：扎根底层的墨子看到了太多民不聊生的场景，提出了“兼爱”“非攻”的主张，希望人与人之间都相亲相爱，互惠互利，国与国之间也不争来打去，天下太平，老百姓努力劳作，过上安生的日子。这就非常符合老百姓的愿望，百姓的愿望其实很朴实，就是好好过日子。因而墨子在当时获得了大批拥护者和追随者，墨家成为与儒家比肩的“显学”。可随着大一统政权的建立，尤其是“独尊儒术”思想的确立，墨家在秦汉以后就没落了。但墨家难道仅仅是璀璨的中华文明星空里一颗匆匆而过的流星吗？（播放PPT第24、25页）立足当下，回望过去，展望未来，同学们能否说说墨家给予我们个人或是国家的启迪？

生：墨子“兼爱”“非攻”的主张，可以说无论是放在过去、现在还是将来，都是社会发展、人际交往所追求的理想目标。“兼爱”主张包含的平等、博爱的思想，无论是在欧美国家资产阶级革命的口号里，还是在中国如今倡导的社会主义核心价值观中，都可以看到它的影子。对个人来说，将心比心、平等待人，与身边的人相亲相爱，这正是我们人际交往中所期待的最好的状态。中国提出构建人类命运共同体，构建和平友好的国际环境，在反对侵略战争、反对“攻他国而利己国”的基础上，提倡“合作共赢”“共同繁荣”，这比墨子的“非攻”思想更进了一步。

师：建设持久和平、普遍安全、共同繁荣、开放包容、清洁美丽的世界，这就是人类命运共同体的目标。

生：可以说他消极的一面吗？

师：可以。

生：墨子的学说有种平均主义的调子，即便是现在也是难以实现的。在物资还没有极大丰富的情况下，人的私欲和贪念是难免的。

生：墨子的主张太理想化，而且如果“兼爱”真的实现了，那就不存在个人的情感，也无所谓快乐不快乐，那将导致人性的毁灭，人也将失去人之为人的独特性。

生：但理想的意义就在于追求的过程，而不能简单地看能否实现。“兼爱”“非攻”是一种理想，一种价值追求，对人们有一种价值引领。

生：现在的世界依旧不太平。无论如何，战争都不应该被歌颂。应多提倡以协商、和谈的方式解决国际争端，而非通过战争。

师：是的，这不是简单的选边站的问题。同意你的观点。而且墨子不仅有理论，还很重视实践，这在诸子中是少有的。墨子止楚攻宋的故事也告诉我们，和平不是谈判桌上换来的，要想保卫和平，除了要站在正义的一方，还要拥有保卫和平的军事实力。

师：同学们能辩证地看问题，这很好。墨子被誉为“科圣”，2016 年 8 月 16 日，中国发射的世界首颗空间量子科学实验卫星——“墨子号”就是以他的名字命名的。（播放 PPT 第 26 页）墨子，你对他了解越多，就越会发现他是一个宝藏。借用著名学者任继愈先生的话来结束本课——（播放 PPT 第 27 页）

我们正在建设中华民族的新文化，创造现代文明，要有气魄继承人类一切优秀文化。墨学重视科学、提倡亲自动手操作、不尚空谈、以实力反抗强权的欺凌以及集体互助的精神等，都为先秦时期其他学派所不及，是很宝贵的精神财富，值得发扬光大。

【教学反思】

本专题隶属于选择性必修上册第二单元，对应任务群 8“中华传统文化经典研习”。该单元精选了先秦诸子的经典论说，涉及儒、道、墨三家，旨在引导学生通过先秦诸子散文的集中学习，增进对中华优秀传统文化的理解，提升对中华民族文化的认同感、自豪感，增强文化自信。所以，本专题的教学重点不是文言字词的疏通，而是从文字走向文章，进而从文章走向文化。通过研读《兼爱》，联读《非攻》，把握墨子的立身处世之道，领会其精神内涵；感受墨子自成一家的表达风格，探讨其成因；以客观、科学、礼敬的态度，探讨墨家思想的现代意义，体会其文化价值。

设计本专题，主要面临以下三个难点。

难点一：墨子与墨家比较小众，学生不了解，怎么办？

难点二：墨子文章缺少文采，学生不感兴趣，怎么办？

难点三：墨子主张太理想化，学生不认同，怎么办？

墨家对今人来说比较小众。从选择性必修上册第二单元的内容安排上也可见一斑。该单元选了儒家的《论语》十二章、《大学》一章、《孟子》一章，道家的《老子》四章、《庄子》一章，墨家只选了《兼爱》的节选。虽说先秦时墨家曾与儒家并称“显学”，但后世儒墨两家所受的关注却有天壤之别。对儒家，我们不但熟悉孔子，连孔子的传人，如孟子、荀子、子路、颜回、子贡等也能说出个一二三来；而对墨家，学界对墨子的生平、籍贯还没完全达成共识。同学们也是如此，对儒家、道家稍熟悉，对墨家知之甚少，墨子和墨家几乎只是一个抽象的符号。然而，先秦诸子与时代有着千丝万缕的联系，百家争鸣背后站着的是一个个鲜活的生命。所以，在进入文本之前安排了“墨子生平知多少”这一知人论世的环节。当然，尽量由学生来说，老师从旁点拨、引导。

要了解墨家的主张，必得深入文本。可是，墨子的文章实在不讨喜。没有《论语》的虽片言只语却发人深省，没有《庄子》的虽荒诞不经却意味隽永；墨子也不像孟子那样浩然正气、能言善辩，甚至纯讲道理的古简的《老子》也因“不明觉厉”而比《墨子》更吸引人。因此，我在微专题设计中不设限，允许学生喜欢或不喜欢墨子的文章，但要求从三个不同的侧面说出理由，意在引导学生从表面的、感性的喜好，深入文章内里，看到墨子文章的独特性与进步性，也让学生接纳不同审美倾向的文章。

墨子"兼爱""非攻"是否"迂阔难行"，当然见仁见智，学生只要逻辑自洽就行。联系实际，我们不难看出墨子思想尽管有其局限性，但也有其超越时代的意义，启迪我们反思人与人之间、国与国之间的相处之道。21 世纪的今天，尽管人类已经在各方面取得了了不起的进步，但尔虞我诈、利益争夺、权力倾轧、以邻为壑的事仍旧存在，甚至不惜兵戎相见。学习这个专题时，冷战结束后最严重的局部战争正如火如荼。

教学有遗憾，也有无奈。

遗憾的是未能创设良好的学习情境。如果有机会再教一次，我会引入《墨子·公输》文本，一方面以"止楚攻宋"的故事激发学生学习兴趣，另一方面也借它的结尾设计情境化问题，让学生跨越时空，与墨子直接对话，加深对墨子和墨子主张的理解。"子墨子归，过宋。天雨，庇其闾中，守闾者不内也"，墨子豁出身家性命，阻止了一场流血战争，为宋国带来了和平，但当他从楚国归来，经过宋国，想到闾中避雨，守闾之人却不接纳他。在常人看来，这实在让人心寒。想象一下，墨子与守闾者之间会有一段怎样的对话呢？如果当时你也恰好在闾门外避雨，目睹了这一切，你会跟墨子说些什么呢？

教学也有无奈。"新课标""新教材"要求"教与学方式的转变"，但在现实中举步维艰。比如，专题学习需要上网进行信息检索，但因电子设备"严格管控"，无法有效开展；比如，"分数至上""分数即正义"的现实将自主合作，探究式学习所需的时间和空间挤压殆尽。

晓譬与劝喻：且看诸子“如何说”

执教 / 宁波中学　洪　斌

本课课件

【专题目标】

联读《〈论语〉十二章》《大学之道》《人皆有不忍人之心》《〈老子〉四章》《五石之瓠》《兼爱》六篇先秦诸子经典古文，比较诸子的言说方式，把握诸子文采斐然、自成一格的说理特点，并就诸子散文中“晓譬与劝喻”这一核心问题进行探究。在此基础上学以致用，尝试扩写《大学之道》的说理，形成议论文片段。

【预习任务】

1. 疏通文句，读懂文意，理清文章说理思路，了解和理解孔孟、老庄和墨子的思想，理解中华文明的价值和意义。

2. 从论说文的角度来看诸子之文，用自己的话说一说各家的论说分别具有哪些突出的风格特点。

3. 什么是譬喻说理？可联系初中学过的《马说》《礼记・学记》（虽有嘉肴）和高中必修上册的《劝学》等文，写 3—5 个关键词概括譬喻说理的特点。

4. 标出各篇文章寓意深刻、说理透辟的譬喻说理文段，并加以评析。

【教学实录】

师：本单元我们共同学习了先秦诸子的一些经典论说篇目。先秦诸子对社会人生各方面的问题，有异常敏锐的洞察，他们游说诸侯，创立学派，并将自己的思考诉诸笔端。历经千年，这些文字仍然富有引导和启发的意义。然而这些文章之所以能彪炳千古，“说什么”固然重要，“如何说”也值得探讨。本节课我们就进入文本，比较诸子的言说方式，把握诸子的说理特点和风格，并就“晓譬与劝喻”，即譬喻对说理的作用这一核心问题进行探究。（播放 PPT 第 1 页）

任务一:领略诸子风采,找寻共通特点

活动一:酌古斟今品异彩

师:诚如萧统《文选·序》所言,先秦诸子为文"以立意为宗,不以能文为本"。先秦诸子各家并不把善写文章当作最高追求,但他们的论说都文采斐然,自成一格。这一特点向来为后世研究者所津津乐道。老师收集了赵岐《孟子赵注》、陆德明《经典释文》、刘勰《文心雕龙》、鲁迅《汉文学史纲要》对诸子风格的评点(见表1)。请同学们结合之前的学习,说说对这些评点的理解。(播放 PPT 第 2、3 页)

表 1

篇目	名家评点	我的理解
《论语》	鲁迅《汉文学史纲要》:"儒者崇实、墨家尚质,故《论语》《墨子》,其文辞皆略无华饰,取足达意而已。"	
《墨子》		
《孟子》	〔东汉〕赵岐《孟子赵注》:"孟子长于譬喻,辞不迫切,而意已独至。"	
《庄子》	〔唐〕陆德明《经典释文》:"庄生宏才命世,辞趣华深,正言若反,故莫能畅其弘致。"	
《老子》	〔南朝梁〕刘勰《文心雕龙》:"老子疾伪,故称美言不信;而五千精妙,则非弃美矣。"	

生:鲁迅用"略无华饰,取足达意而已"来形容《论语》和《墨子》,应该指的是两者用语都非常质朴。

师:同学发现了"用语质朴"这一特点,非常好。《论语》言短意长,呈现出朴实的特点,而"墨家尚质",摒弃华而不实的文风——这是两者的共通之处。除此之外,你能发现两者的区别吗?

生:感觉《兼爱》的文章篇幅更长一点,论述更为详细,甚至有点啰嗦,《论语》则太短。

师:我们说过,《论语》以语录体呈现,只言片语,有论点而不详,其论据较少,也没有反复的辩难论证过程。而墨子不同,他大量运用了逻辑推论的方法来论证其政治、伦理思想。这种详尽的论说方式,又推动了以"核心突出、体系严密、论证充分"而著称的"墨辩"的产生。"墨辩逻辑"与古希腊的"亚里士多德逻辑"、古印度的"因明学逻辑"并列为世界三大逻辑体系,是我们中华民族的骄傲。《墨子》贡献突出,而《孟子》又何尝不经典?与《论语》《墨子》相比,《孟子》又有什么特点?

生:我是这样理解赵岐"孟子长于譬喻,辞不迫切,而意已独至"这一说法的,孟子尤其擅长用譬喻,就是以"打比方"的方式来说理。

师:对了。这里赵岐一方面强调了孟子善于譬喻,把抽象的事物化为具体生动形象的事物表现出来,从而使其论辩生动有力,令人信服。另一方面,赵岐说的"辞不迫切,而意已独至"又是什么意思?

生：孟子的言辞虽不激烈，然其中蕴涵的道理却是独一无二、至高无上的，这里正是强调了孟子论说的气势。

师：那么《庄子》和《老子》的文风又有什么特征？

生："庄生宏才命世，辞趣华深"，说的是庄子文采比较好；"老子疾伪，故称美言不信"，讲的是老子的文章比较朴实。

师：庄子文采比较好体现在哪些方面？首先，庄子用词瑰丽诡谲。其次，他善于联想和想象，多假寓言、故事以说理，他的想象天马行空，造就了行文汪洋恣肆、变化无端的特点。而刘勰《文心雕龙》对老子的评价"老子疾伪，故称美言不信；而五千精妙，则非弃美矣"则值得推究。前半部分确实提到"朴实"的特点，但后半部分"非弃美"又是什么意思？

生：我觉得是"没有放弃对美的追求"的意思。

师：回答得很好。你能以课文《〈老子〉四章》为对象，找一找你觉得能够体现出"美"的句子吗？

生：比如"知人者智，自知者明"这一段，用了很多排比，读起来很有气势。有很多话可以当格言警句来用。

师：对了。老子的行文本就注重简洁之美，用最简括的语言表达极深邃之思想。在表达的时候，又运用大量的排比、韵散结合，使文章充满张力的同时又有一种"诗化"之美。

师：我们总结了诸子的文风特点，然后我们来进行一个小活动，尝试用连线将课文与选项一一对应（见图 1）。（播放 PPT 第 4 页）

小活动：用连线将课文与下列选项一一对应

《〈论语〉十二章》	A. 善辩犀利，气势见长
《大学之道》	B. 汪洋恣肆、奇幻诡谲的寓言故事
《人皆有不忍人之心》	C. 形象化说理，韵散结合
《〈老子〉四章》	D. 善用排比，结构严谨，条理清晰
《五石之瓠》	E. 由小及大，连类譬喻，逐层推理
《兼爱》	F. 简短语录，言简意深

图 1

（学生连线，结论见图 2）

小活动：用连线将课文与下列选项一一对应

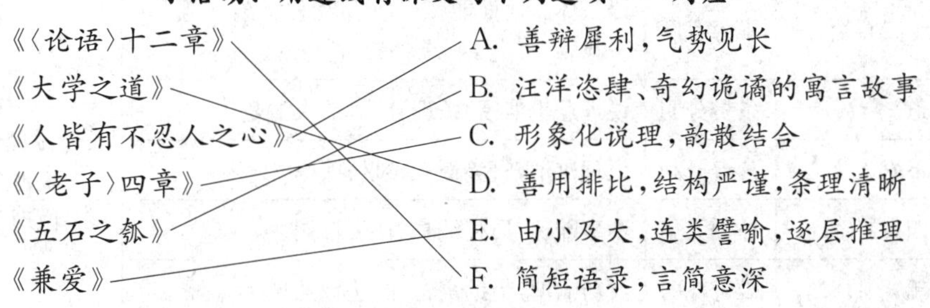

图 2

活动二：条分缕析看共性

师：诸子的论说风格固然自成一格，异彩纷呈。但本单元这些文章同为优秀的论说文，有没有什么共性呢？请同学们思考一下。（播放 PPT 第 5 页）

生：我觉得它们的逻辑都非常清晰。比如，《大学之道》的“三纲八目”；再比如，《兼爱》提出问题、分析问题再到解决问题、得到结论，层次分明，让人读起来很舒适。（教师播放 PPT 第 6、7 页）

师：（板书“说理逻辑清晰”）是的，对于一篇优秀的论说文而言，逻辑清晰是基本。即便想象力天马行空的庄子，他写的《五石之瓠》，其中两个小故事也都暗含了紧密衔接的逻辑链。除此之外，我们还能发现什么共同点？

生：最值得注意的是他们的论证方法。

师：（板书“说理手法多样”，播放 PPT 第 8 页）常见的论证方法有五种——举例论证、道理论证、引用论证、对比论证、譬喻（比喻）论证。那你能以具体的文句为例子，为我们说说这六篇课文采用了哪些论证方法吗？同学们以四人小组为单位，讨论一下。（教师组织讨论，请同学回答）

生：比如《兼爱》，“必知乱之所自起，焉能治之；不知乱之所自起，则不能治”用了对比论证，旗帜鲜明地论证了“天下兼相爱则治，交相恶则乱”。（教师播放 PPT 第 9 页）

生：比如《五石之瓠》，“宋人有善为不龟手之药者，世世以洴澼絖为事……能不龟手一也，或以封，或不免于洴澼絖，则所用之异也”，庄子援引事例举例论证，意在证明自己的学说大有用处，只是惠子不能通晓领悟。（教师播放 PPT 第 10 页）

生：比如《大学之道》，“大学之道，在明明德，在亲民，在止于至善……知所先后，则近道矣”是道理论证，重逻辑推理，将“三纲领”依次展开之后，紧接着用一连串的逻辑推理，论述了“知止”，也就是明确目标的重要性和必要性。在思想道德修养上，不同的人有不同的“所止”，但殊途同归，他们最终的目标应是“止于至善”。（教师播放 PPT 第 11 页）

师：三位同学找得都非常棒，并且分析到位。我们可以在此基础上总结出这六篇文章各自的特点（见表 2），无论是“雍容有度”的《论语》，还是“条贯分明”的《大学之道》，或是“善辩犀利”的《人皆有不忍人之心》，它们的文风别具一格，但都具有“说理逻辑清晰”“说理手法多样”的共同点。（播放 PPT 第 12 页）

表 2

篇目	特点	说理风格	共同特点
《〈论语〉十二章》	雍容有度	语录体。简而能赅，浅而能深，意蕴深邃，辞义典雅	长于说理论辩 （1）说理逻辑清晰 （2）说理手法多样
《大学之道》	条贯分明	说理逻辑严密，条理分明，层次清楚	
《人皆有不忍人之心》	善辩犀利	说理雄辩，气势逼人，风格浑厚	
《〈老子〉四章》	朴拙无华	不事雕琢，质朴纯真、朴素自然	
《五石之瓠》	雄奇瑰丽	譬巧喻博，借助寓言，曲达旨意	
《兼爱》	逻辑层进	不厌其烦地反复阐述，逐层推理，讲究逻辑	

任务二:梳理譬喻概念,体会譬喻妙用

活动一:温故知新理概念

师:(播放 PPT 第 13 页)老师发现同学们小组讨论的时候,在六篇文章中找到最多的论说手法,无疑是譬喻。譬喻也算得上是我们的"老熟人"了。请同学们回忆一下,能不能举出几句我们学过的使用这种手法的句子?

生:我想到的是《劝学》里描写的"登高而招""顺风而呼""假舆马""假舟楫"这四种人。荀子用此比方,来说明"君子性非异也,善假于物也",以突出后天学习的重要性。

生:我想到的是《齐桓晋文之事》里"挟太山以超北海",孟子用这个比喻不能做到的事情,以此来推出"不为"与"不能"的区别。

师:(板书两位同学的句子)两位同学帮我们找到了以前分析过的句子。那我们能不能以这些句子为分析对象,来想想什么是"譬喻"呢?尝试用自己的话,给它下个定义吧。(播放 PPT 第 14 页)

师:问题有点难,同学们跟着老师一步步推导。我们先看譬喻是怎么实现的呢?我们以第二位同学说的为例,"不能"和"不为"是抽象深奥的事理,"挟太山以超北海""为长者折枝"是容易理解和浅显的事物。

生:用容易理解和浅显的事物,来说明不易理解和深奥的事理。

师:很好,这是譬喻得以实现的"手法"。那我们再思考一下,"登高而招""顺风而呼""假舆马""假舟楫",古人打这么多比方,目的是向读者科普这些现象吗?还是另有所图?

生:是为了说明"君子性非异也,善假于物也"。哦,譬喻只是表面,目的是讲道理。

师:对。譬喻的目的,在于引类取譬,而其意又不在譬喻上,真正的着眼点在作者想要论说的观点上。可谓言在此而意在彼。运用譬喻,能够将深奥的道理浅显化,抽象的道理具体化,论述具有形象性,让人易于理解与接受。我们可以综合"手法""目的""作用"三方面,给譬喻下个定义。(播放 PPT 第 15 页)

譬喻即比喻论证、喻证,是通过打比方来形象地对论点进行论证的一种论证方法。
手法:能用容易理解和浅显的事物,来说明不易理解和深奥的事理。
目的:引类取譬,而其意又不在譬喻上,言在此而意在彼。
作用:将深奥的道理浅显化,抽象的道理具体化,具有形象性,让人易于理解与接受。

活动二:现学现用共体会

师:理清概念之后,接下来我们要尝试寻找本单元课文中使用譬喻来说理的句子。请几位同学来完成这个表格(见表 3)。(播放 PPT 第 16 页,请同学依照表格内容,有理有据地回答)

表3

篇目	运用譬喻的文段	譬喻	说理
《〈论语〉十二章》			
《人皆有不忍人之心》			
《〈老子〉四章》			
《五石之瓠》			
《兼爱》			

生:我找到的是《〈论语〉十二章》中“譬如为山,未成一篑……进,吾往也”,用“为山未成一篑”“平地覆一篑”的譬喻,说明功亏一篑和持之以恒的深刻道理,告诉我们无论在学问和道德上,都应该坚持不懈和保持高度的道德自觉。

生:我找到的是《人皆有不忍人之心》中“凡有四端于我者,知皆扩而充之矣,若火之始然,泉之始达”,用“若火之始然,泉之始达”的譬喻,指出后天努力的作用。

生:我找到的是《〈老子〉四章》中“三十辐共一毂,当其无,有车之用。埏埴以为器,当其无,有器之用”,以“辐毂无车用”“埏埴无器用”为譬,论证道“有”与“无”的两种属性及其辩证关系。

生:我找到的是《五石之瓠》中,面对五石之瓠,固守的人用它来盛水浆,它太重太大,最终只能“无用而掊之”,而机灵的人却能考虑到“以为大樽而浮乎江湖”,用这组对比来证明庄子的论点——同样的东西用在不同的地方,其效果大不一样;对待事物,人们要更善于去发现这个事物的最大价值,从而完美地利用它。

生:我找到的是《兼爱》中“譬之如医之攻人之疾者然,必知疾之所自起,焉能攻之”,墨子用“医之攻人之疾”,推出圣人以治理天下作为事业,必须知道混乱从何处产生,才能治理它。

师:感谢五位同学,同学们找得很齐全,非常好!(播放 PPT 第 17 页)找到了文句之后,我们再思考一下,譬喻论证有什么优点呢?我们可以反过来想,如果把六篇文章的譬喻论证的文字都删掉,说理效果会受到哪些影响?请以《兼爱》为例来说明。(播放 PPT 第 18 页)

> 圣人以治天下为事者也,必知乱之所自起,焉能治之;不知乱之所自起,则不能治。~~譬之如医之攻人之疾者然,必知疾之所自起,焉能攻之;不知疾之所自起,则弗能攻。~~

生:如果删去,文章要直接表达圣人治理天下必知乱之所自起这个观点就会过于抽象,难以让人信服。

生:删去之后,感觉文章读起来没有这么有趣了,还是留下来比较好。

师:两位同学都回答得很棒。我们将其综合一下,如果删去了譬喻,一方面会导致说理晦涩,借“理”说理,使本来就艰涩的理愈加模糊不清;另一方面,还会使得“语言枯燥”,借抽象的概念和生涩的理论来组接文章,停留于空洞的“说”和“讲”上,会让读者失去兴趣。

任务三:联读聚焦迁移,扩写尝试运用

活动一:联读《庄子》看譬喻

师:(播放 PPT 第 19 页)对于譬喻,庄子可谓是深得个中精髓,他的文章道理深奥,读起来却妙趣横生,为何?多用譬喻之故也!古人评价,"《庄子》一书,寓言十九"。寓言本质上就是使用譬喻来说理的一种文体。老师从《庄子》中选取《逍遥游》《徐无鬼》《秋水》的三个小片段,请同学们根据自己对《五石之瓠》的譬喻的认知和理解,分析这三个著名文段里的譬喻。(播放 PPT 第 20—23 页)

北冥有鱼,其名为鲲。鲲之大,不知其几千里也;化而为鸟,其名为鹏。鹏之背,不知其几千里也;怒而飞,其翼若垂天之云。是鸟也,海运则将徙于南冥。南冥者,天池也。《齐谐》者,志怪者也。《谐》之言曰:"鹏之徙于南冥也,水击三千里,抟扶摇而上者九万里,去以六月息者也。"野马也,尘埃也,生物之以息相吹也。天之苍苍,其正色邪?其远而无所至极邪?其视下也,亦若是则已矣。且夫水之积也不厚,则其负大舟也无力。覆杯水于坳堂之上,则芥为之舟,置杯焉则胶,水浅而舟大也。风之积也不厚,则其负大翼也无力。故九万里,则风斯在下矣,而后乃今培风;背负青天,而莫之夭阏者,而后乃今将图南。(《逍遥游》)

庄子送葬,过惠子之墓,顾谓从者曰:"郢人垩漫其鼻端若蝇翼,使匠石斫之。匠石运斤成风,听而斫之,尽垩而鼻不伤,郢人立不失容。宋元君闻之,召匠石曰:'尝试为寡人为之。'匠石曰:'臣则尝能斫之。虽然,臣之质死久矣。'自夫子之死也,吾无以为质矣,吾无与言之矣!"(《徐无鬼》)

秋水时至,百川灌河,泾流之大,两涘渚崖之间,不辨牛马。于是焉,河伯欣然自喜,以天下之美为尽在己。顺流而东行,至于北海,东面而视,不见水端。于是焉,河伯始旋其面目,望洋向若而叹。(《秋水》)

师:在《逍遥游》片段中,庄子为了说明"万物有所待"的道理,选取了什么作为譬喻?

生:庄子选取了超乎人们想象的大鹏,即便它有如此大的身体,还是要借助"扶摇""六月息"。庄子以此说明自然界中万事万物都有所待、不自由。

师:在《徐无鬼》"匠石斫垩"这个寓言中,庄子想要说明什么道理?

生:匠人需要和郢人配合才能做到"运斤成风,尽垩而鼻不伤"。庄子以此来比喻自己和惠子的知音关系。知音难寻,惠子过世了,庄子怎么能不感到悲伤呢!

师:在《秋水》中,面对大海,河伯望洋兴叹。庄子是如何生动展现"小大之辨"的?

生:选取了"河"与"海"的对比,就算"秋水时至,百川灌河",但河再宽也比不过大海,这是常识。运用到这里,就可以很好地体现小与大的区别。

师:通过群文阅读,想必我们能够更深地体会到譬喻在说理方面的好处。在文章中采用

譬喻，通过浅显贴切的现象来阐释道理，用日常生活的事物作比来唤醒他人的体验，增强说服力。这往往能够起到使文章深入浅出、平易生动、透辟精练、说理形象的妙用。

（播放 PPT 第 24 页，展示表 4，作为总结）

表 4

篇目	譬喻	说理	表达效果
《秋水》节选	河伯望洋兴叹	小大之辩	把深奥的道理寓于大量浅显贴切的比喻之中，灵活自然，生动鲜明
《逍遥游》节选	鲲鹏以六月息徙南冥	万物有所待	
《徐无鬼》节选	匠石斫垩	知音难觅	

活动二：扩写《大学》练譬喻

师：本节课我们也走到了尾声。回顾本课，我们一起比较了诸子的言说方式，领略了诸子各异的说理特点和风格。同时我们又找到了优秀的论辩文的共同之处，即“说理逻辑清晰”“说理手法多样”的特点，并就“譬喻对说理的作用”这一核心问题进行探究，从“手法”“目的”“作用”三个层次进行理解。

理解概念是为了更好地分析和运用。本单元中，《大学之道》这一篇课文没有运用譬喻说理的手法。诚如前面所言，《大学之道》善用排比，结构严谨，条理清晰，行文却缺乏一点形象性。设想你作为古代的儒生，你持《大学之道》中的论点与同侪坐而论道，为了说服对方，可以补充哪些譬喻以增强说服力？请选取《大学之道》中的部分句子补充譬喻，锻炼自己譬喻说理的能力。文言、白话皆可。（播放 PPT 第 25 页）

示例 1：身修而后家齐，家齐而后国治，国治而后天下平。譬之如成大事者必以善小立命，一屋不扫无以扫天下。

示例 2：对外物之理认识充分，才能把自己的认知推到极致。这就好比我们做题目，必须了解题目背后的知识点，这样才能从容应对题目的千变万化。

（本课教学参考了郑可莱老师的设计）

【教学反思】

选择性必修上册第二单元包含六篇先秦诸子经典古文，分别为儒家的《论语》十二章、《大学》一章、《孟子》一章，道家的《老子》四章、《庄子》一章，以及墨家的《墨子·兼爱》一篇，本单元属于“中华传统文化经典研习”任务群。

经典文本的价值不仅在于思想的高质，更在于其表达的高效。“说什么”固然重要，“如何说”也值得探讨。因此在落实完毕每篇课文必要背景知识、思想内涵以及字词句的基础上，本节课对第二单元的课文进行群文联读教学，探讨先秦诸子“如何说”——通过比较诸子的言说方式，来把握诸子说理特点和风格，并就“譬喻对说理的作用”这一核心问题进行探究。

六篇古文联读，对我而言是一次全新的尝试。回顾自己本节课教学过程，我在内容设置、课程推进和教学效果三方面有进步之处。

从内容设置来看,“因体而教”是贯穿本课始终的指导方针。一方面,这六篇文言文同为先秦诸子散文之代表,能够较好地展现出各家特点。所以本课的第一个活动“酌古斟今品异彩”便由此展开。我带领学生结合前人文学评论与自身阅读感受,领略先秦诸子或雍容或犀利、或狂放或朴拙的论说风格。另一方面,这六篇文章均具有较强的说理论辩性质,可将其视为论说文。因此第二个活动“条分缕析看共性”,则是以这些经典为例,归纳出优秀的论说文有“说理逻辑清晰”“说理手法多样”两大特点。此后的任务则是进一步细化,分析了说理手法中“譬喻”的定义、手法、目的和作用。总体而言,课堂内容较为全面,有文本细读,有文化启迪,有概念落实,有方法演练,充实且课堂效率较高。

从教学推进来看,“激发学生学习主动性”是本节课教学的核心理念。文言文教学常困于字词,难以调动学生迁移联系的兴趣,而况先秦诸子文章年代较为久远,即有晦涩难懂的特点——联读这样一组文章,给学生带来的压力可想而知。课堂上,我选择以“设置问题、解决问题为主线组织教学”的教学方法来激发同学们的主动性,提高学生课堂参与感。由导入开始,我顺着教学思路设计一系列问题,如“区别是什么”“共同点是什么”“什么是譬喻”“为什么要用譬喻”“如何用譬喻”,让学生带着问题阅读,带着问题思考,带着问题总结概括。并且这些问题都采用“小活动”的方式进行,六个小活动对应六个问题,其中穿插适当的支架(如辅助表格、连线提示、小组合作等)。当所有问题都依次顺利解决的时候,学生们体验到了快乐,很大程度上缓解了遇到文言文联读就害怕的畏难情绪。

从教学效果来看,“借助经典文本,理清基本概念,形成方法构建”是本节课的教学目标。就学生的课堂表现而言,我在课前所定的教学目标得到基本落实,而学生的表现也给我带来了惊喜。在“寻找诸子文章共同点”这一环节,学生回归文本,利用思维导图梳理诸子阐述观点的思路,从而更深入地理解行文的脉络与手法;在“现学现用共体会”这一活动中,学生通过表格的方式梳理文本内容,捕捉文章中的信息进行对比分析,使得表达不空泛,说理有据,进而更好地体会到譬喻在说理中的妙用。最后的《庄子》联读、《大学之道》扩写,更是给了学生以知识迁移和运用的契机,也是检验学生知识掌握程度的收尾环节。

同样,本课还有些许不足之处。首先在学生层面,学生对课文的疏离现象较为严重。虽然在群文阅读之前对六篇课文进行了单篇教学,但“战线”过长,或多或少的遗忘使学生对课文表现出明显的陌生感,在课上结合文本进行举例和分析之时,表现出应对迟缓的情况。其次在教师层面,一些关键性问题仍是由我主动抛出并引导,深入时机还不够成熟,学生可能尚未理清问题之间的层次联系,导致课堂环节略显僵化。最后在课堂节奏方面,由于时间原因,第六个小活动“扩写《大学》练譬喻”没能在课堂上完成,如能当场展开训练并反馈,效果会更加好。可见前面的推进还需删繁就简,使得教学更具有效性和针对性。

辨析或阐释：名言警句的现代观照

执教／宁波市第二中学　孙　立

本课课件

【专题目标】

翻译名言警句，理解古文语境中“知足”的内涵，分析现代观照中“知足”意蕴的扩大转换；理解经典对现代生活的借鉴意义，并反思其在现代语境中的问题，提出对策。

【预习任务】

1. 结合语境翻译下列句子，辨析不同句中“足”字内涵的差异。

（1）罪莫大于可欲，祸莫大于不知足，咎莫大于欲得。故知足之足，常足。（《道德经·俭欲第四十六》）

（2）知人者智，自知者明。胜人者有力，自胜者强。知足者富，强行者有志。不失其所者久，死而不亡者寿。（《道德经·辩德第三十三》）

（3）名与身孰亲？身与货孰多？得与亡孰病？甚爱必大费，多藏必厚亡。知足不辱，知止不殆，可以长久。（《道德经·立戒第四十四》）

2. 分析句与句之间的结构关系，并借此理解句意。

3. 结合下述作文题，初步完成立意及大纲阐释。

黑格尔说过：“无知者是最不自由的，因为他要面对的是一个完全黑暗的世界。”也有人说，人之所以走入迷途，并不是由于他的无知，而是由于他自以为知。

随着ChatGPT的横空出世，当代人对于“知足之足”的认知可能正在发生巨变。请你发表自己的见解，列出写作大纲并进行阐释。

【教学实录】

任务一：翻译句子，定义“知足”

（教师播放PPT第1、2页，请同学们翻译）

定义"知足"

(1) 罪莫大于可欲,祸莫大于不知足,咎莫大于欲得。故知足之足,常足。(《道德经·俭欲第四十六》)

(2) 知人者智,自知者明。胜人者有力,自胜者强。知足者富,强行者有志。不失其所者久,死而不亡者寿。(《道德经·辩德第三十三》)

生:罪过没有比贪图欲望更为严重的,祸患没有比不知满足更为严重的,灾难没有比贪欲必得更为惨痛的。所以说懂得知足,才能经常满足。

师:这位同学翻译的主要问题是,前句未能将"过分"译出,不能充分表达原意。"故"之后的三个"足"字翻译得略显简单,和前句呼应不足。如何改进呢?

生:前句中,可以用"无止境的"或带有类似含义的词句解决。可以翻译为,罪过没有比行私纵欲更为严重的,祸患没有比贪得无厌更为严重的,灾难没有比贪欲必得更为惨痛的。

生:后句中第二个"足"可以联系前句的"过分贪婪"之意,理解为"心无贪求"。后句翻译为,所以说,懂得知足知止而心无贪求,才能经常满足。

师:棒! 请两位同学合作翻译句(2)。

生:能了解别人叫作聪明,能认识自己算明智;能战胜别人是有力的,能克制自身弱点算刚强。

生:懂得满足的人是富有的,努力不懈的人是有志气的;不丧失立身之基的人能够长久,有道之人身虽死而道长存,是长寿的。

师:从翻译来看,两位同学都认为每一个分号内两句话是并列关系。那么,句子(1)(2)中的"知足"意义相同吗? 怎么解释?

生:相同。知足就是懂得满足,包含物质和精神的满足。

任务二:分析句间逻辑,完善"知足"定义

师:一般来说,这两句中的"知足"在语境中的意义就是"懂得满足",这也是传统农业文明下,我们中国人对"知足"的定义。有人就如此评价,说老子劝人"知足",等于不求进取。我们来看句(2)的第二种译法。(播放 PPT 第 3 页)

劝人"知足"=劝人不求进取?

句(2)的第二种译法:

知人者智,自知者明。胜人者有力,自胜者强。知足者富,强行者有志。不失其所者久,死而不亡者寿。

能了解别人叫作聪明,能认识自己才算明智。能战胜别人是有力的,能克制自身弱点才算刚强。懂得满足的人是富有的,努力不懈的人才是有志气的。不丧失立身之基的人能够长久,有道之人身虽死而道长存,才算真正的长寿。"

生：预习中，我考虑了句(2)的第二种译法。

师：这种译法增加了一个“才”字，将句与句之间的并列关系改为递进关系，大家更认同哪一种译法？

(课堂讨论3分钟)

生：句(2)出自《道德经》，其中的章节名我认为也有深意。“辩德”的“辩”字应为通假，是明辨、分辨的意思。对这八种德行进行分辨时，可以认为是并列关系，也可以认为每一组内部是递进关系。比如，“知足者富，强行者有志”，可以理解为“懂得满足固然很难做到，但在知足之余，还继续努力不懈，向前迈进，是更难能可贵的”。

师：的确。前半句是底线，劝人要知足守底线；后半句是更高的追求、更远的发展。

生：以上若是成立，显然劝人“知足”不等于不求进取。若果真如此，老子为什么称许“自知者”“自胜者”胜过夸赞“知人者”“胜人者”呢？老子说的“死而不亡者”是那些能为历史留下高尚道德、杰出功勋或旷世思想，从而长久活在后人心中的人。要做一个这样的人，往往要追求卓越，不知满足。因此，这里说的“知足”不应是囿于现状、不求进取的意思。

师：今天，物质的满足往往容易实现，因此人们更关注精神上的知足。先“知足”，了解认识自己的上限；“有志”者“强行”，依靠不懈的努力，穿透天花板，认识到所谓“上限”只是自己认知的局限，在此基础上寻求新的超越。

知足是物质和精神上的懂得满足，但并不是不思进取的代名词。

生：这样的例子比比皆是，苏炳添改变起跑脚，突破了黄种人的速度上限；潘建伟用量子密钥分发实验，突破了世界意义上的纪录上限；马斯克创造新工具，突破着全人类的宇宙认知。

任务三：理解“立戒”内涵，猜测写作对象

(教师播放PPT第4页)

谁应知足？

(3)名与身孰亲？身与货孰多？得与亡孰病？甚爱必大费，多藏必厚亡。知足不辱，知止不殆，可以长久。(《道德经·立戒第四十四》)

师：句(3)，名声与健康哪个可贵？生命与利益哪个重要？获得与失去哪个更让人忧虑？结论一目了然。需要我们思考的是，什么样的人“甚爱”——爱财如命呢？什么样的人才能“多藏”——囤积财物呢？

生：帝王将相。他们贪得无厌、横征暴敛，逼得人民铤而走险，不仅自取其辱，甚至还有人头落地的风险。因为统治者“甚欲”不知足，才有了“知足之足，常足”的警句。

师：正如同学所言，《道德经》写作的对象是帝王将相。因为在一个平民无权接受教育的时代，知识分子的思考除了自己，只有帝王权贵能够看到。“立戒”之名也已经道出“告诫”的用意，帝王若是引以为戒，“使民以时”，就不会自取其辱，也才能够保证长久的统治。

生：《道德经》的写作对象是帝王，“知足”就是“有限索取”，意在告诫帝王所行所举，应以安定社会福荫后人为务。儒家代表人物孟子虽然还是以君王“寡人”为劝说对象，但是“不违

农时”“数罟不入洿池”“斧斤以时入山林”的倡议，完全可以延伸到对普通人的教化行动中。“知足”就是“不可以贪得无厌”，意在给人以警示，作为立世之准绳。

师：在上一问的提示下，同学们有效地以写作对象为前提，把握准了“知足”的内涵及其作用；同时，在回答中不忘进行正反两方面的论述，体现了良好的思维品质。

任务四：对话张文宏医生，辨析“不下场”真义

师：接下来，我们回到真实情境之中，品一品“知足”的现实意义。（播放 PPT 第 5 页）

对话张文宏医生

2021 年 12 月，新华社等发起“年终提问 2021”活动，针对网友们的问题，被邀请的张文宏医生以书信方式回应了他们的成长困惑，其中有这样一段话：我们同时身处时代之中，我们都是普通人。即便出生贫寒，来自边远小城或农村，如果足够坚强，又有毅力，在时代潮水中都有机会做一个弄潮儿。还有些小伙伴即使不怎么坚强，但也不脆弱，能经受打击默默成长，那大概率也可以达成自己的人生目标。有些小伙伴可能觉得自己很普通，我想我们要有信心，一个好的时代，会让每个普通人享受自己的普通，让每个奋斗者享受自己奋斗得来的收获。时代的潮水总能跨过一个又一个山头，个人命运也是如此。流水要争先，靠的是绵绵不绝；我们即便普通，但只要不下场，都会随着时代潮水不断向前。

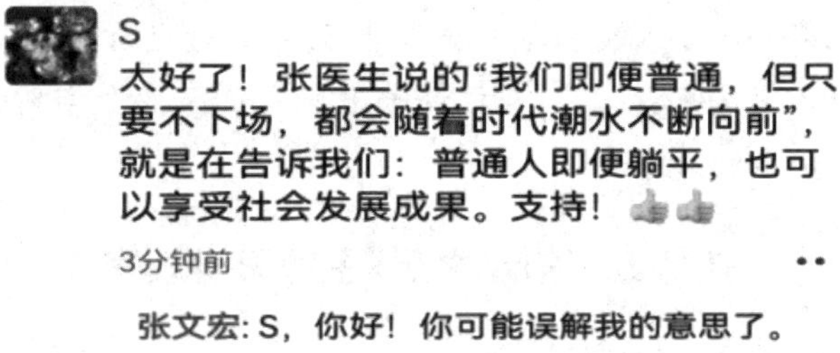

图 1

张文宏对此进行了回复，请你把他的话补充完整。要求：观点鲜明，阐述有理，语言得体，150 字左右。（6 分）

张文宏：S，你好！你可能误解我的意思了。____

____

____

____。

师：这封给年轻人的信激荡人心，一时刷屏无数。但也有网友曲解写作者本意，比如图 1 中网友 S 对文中画线句的评论——“太好了！张医生说的‘我们即便普通，但只要不下场，都会随着时代潮水不断向前’，就是在告诉我们：普通人即便躺平，也可以享受社会发展成果。支持！”请大家站在张医生的立场，对 S 的话进行辩驳。

基于我们刚才的学习，大家可以在构思过程中把“知足”摆进去，作为“不下场”和“躺平”中间的媒介。

生：首先是定义“不下场”。“不下场”是努力不懈，一个人如果不做任何努力，待时代大潮冲刷而过，会成为河床上无人问津的贝壳。要想避免这样的结局，不管以什么样的姿势，一定要顺着潮水的方向朝前游。现实中，大多数人经历着循环爬升，在某个阶段终有所得。我享受我的得，但我不会停留原地，依旧努力不懈。

生：我们都是普通人，能力有限，可能做不了非常了不起的事。但微小的“得”也应得到赞许，也可以令人满足，进而提供不懈的动力，促使自我超越。我们身处百年未有的“大时代”中，但是并不意味着社会允许每个个体原地躺平就可以衣食无忧。

师：问题的解答有很多方式，刚才大家在“努力——知足不退——努力不懈”的逻辑链条上做了多种尝试，这种可贵的努力若能结合多种论证手法的使用，将能够使我们在写作中直观地获益。

我们不妨看看以下同学现场写作的示例——

我说的“不下场”不是躺平与消极。身为普通人，我们需要在物质和精神上懂得知足，但这不妨碍我们追求勤勉有为的人生态度。“不下场”强调的是即便普通如你我，只要坚持在时代浪潮中主动参与，便能获得自身发展，不做大潮过后河床上无人问津的贝壳。（对“躺平”“知足”“努力不懈”进行分析论证；“河床上无人问津的贝壳”采用了比喻论证、对比论证）

《南方周末》2019 年新年献词《每一个这样的你都是英雄》中言，小人物从来不是大时代的被动接受者，每一个小人物的参与和行动，汇成大时代的洪流。（引用论证）

可见，我们普通人只要躬身入局，与社会一同乘风破浪，必能与时代相互成就。

任务五：“知足之足”主题思辨读写

（教师播放 PPT 第 6 页）

“知足之足”主题思辨读写

黑格尔说过：“无知者是最不自由的，因为他要面对的是一个完全黑暗的世界。”也有人说，人之所以走入迷途，并不是由于他的无知，而是由于他自以为知。

随着 ChatGPT 的横空出世，当代人对于“知足之足”的认知可能正在发生巨变。请你发表自己的见解，列出写作大纲并进行阐释。

师：请大家阐释自己的观点。

生：计算机、导航系统甚至人工智能机器人，这些科技工具让人自以为“有知”而裹足不前，美其名曰“知足常乐”。实际上这些仅仅是社会分工中那些占据少数的创造者发明的并且带领人们使用的工具，大多数人只是“自以为知”，仍将因为无知而陷入黑暗。

生：正如电影《机器人总动员》描述的一样，普通人因为长期被机器人满足吃喝玩乐的欲望，注定会失去自省，也就会逐渐丧失获取知识与能力的动力。

生：如尤瓦尔·赫拉利所言，即便少数带领人们的创造者——“神人”有知，却很可能在与人工智能机器人的竞争中被“卷”为无知，面临着被替代的巨大风险。全人类也面临着成为地球上“二等公民”的可能性。

师：过去，我们人类沉迷于“知足者足——知足者止——知足者乐”的自我满足，可是现实情境却在剧变。我们该如何自救呢?

生：要想与人工智能机器人共存，就不能静享“知足之足”，而需要每个普通人在反思、前瞻、思辨、审美、情感、沟通等方面追求卓越，超越自我，形成与人工智能机器人的错位，完成人类命运的自我救赎。

师：同学们分类探讨了不同群体的“有知”与“无知”，突破了个人的限制，从人类命运的高度思考现代情境下“知足之足”的危机与弊端，形成了有说服力的论点。写好“知足”这篇人生文章，从来不是一件容易的事情。祝愿大家在漫长的人生道路上理性认识“知足”，成为知止、知乐、知危、知思的现代人。

【教学反思】

统编高中语文教材选择性必修上册第二单元，收录了先秦诸子的一些经典论说，复现了先秦时百家争鸣的文坛盛况。这些论说言简意赅，流传至今，成为中国人心目中普遍的人生信条。在联读论说篇章、梳理核心理念、感受辩证思想、赏析表达特点的同时，我们应特别注意引导学生站在现代立场上审视这些名言警句，从而在学习中超越古代语境，获得反思力量。

本节课有以下教学愿景，但在实施中总觉“炊饭未全熟”，具体分析如下：

1. 脚手架充足

课堂设计尝试以现代观照视角下的写作为目标，支架的搭建全为课堂内外的写作做准备。借助材料支架，学生能够较好地概括“足”“不下场”等词语的定义；借助方法支架，强化了论证方法(举例论证、引用论证、比喻论证等)，特别是正反对比论证的使用要求；借助逻辑支架，强化“努力——知足不退——努力不懈”的逻辑链条。

2. 聚合性较强

在任务四和任务五中，教师将名人言语、社会现实等真实情境引入课堂，在打开学生视野的同时，也展现同学们同龄人的思维深度，暗示学生新的学习方向。但囿于准备时间、问题聚合度等因素，多数学生未能形成完整的结论，也就给问题的解决带来了不小的难度。如果能在之前的设计中，引导学生进行“知足”的优劣分析，逆推“不知足”的利弊，将会有助于此处的思考。

3. 思辨味够浓

“对话张文宏医生”的教学环节中，出现了“躺平”“知足”“努力不懈”三个层次的分析论证。为便于引导，教师在教学中强化了“躺平”和“努力不懈”的对立。但课后学生提出了不同看法——“躺平是另一种知足”，恰恰是因为经过持续的努力也难以看到个体价值的实现或人生的意义，人们才选择了“躺平”。鼓励“不懈”，未必能够解决内心的困惑和现实的问题，甚至可能将个体逼上绝路。不得不承认，高中生对现实的认识比我们更深刻，如果无视现实困境，穷尽角度的分析也许只是伪思辨。

整理与归纳:虚词的梳理

执教 / 宁波滨海国际合作学校　郑义广

本课课件

【专题目标】

归纳《〈论语〉十二章》《大学之道》《人皆有不忍人之心》《〈老子〉四章》《五石之瓠》和《兼爱》这六篇诸子散文中几个常见虚词的用法与用例,在此基础上进行拓展延伸,从而对相关虚词有较全面的认识,并通过小组活动提高知识检索和归纳的能力,为今后的虚词学习指引门径。

【预习任务】

1. 借助表1整理本单元六篇文言文中虚词"而""于""之""以"的用法与相关用例,全班同学分成四个学习小组,每组负责整理一个虚词。

表1　虚词用法整理表

虚词	义项	例句

2. 在归纳、整理的基础上进一步思考、交流:除了这些义项,相关虚词还有哪些典型的常见用法? 利用工具书和网络媒介,结合所学,找出用例。

【教学实录】

师:(播放 PPT 第 1、2 页)虚词是文言文的必备要素,宋代陈骙在《文则》说,"文有助词,犹礼之有傧、乐之有相也。礼无傧则不行，乐无相则不谐，文无助则不顺”，从中可以看出虚词的重要功能。本单元咱们学习了六篇诸子散文节选，又接触了一些常见虚词，它们的含义和用法大家都会了吧？

（学生面面相觑，微笑不语）

师：同学们都很低调啊。（生笑）没关系，这本来就是文言文学习的一个难点，18 个常见虚词看似不多，但每个虚词都有着错综复杂的义项，需要咱们花点功夫才能深入掌握。前两天布置了一个预习作业，让同学们分组梳理本单元出现的“之”“以”“而”“于”四个常见虚词，大家完成了吗？

生（齐）：完成了。

师：很好！这节课咱们就按照先前的分组，“晒一晒”同学们的预习成果。第一小组，你们先来说说这个“而”字吧。（发言者上台，学生鼓掌）

生（第一小组）：我们小组把六篇文章中的“而”都找出来进行了讨论，最终整理出了它的四个义项（见表 2），大家请看投影。（播放 PPT 第 3 页）

表 2 “而”的用法

虚词	义项	例句
而	连词，表转折	敏于事而慎于言（《论语·学而》）
	连词，表假设	人而不仁，如礼何（《论语·八佾》）
	连词，表并列	任重而道远（《论语·泰伯》）
	连词，表承接	聚族而谋之（《庄子·逍遥游》）
	“而后”，固定词组，然后	知止而后有定（《礼记·大学》）

师：第一小组很用心，梳理得比较细致，掌声送给他们。（生鼓掌）不过这里有个句子中的“而”意思好像不太准确，其他组的同学发现了吗？

生：“聚族而谋之”的“而”不是表承接。

师：大家认同这种说法吗？

（学生小声讨论，观点出现分歧，有的认为是表修饰，有的认为是表承接）

师：这是“而”字用法中一个值得关注的点，值得好好思考辨析。一般来说，如果“而”前后的两个动词表示的动作是前后相继的，也就是说，后一个动作发生的时候，前一个动作自动结束，这个“而”就表示承接关系，如《庖丁解牛》中的“善刀而藏之”，先揩拭屠刀，然后把它收起来，收的时候就不需要再揩拭了；如果“而”前的动作与“而”后的动作相伴而生，一辅一主，这个“而”就表示修饰关系，如《劝学》“吾尝跂而望矣”，“跂”和“望”是同时发生的，以“望”为中心语义，“跂”则为伴随状态。大家理解了吗？

生：理解了。

师：好，那我再说两个句子考考大家。①提刀而立，为之四顾，为之踌躇满志。②登高而招，臂非加长也，而见者远。这两个句子中的“而”分别是什么用法？说说你的理由。

生：第一个句子中的“而”表修饰，因为“提刀”与“立”是同时存在的两个动作，“而”表示的是一种伴随状态；第二个句子中的“而”表承接，因为在招手的时候已经登上了高处，这样才能被远处的人看到。

师：回答正确，解释也简洁明了，很好！“而”的课内主要用法咱们就聊到这里，下面请第二小组展示一下他们对“之”字的梳理成果。（发言者上台，学生鼓掌）

生（第二小组）：我们小组根据老师提供的预习作业单，找到了“之”的一些义项和例句（见表3），大家请看。（播放PPT第4页）

表3 “之”的用法

虚词	义项	例句
之	结构助词，的	多识于鸟兽草木之名（《论语·阳货》）
	人称代词，它	治天下可运之掌上（《孟子·公孙丑上》）
	主谓之间，取消句子独立性	人之有是四端也，犹其有四体也（《孟子·公孙丑上》）
	指示代词，这	客闻之，买其方百金（《庄子·逍遥游》）

师：非常棒！“之”的这些用法值得我们认真领会，牢牢记住。老师有个小小的疑问，想请教一下第二小组的同学，这里的“主谓之间，取消句子独立性”是什么意思？你们能再举两个例子帮助大家理解吗？

生：我只记得老师说过，《师说》“师道之不传也久矣”中的“之”也是“取独”用法，至于它到底是啥意思还真不大清楚。

师：的确，这也是一个典型用例。那么，如何准确理解“之”取消句子独立性这种用法呢？通常情况下，一个句子的核心要素是主语和谓语，具备了这两个要素，句子便可以不依靠别的成分而独立存在，表达较完整的意思了。但有时候，为了使句子的内涵更加丰富，必须在原先比较简单的主谓短语之外加上相应的成分。如此一来，这个主谓短语就由独立句变成了长句中的一个部分，或复句中的一个分句，在这个短语的主谓语之间加个“之”就是使它不能成为独立的、完整的句子，这就叫“取消句子独立性”。比如，刚才提到的“师道之不传也久矣”这句话，“师道不传”本是可以独立成句的主谓短语，但在这里，它只作为句子的主语存在，因此，必须在主语“师道”和谓语“不传”之间加一个“之”，这样它就不能独立成句了。再比如，《烛之武退秦师》中的“邻之厚，君之薄也”，这句话翻译为现代汉语是“如果邻国实力雄厚了，那么您的国家便相对削弱了”。可见，无论是“邻之厚”还是“君之薄”，都是整个假设复句的一个分句，两相结合，才能表达一个完整的意思，因此也要分别加“之”取消它们的独立性。这样说大家能理解了吧？

生：能。

师：一点就通。下面咱们再来看看第三小组对“以”字又做了哪些精心的梳理，有请。（发言同学上台，学生鼓掌）

生（第三小组）：我们总共找到了“以”在文中的四种用法（见表4），大家请看。（播放PPT第5页）

表4 “以”的用法

虚词	义项	例句
以	介词,把	仁以为己任(《论语·泰伯》)
	介词,用来	《诗》可以兴(《论语·阳货》)
	连词,因为	是以圣人欲不欲(《老子·第六十四章》)
	连词,表目的,来	故窃异室以利其室(《墨子·兼爱上》)

师:好的,感谢分享!“以”在本单元的义项不算多,但如果大家认为这个虚词义项本身就不多,比前面两个好掌握,那就错了。这里我想再补充“以”的几个用法。给大家两分钟时间交流一下,看看结合以前所学,能不能对这里出现的“以”的用法做出准确判断。(播放PPT 第6页)

① 愿以十五城请易璧(《廉颇蔺相如列传》)
② 以勇气闻于诸侯(《廉颇蔺相如列传》)
③ 汝殁以六月二日(《祭十二郎文》)
④ 夫夷以近,则游者众;险以远,则至者少(《游褒禅山记》)
⑤ 则请立太子为王,以绝秦望(《廉颇蔺相如列传》)

(学生分组交流讨论)

师:大家刚才交流得都很充分。下面就把你们的讨论成果跟大家分享一下吧。

生:我们认为,句①中的“以”是介词“拿,用”,句②中的“以”是介词“凭借”,句③不太确定,根据语境应该是“在”的意思,句④不知道是什么用法,句⑤的“以”是连词,表目的,“来”的意思。

师:能结合语境来做合理推断,非常好,第③句中的“以”就是“在”的意思,这个用法没有其他几种常见,同学们稍微关注一下即可。第④句中的“以”是什么用法呢?其他组的同学有没有讨论出来?

生:我们组觉得应该是表并列关系。

师:嗯。怎么推断的?

生:因为它连接的前后两个词语在词性和表意上都很相似。

师:很好!这两句说的是一种普遍现象——道路平坦、距离又近的景点,游玩的人就很多;道路险阻、距离又远的地方,到那里去的人就很少。文章还据此阐发了一个哲理——世界上奇伟瑰怪、不同寻常的景观往往在险远之途的尽头,只有那些有志向、肯坚持的人才能欣赏到。同学们锲而不舍地探究虚词的用法,不也像那些不惧艰险的游人一样,看到了许多新的风景吗?下面咱们再来看看第四小组对本单元中出现的“于”字的梳理。(发言者上台,学生鼓掌)

生(第四小组):我们组通过对这六篇文章中“于”字的梳理,发现它主要有四种用法(见表5),大家请看。(播放PPT 第7页)

表5 “于”的用法

虚词	义项	例句
于	介词，引出对象	君子喻于义(《论语·里仁》)
	介词，在	古之欲明明德于天下者(《礼记·大学》)
	介词，从	千里之行，始于足下(《老子·第六十四章》)
	介词，对于	夫子固拙于用大矣(《庄子·逍遥游》)

师：这几个用法在文中出现的频率确实很高，第四小组同学找的这些用例也颇具代表性，可以看出做了认真的准备。除了这里出现的用法，我们还应关注“于”的另外一些常见用法。老师这里也找几个其他课文中的语句，大家猜猜它们是什么用法。一分钟时间，快速判断，小组也可以简单交流一下。(教师播放PPT第8页，学生思考、讨论)

① 而君幸于赵王(《廉颇蔺相如列传》)
② 故燕王欲结于君(《廉颇蔺相如列传》)
③ 州司临门，急于星火(《陈情表》)

师：第四小组对“于”的用法关注更多一些，还是由你们来回答。

生：根据我们的翻译来看，第①句的“于”应该解释成“被”，第②句应该是介词“和”，第③句是“比”。

师：看来第四小组同学对这个问题确实很有研究，非常准确，掌声送给他们。(学生热烈鼓掌)这节课咱们重点探讨了“而”“之”“以”“于”的常见用法，每个小组都做了认真的梳理，相信通过课堂展示和探究，互相启发，同学们对这些虚词肯定有了更加深刻的认识。最后想问大家，你们在平时的文言虚词学习中有哪些好方法？可否给其他同学提供一些借鉴？

生：学会系统梳理。老师给我们发的这种表格就挺好，把各种义项罗列出来，配上典型例句，一目了然，便于理解和记忆。

师：的确，系统梳理能帮助我们更好地形成知识脉络，除了借用表格的形式，还可以画思维导图。

生：我觉得要学好文言虚词，首先得掌握一点语法知识，老师在讲文言虚词的时候经常会提到“介词”“连词”“状语”“谓语”“宾语”等概念，明白这些概念，就更容易理解虚词的用法了。

师：古人说，“汝果欲学诗，功夫在诗外”，看来学习文言文也是这样，希望每位同学都能重视起来，了解一点语法知识，有疑问多跟老师探讨。

生：我会在手头备一本《古汉语常用词典》，遇到不会的词语就翻开词典查一查，时间久了，记得就多了。

师：工欲善其事，必先利其器，勤翻工具书很有必要。我再给大家推荐两本，一本是商务印书馆的《古代汉语词典》，一本是陕西师范大学出版社的《常用文言虚词词典》，都比较权威，你值得拥有。(生笑，铃声响起)好了，这节课咱们就上到这里，课后请同学们结合本课所

学，利用工具书完成对《庄子·列御寇》“庄子将死”一段的翻译，并解释其中加点虚词的用法。（播放 PPT 第 9 页）

> 庄子将死，弟子欲厚葬之。庄子曰：“吾以天地为棺椁，以日月为连璧，星辰为珠玑，万物为赍送。吾葬具岂不备邪？何以加此！”弟子曰：“吾恐乌鸢之食夫子也。”庄子曰：“在上为乌鸢食，在下为蝼蚁食，夺彼与此，何其偏也。”（《庄子·列御寇》）

【教学反思】

本专题主要引导学生归纳《〈论语〉十二章》《大学之道》《人皆有不忍人之心》《〈老子〉四章》《五石之瓠》和《兼爱》这六篇诸子散文中几个常见虚词的用法与用例，在此基础上拓展延伸，让学生对相关虚词有较全面的认识，进而掌握基本的文言虚词学习方法。

在这堂课开始之前，学生已经完成了本单元六篇短文的学习，对文本比较熟悉，而且相关文言虚词在初中和高一也都接触过，并非零基础，如果仍以老师为中心带领学生逐一归纳梳理，一言堂，满堂灌，不仅收不到很好的效果，还有“炒冷饭”之嫌。鉴于此，我决定充分发挥学生的主观能动性，课前通过分组探究、分工合作、填写预习作业单的形式，让他们自主爬梳文本，查找资料，进行充分的准备。课堂变老师讲授为学习成果展示，同学们的积极性得到了调动，参与度也大大提高。

整堂课以梳理本单元出现的常见虚词用法为依托，立足课内，联系课外，注重拓展学生的视野，层层深入地引导他们准确理解其中的一些难点用法，既有知识的梳理，也有方法的传授，使课堂更加立体、生动。从后面的反馈和针对性训练可以看出，学生对相关虚词用法的理解与掌握是比较令人满意的。

不可否认，整堂课也存在着明显的不足，具体说来，主要有如下两个方面：一是知识性有余，趣味性不足。作为一节知识整理课，虽免不了理性的归纳和演绎，但如果能增加一些“佐料”，如在进行拓展的时候，选一些有趣的语段，而不是干巴巴地抽课本中的一两个句子，效果可能会更好，今后在进行教学设计时，预设还应考虑得更加周到些。二是由于受到课时的限制，虚词用法的归纳不够全面，有些重要用法没有讲到，如“而”表递进和作代词用，“之”作宾语前置、定语后置标志和第一人称代词等，都没有进行拓展，课堂缺少了一点生成性。

教学是一门遗憾的艺术，语文教学更是如此，其独特的学科属性给老师提供了广阔的发挥空间，也造成了尺度拿捏上的难度。语文课如何在实与活、深与博等方面做好平衡，值得我们认真思考。

第三单元

母题与主题:阐释小说的意义

执教 / 浙江省宁波中学　时剑波

本课课件

【专题目标】

联读《大卫·科波菲尔(节选)》《复活(节选)》《老人与海(节选)》《百年孤独(节选)》,在“成长”“救赎”“困境”“冲突”等丰富意蕴中,整理出单元小说的核心母题,继而选择“困境”这一文学母题,精读《老人与海》,理解其对于展现人类心灵图景的深刻意义。

【预习任务】

1. 概括本单元四部小说的母题及核心母题。
2. 列举《老人与海》中老人面临的困境及与鲨鱼五回合搏斗的具体过程。
3. 探究《老人与海》的丰富主题。

【教学实录】

任务一:母题主题,辨同鉴异

师:经典作品总是浓缩着作家对人类和世界的深邃思考,其中会涉及一些普遍而本质的命题,比如我们曾学过的曹禺的《雷雨》中包含着哪些命题?

生:文学永恒的话题——爱情。

生:重逢,有多少故事都是从重逢开始的。

师(赞许):多有哲理的概括。

生:还有命运,冥冥之中的宿命。

师:补充得很好,跟命运连在一起的还有原罪、救赎等,这些不断出现、历久弥新的命题,就是母题。文学大师歌德认为,母题是一种“人类过去不断重复,今后还会继续重复的精神现象”。每部经典都是立体丰富的存在,一般来说经典往往包含诸多母题,其中一项为核心,其余以其为中心而存在。下面请同学们列举这一单元小说中蕴含的多元母题与核心母题。

（学生讨论）

生：《大卫·科波菲尔》中有成长、苦难、善良、人道主义等母题，我觉得核心母题是成长。

生：我认为《复活》的母题有罪恶、忏悔、救赎、道德，核心应该是救赎。

生：《老人与海》有困境、冲突、抗争、尊严等母题，以困境为核心。

生：《百年孤独》中有孤独、荒诞、轮回等，核心就是标题中出现的“孤独”。

师：好，已经比较丰富了，这样，我们就从母题的角度对整个单元的小说有了一定的了解（见表1）。（播放 PPT 第 1、2 页）

表 1

小说	母题	核心母题
《大卫·科波菲尔》	成长、苦难、善良、人道主义……	成长
《复活》	罪恶、忏悔、救赎、道德……	救赎
《老人与海》	困境、冲突、抗争、尊严……	困境
《百年孤独》	冲突、孤独、徒劳、宿命……	冲突

师：我们可以这样理解，母题近似于题材，比如爱情、成长、苦难、冲突、命运等，在不同时代、不同民族的文学作品中反复出现，而几乎所有的作品都可以关联在这些母题中。这么说，大家能理解母题这个有些专业化的术语吗？

生（点头）：理解了。

师：那么我们再来探讨，母题与我们常说的主题有什么区别和联系？

生：母题比较宏大，主题应该是对母题的具体表现，母题包括了主题。

师：不错。母题宏阔，主题具体。

生：母题容易相同，而主题在不同作家的作品中有不同表达。

生：我觉得主题比母题来得多，来得丰富。

师：嗯，可以这样说，母题是主题的基础，不同母题可以演绎出无数的主题。还有补充吗？

生：母题是一种共性，主题就更能体现出作家的个性。

师：对，母题往往显得客观，主题则更多地表现了主观倾向。这样我们可以从整体上来把握这两个概念——（播放 PPT 第 3 页）

母题是主题赖以存在的基础，不同母题可以演绎出无数的主题。母题宏阔，主题需要抽象概括；母题具有客观性，主题则倾注了作者的主观倾向；母题数量有限，主题则变化多端、近乎无限。

母题作为人类精神现象的书写，其文学表现有继承更有开创，在不同作家笔下变奏出不同的主题。由此，母题经一代代作家不断接力，既成为文学史上绵延不绝的风景线，也彰显着人类灵魂抵达的精神深度。

任务二:聚焦困境,体悟形象

师:下面我们来具体研读《老人与海》,我赞同刚才有同学说的核心母题是“困境”,那么,小说将老人设置在怎样的重重困境中?

生:老人为了捕鱼,与大马林鱼足足僵持了两天两夜,几乎筋疲力尽。

师:一个人、一条船、一片大海,最后结果怎样?

生:他捕获的大马林鱼遭成群的鲨鱼抢食,大鱼最后被吞噬得只剩一副空骨架,他只能空手而归。

师:这些都是他出海后的困境,其实如果读过全篇,就会知道老人出海前其实就遭遇了困境。有没有读过的同学?请说一说。

生(举手):小说前面写这是一个孤独的老人,他已经连续 84 天没有打到鱼了,而且面临别人的质疑——质疑他老了,没有能力了。

师:打鱼是一个渔夫的天职,84 天没有打到鱼、受到质疑关系到一个渔夫的尊严,由此可见老人面临的深层困境。好,我们就以出海前和出海后两阶段来概括老人的困境(见表2)。(学生完善表格,教师播放 PPT 第 4 页)

表 2

阶段	老人面临的困境
出海前的状况	瘦骨嶙峋,苍老衰弱 离群索居,非常孤独 已连续 84 天没有打到鱼,受嘲笑、被质疑
出海后的遭遇	茫茫大海,孤身驾驶渔船,时时面临疼痛、饥饿和劳累 与大马林鱼僵持了两天两夜,筋疲力尽 捕获的大马林鱼遭鲨鱼群抢食,老人虽全力搏击仍寡不敌众,大鱼被吞噬得只剩一副空骨架

师:这些困境注定了老人的失败,老人又是如何突破的?

生:老人这次出海选择了离岸很远的湾流,以此挑战自我,回应质疑。

生:老人与大马林鱼搏斗了两天两夜,虽然只是扛回了骨架,但老人的精神不朽。

师:这是与大马林鱼的搏斗,还是与鲨鱼的搏斗呢?

生:老人一次又一次奋力打退鲨鱼,也一次次捍卫着渔夫的尊严。

生:老人身上展现着强大的精神力量,他失败的只是肉体,精神上是强者和胜利者。

师:大家品味得很深入,渐入佳境。老人外在形象与内在精神存在反差,这更能展现他直面挑战、不断超越自我的勇敢与不屈。下面进一步细读,海明威很细致地描写了老人和鲨鱼搏斗的高潮场面,老人与鲨鱼搏斗经历了怎样的五个回合?

生:第一次是与灰鲭鲨搏斗,而后几次是铲鼻鲨。海明威写得很仔细,灰鲭鲨“背部和剑鱼一样蓝,肚子是银白色的,鱼皮光滑漂亮”,而且体格强健,牙齿锋利,而铲鼻鲨的样子丑陋,与老人相斗的手段就比较卑劣了。

师：不错，同样是鲨鱼，也有区别。灰鲭鲨像一个真正的对手，“美丽而崇高，无所畏惧”，而铲鼻鲨像一个无赖，什么手段都使出来了。但不管是正面攻击还是突然偷袭，老人都予以痛击。下面我们来梳理这五个回合，请大家来完成一个表格（见表 3）。（教师播放 PPT 第 5 页，学生讨论、填表）

表 3

回合	时间	鲨鱼的攻击	老人的回击
一			
二			
三			
四			
五			

（学生回答见表 4）

表 4

回合	时间	鲨鱼的攻击	老人的回击
一	一小时后	紧逼而来，发起袭击，朝着鱼尾巴上方的肉扑咬过去	渔叉结结实实地刺
二	两个钟头后	一条撕扯大鱼，另一条朝鱼身上被咬过的地方咬了下去	用绑在桨上的刀子刺
三	接着	像头猪直奔食槽，袭击大鱼	用绑在桨上的刀子刺
四	从傍晚到太阳快落山	两条一齐紧逼而来，张大嘴，猛撞在大鱼身上把咬在嘴里的肉撕扯下来	高高地举起棍子敲，抡起棍子打
五	到了半夜	成群结队地游了过来，直扑向大鱼，撕咬下一块块鱼肉	先拼死拼活地用棍棒打，再用舵柄猛砸

师：我们都说老人是个硬汉，这个硬汉在五个回合中始终是无畏无惧的吗？

生：不是。五个回合中老人有过心理起伏，他也有彷徨、无助，甚至软弱、恐惧的时候。

生：这是一个也有疲惫和想要放弃的念头、信念也会动摇的老人。他甚至说“我真希望这是一场梦”“我本来就不该出海到这么远的地方”。

师：为什么要这样写？

生：因为这才是真实的人与真实的人性。不能忘记他是一个老人，一个上了年纪的独自出海捕鱼的老人。

师：说得好。老人也曾恐惧害怕，但最终无畏无惧，这才符合人性的真实。周国平说，“人天生是软弱的，惟其软弱而犹能承担起苦难，才显出人的尊严”。老人的尊严就来自对自我软弱、恐惧的战胜。课前有同学提过一个问题，说这五回合写得实在太漫长了，写三回合就不行吗？不是说海明威行文简洁吗？这里能写得精简一些吗？大家讨论讨论。

（学生讨论）

生：我认为不行，因为这是情节的必然，就像拉锯战，五个回合才能展现出搏斗过程的激烈。一下子就战胜了，胜利就显得轻飘飘了。

生：这样有全景感，还有曲折感。

生：连续写五个回合才能展现困境的严峻，巨大困境让老人形象更震撼人心。

师：小结一下，小说是有叙事节奏的，前 84 天海明威一笔带过，而这两天两夜浓墨重彩，不这样写不足以聚焦情节的核心，不足以展现搏斗的悲壮，不足以体现困境的艰难，也不足以彰显老人的精神。情节看上去累赘，实质上正是海明威的匠心独运之处。那么，他为什么要塑造这样一个老人形象呢？（播放 PPT 第 6 页）

知人论世

《老人与海》写于 1952 年，因为此前《渡河入林》的失败，海明威一度被质疑江郎才尽。而在《一九五四年诺贝尔文学奖受奖讲话》中，他这样表明自己的追求："对于一个真正的作家来说，每一本书都应该成为他继续探索那些尚未到达领域的一个新起点。他应该永远尝试去做那些从来没有人做过或其他人没有做成的事。"

生：我有一个发现，这个老人其实正是海明威自己的写照。

师：这个发现很有意思，请细加阐说。

生：海明威最终是用《老人与海》这部作品回击了时人对他的质疑，就像 84 天没捕到鱼仍永不言弃的老人，最后捕到大马林鱼维护了自己的尊严。《老人与海》这部小说就是海明威永不屈服的宣言。

师：有悟性。所以这部小说也被认为是海明威的精神自传，老人与大鱼的搏斗某种意义上也是作家与写作的博弈。海明威在困境中的坚持极其艰难而高贵，但他最终突围，以《老人与海》"这辈子所能写得最好的一部作品"回击了质疑，同时也超越了限度，攀上写作的顶峰。正如作家王小波所言"人类在与限度的斗争中成长"，每个人都有自己的限度，当一个人不断努力超越自己的限度时，也就超越了庸常，这是人之为人的高贵。海明威以极致超越了限度，这代表着人类的高贵精神。海明威有句经常被我们引用的话，优于别人，并不高贵——

生（齐声）：真正的高贵应该是优于过去的自己。

任务三：追寻"冰山"，探索主题

师：海明威在写作上崇尚"冰山理论"，他认为——（播放 PPT 第 7 页）

冰山在海里移动很是威严壮观，这是因为它露出水面只有八分之一。（《午后之死》）

我试图描写一个真正的老人，一个真正的孩子，一个真正的大海，一条真正的鱼和许多真正的鲨鱼。然而，如果我能写得足够逼真的话，他们也能代表许多其他的事物。

师:《老人与海》就是“冰山”式的小说,意味隽永,下面我们就从探索象征意味着手,来追寻水下的八分之七。小说中是怎么描写大马林鱼的?它象征着什么?

生:大马林鱼身上有“力量和美”,老人说“从来没有见过比你更大、更漂亮、更沉静,或者更高贵的东西”,大马林鱼象征着美好的理想,不断追寻,就可能不断靠近。

生:我觉得大马林鱼象征着一个高贵的对手,老人说过,“不在于谁杀死谁,而在于搏斗本身是美丽而庄严的”,有这样的对手并与之搏斗,体现着老人生命的尊严,就像奥运会上,伟大的对手才成就了伟大的胜利。

师:说得精彩,大马林鱼是老人生命不可或缺的存在。大马林鱼还有其他象征意味吗?

生:我认为大马林鱼还象征内心的渴望或者欲望,它诱惑着人们,而得到它需要付出代价。

师:也很有道理。这样,大马林鱼就有了多重象征意蕴,见仁见智,这就是文学作品的“形象大于思想”。那么,这片大海有什么特点?象征着什么?

生:大海是变化无常的,象征着不断变化的社会现实,你需要竭尽全力,才能在现实中有所收获。

生:大海充满了惊涛骇浪,可以象征变幻莫测的命运,人与命运斗争,结局往往一无所获,但老人与命运努力斗争过,他并不是失败者。

师:这样小说就有了深邃的哲理意味。我们继续来探究,鲨鱼有什么象征意味吗?

生:鲨鱼象征着一种阻力、一种破坏性的力量,堵在你要追寻的目标之前,阻碍着你。

生:鲨鱼不断追着大马林鱼,最终把鱼啃成了骨架,这象征着想摆脱却无法摆脱的厄运。

师:是的,生命中不是只有大马林鱼,还有在暗中如影随形的鲨鱼。那么,这个老人可以象征着什么?小说通过这个形象试图表达什么?

生:老人是人类命运的缩影,他不断和命运进行拔河式的较量,结果以扛着空鱼架上岸收场,暗示了生命是徒劳无功的。

师:拔河这个比喻很形象,生命就是由一次次拔河组成的。“生命就是徒劳”,这是西方现代派反复表达过的主题,海明威也曾经受到现代派的影响。

生:老人让我想起了希腊神话中的西西弗斯,每天推一块巨石上山,最后巨石还是滚落下来。

生(有些激昂):我觉得不应该那么悲观,老人也可以是人类精神的象征。人类勇敢地向各种厄运宣战,不丧失自我的尊严。谁能说西西弗斯推石上山是没有意义的?他在不屈服的抗争中显现了勇气和尊严。人,也应该这样去获得自我的意义。

师:我建议给这个“直抵冰下”、深度而精彩的理解以掌声鼓励。

(学生鼓掌)

师:这样才彰显了人的高贵。其实这是两个侧面,相辅相成,一方面人总要面临困境,另一方面却也在抗争中获得了生命的价值。老人的形象彰显着人面对险阻和困境时的悲壮,现实在此岸,理想在彼岸,此岸是生存困境,彼岸则是精神佳境,中间隔着茫茫大海,这是许多作家曾经表现过的母题。而老人知其不可而为之,为跨越困境而奋斗不息,这样的母题中也展现着对人类的终极关怀与普世价值。同时正因为海明威写得非常精简,才让作品有了更丰富的意味。文字上的节制换来了意蕴上的丰厚,这就是文学创作舍与得的辩证法。下面我们来看看 1954 年诺贝尔文学奖颁奖辞对他的评价——(播放 PPT 第 8 页)

1954年诺贝尔文学奖颁奖辞

海明威精通现代叙事艺术。《老人与海》是一部异常有力、无比简洁的作品，具有一种无可抗拒的美。

师：约翰·肯尼迪曾说，“几乎没有哪个美国人比海明威对美国人的情感和态度产生过更大的影响”。还有人这样评价——（播放PPT第9页）

肖恩·奥弗莱因说，海明威小说的主题就是“人的本质，人的努力和奋斗，人的追求和痛苦，人的信仰和挣扎，人的倔强和价值，人的聪明和命运，人的胆略和气魄，人的尊严和灵魂”。

师：永不屈服、不断挑战的老人已熔铸为美国性格乃至人类精神的一部分，这就是《老人与海》的魅力所在，也是海明威的文学贡献所在。好，今天的文学之旅就到这里，同学们再见。

【教学反思】

本单元的主题为“多样的文化”，教学目标之一是体察外国小说所展现的千姿百态的社会生活，感受人类文化的丰富多彩。要引领学生感受人类的精神世界，“母题与主题”是一个很恰切的专题研习点，可以“小切口，深挖掘”，进而一瞥其中的深邃之处。思路上先联读本单元的四篇作品，探讨其中的“成长”“救赎”“困境”“冲突”等丰富的母题意蕴，之后选择学生较为熟悉的《老人与海》，并以细读的方式阐发“困境”母题，领悟作品的多重主题意蕴，理解其对于展现人类心灵图景的深刻意义。

本堂课教学围绕中心，沿着“母题主题，辨同鉴异”“聚焦困境，体悟形象”“追寻‘冰山’，探索主题”三个层次，不蔓不枝，同时螺旋式上升，开展进阶式学习。第一阶段让学生对四篇小说有总览式的了解，理解母题的概念，并且对母题与主题的异同有初步把握。第二阶段则聚焦“困境”的母题，引导学生细读老人与鲨鱼具体搏斗的五个回合，并在内心独白中体悟老人的心理起伏，感受老人血肉丰满的形象，纠正老人生来就是硬汉的常见误区，惟其如此，学生才能领会这一形象是圆形人物，才如此打动人心，进而还能理解海明威在“困境”母题的深入开掘中彰显着对人类的终极关怀与普世价值，这是一个作家堪称伟大之处。第三阶段追寻主题的“冰山”，不断向“冰下深度”沉潜。三个任务有效驱动并引领学生的思维，课堂上有学生的思维激发，尤其“伟大的对手才成就了伟大的胜利”“人和命运就是拔河”“西西弗斯在不屈服的抗争中显现了勇气和尊严”三处理解构成了亮点，点亮了思维，闪耀了课堂，代表了学生所抵达的文本深度。

然而，伽达默尔说过“对一个文本或一部艺术作品里的真正意义的汲舀是永无止境的，它实际上是一种无限的过程”，更何况《老人与海》这一经典，蕴涵极其丰厚。教学本还可以沿着多个形象的多维度理解推进，让学生读出更多的丰富性和可能性，可惜受到课堂容量和时间的限制。另外，前两个任务，教师还需注意“引而不发”“开而弗达”，警醒自己的过多讲解会遮蔽学生的感悟，需要为生成留下更多的空间，从而让课堂的精彩能够不约而至。

圆形和扁平:赏析人物的典型性

执教/温州市第二外国语学校　陈智峰

本课课件

【专题目标】

精读《大卫·科波菲尔(节选)》和《复活(节选)》,参读《老人与海(节选)》和《百年孤独(节选)》,并以这四篇小说为例,聚焦小说扁平人物、圆形人物两类典型人物形象,掌握鉴赏小说典型人物的四种方法。

【预习任务】

1. 查阅图书资料或通过互联网搜索,掌握小说这种文体的一些常识(尤其是关于典型人物的)。
2. 大致了解外国小说的发展脉络,知晓本单元四位小说家的生平贡献和创作风格。
3. 理解并掌握福斯特在《小说面面观》中关于小说圆形人物和扁平人物的相关观点。
4. 梳理四篇小说节选部分的情节,为相关主人公制作一张人物关系图。

【教学实录】

师:小说是通过塑造典型的人物形象向读者传达独特的阅读感受,进而表达作者写作意图的。因此,人物形象塑造得是否典型,一定程度上决定了一篇小说的品质。可以说,典型人物是小说的灵魂,失去了典型人物的小说也就一定程度上失去了生命。这个专题我们就以《大卫·科波菲尔》《复活》《老人与海》和《百年孤独》这四篇小说为例,结合预习情况,聚焦小说的典型人物这个话题。(播放 PPT 第 1 页)

任务一:探讨小说典型人物的类型

师:课前同学们自主阅读了福斯特的文学论著《小说面面观》中关于小说人物的阐述,并结合本单元的四篇小说进一步理解福斯特对于小说人物的定义。现在我们先来回顾一下,福斯特在《小说面面观》中将典型人物分为哪两类?它们各自具备怎样的人物特点?

生:扁平人物和圆形人物。扁平人物就是具有简单性格的人物形象,圆形人物就是具有复杂性格的人物形象。

师:嗯,概括精练准确。(播放 PPT 第 2 页)在本单元的小说中,哪些人物形象是扁平人物?哪些人物是圆形人物呢?

生:《复活》中副典狱长是扁平人物,聂赫留朵夫、玛丝洛娃是圆形人物。

生:《百年孤独》中印第安人卡塔乌雷、比西塔西翁是扁平人物,乌尔苏拉、何塞·阿尔卡蒂奥·布恩迪亚、奥雷里亚诺、丽贝卡是圆形人物。

生:《大卫·科波菲尔》中米考伯太太米考伯先生、昆宁先生、谋得斯通应该是扁平人物,但是我不确定大卫·科波菲尔应该算扁平人物还是圆形人物。

师:你的疑问何在?

生:他善良、诚挚、聪明、勤奋好学,有自强不息的勇气、百折不回的毅力和积极进取的精神,在逆境中满怀信心,在顺境中加倍努力,具有非常丰富的性格特点,好像应该算是圆形人物,但是与聂赫留朵夫、玛丝洛娃相比,大卫的人物形象基本上是积极、正面的,缺少复杂性,又好像应该算是扁平人物。

师:你把不同作品中的人物进行了对比思考,提出了一个很好的问题。有同学可以解答他的疑问吗?

生:我觉得应该是圆形人物。因为大卫虽然呈现出的性格特点都是积极正面的,但是与典型的扁平人物相比,大卫的人物形象还是更好地呈现出了真实生活情境中的复杂性的。与《三国演义》中诸葛亮纯粹的"智"、关羽纯粹的"义"、刘备纯粹的"仁"、张飞纯粹的"勇"、曹操纯粹的"奸"明显不同的是,大卫展现出了面对人的贪欲和社会冷酷时的失望和不满。他追求和谐、友爱的同时并没有脱离真实的自身需求,体现出了个体生命本能,所以我认为他是圆形人物。

师:很好,不但能把握大卫的人物形象,还与我们的古典小说人物进行了对比,让我们更深入地理解了扁平人物与圆形人物的概念。

生:那《老人与海》中的主人翁圣地亚哥属于扁平人物还是圆形人物?他是小说的主人翁,但是他的硬汉形象又应该是纯粹单一的。

师:这个问题恰恰就是我们下个环节所要继续探究的!

任务二:探究小说典型人物的意义

师:通过上面的分析我们基本上对圆形人物和扁平人物有了较为清晰的认识,刚才这个同学的问题表面看似是圆形人物与扁平人物的辨析,但实际上是对典型人物之于小说的意义和作用进行的思考。那么典型人物之于小说又有怎样的意义和作用呢?

生:聂赫留朵夫、玛丝洛娃的人物形象是复杂的,他们身上都有着善良、充满人情人性的一面,但也有着堕落的一面,人物随着他们自身的遭遇和经历而不断发生变化,能使读者充满惊奇与期待,给读者留下深刻的印象。

生:《老人与海》中的圣地亚哥的形象非常鲜明,呈现出典型的"可以被毁灭但绝不屈服的硬汉性格",这也正是这部小说想要呈现给我们的主旨形象,如果他的人物形象复杂化,呈现给我们的印象也许就不会这么深刻了。所以我觉得人物形象的呈现主要是和作品的主旨呈现紧密相连。

师:所以扁平人物并不是塑造得不够好的人物形象,也并非不能充当小说的核心人物,对吗?

生:是的,我认为不能这么理解。

师:刚才这位同学很好地回答了之前那位同学的疑问。

师:那么像小说《大卫·科波菲尔》这样既有扁平人物又有圆形人物形象的作品中,扁平人物和圆形人物之间又有什么联系呢?

生:《大卫·科波菲尔》中的米考伯先生“债多不愁,乐天知命”的性格、米考伯太太一直对梦想的将来抱有希望的刚强,在大卫·科波菲尔的成长和性格的形成中有着极为重要的影响。尤其是米考伯这一喜剧性角色既让大卫·科波菲尔更好地审视社会中的不平与黑暗,又让他在不平与黑暗中坚守了善良的本性。米考伯夫妇的存在让大卫的成长及性格的形成更加自然真实。所以无论是像《老人与海》这样单纯地塑造扁平人物的小说,还是像《大卫·科波菲尔》这样人物关系复杂的作品,扁平人物都有着重要的价值和意义,是不可或缺的。

师:同学们已经有了不错的文学评论能力。通过上面的探究我们基本可以知道圆形人物和扁平人物对于作品都有着重要的价值和意义。圆形人物的复杂多变使小说更加真实,也使小说的内涵更加丰富,而扁平人物则具有高度的浓缩概括性,往往能让人过目不忘,也可以从侧面推动圆形人物形象的呈现。(播放 PPT 第 3 页)在小说中,并不是所有的扁平人物都允许被复杂化、丰富化为圆形人物。圆形人物和扁平人物都可以是小说的典型人物!

任务三:聚焦小说典型人物的品鉴

师:人物是小说最主要的要素,贴近典型人物的典型形象才能更好地品鉴人物,把握作品的艺术价值。而典型的人物是通过一定的方式进行塑造的,通过探究人物形象的塑造方法可以更好地品鉴人物形象。结合本单元小说和你的阅读经验,说一说,可以通过哪些方面来更好地理解、品鉴人物?如何才能更好地贴近小说人物形象?

生:《大卫·科波菲尔》中大卫·科波菲尔到达温泽里住宅后,第一眼所看见的米考伯太太“是个面目消瘦、憔悴的女人,一点儿也不年轻了”,作者通过大卫·科波菲尔的眼睛“看见”的米考伯太太的面目和神情等肖像特征,一下子就把米考伯太太受贫穷生活打击折磨而心力交瘁的内心展露得淋漓尽致。

师:所以肖像神态等是走进人物内心世界的一把极好的钥匙。叔本华说,“观察一个人,最好趁跟他交情未深,甚少晤面时交谈的印象为宜”。所谓“相由心生”,品鉴小说人物重点在于品鉴人物的内心世界,虽然人物的内心世界并不会随随便便地外露于他人,但通过关注人物的外貌与神态可以更好地走近人物。(播放 PPT 第 4 页)

生:《复活》课文节选部分的聂赫留朵夫在做陪审员时发现这个堕落的女子就是以前自己曾经玩弄过的清纯姑娘的时候,内心深处受到了冲击,内心深处的人性促使他这个堕落贵族的觉醒。在聂赫留朵夫和玛丝洛娃的对话中,聂赫留朵夫的语言好几次出现了省略号,如

“我想见见你……”“我来是……”“请你饶恕我，我在你面前是有罪的……”从这些省略号里我们看到了聂赫留朵夫的吞吞吐吐，也读出了聂赫留朵夫想要赎罪，又害怕赎罪的挣扎矛盾心理，而这种矛盾的心理才符合人性，才见得聂赫留朵夫人性觉醒的不易。聂赫留朵夫最初在称呼玛丝洛娃的时候纠结着到底该用“您”还是“你”，由开始时候的“您”到后来的“你”，我们可以读出聂赫留朵夫灵魂复活时的变化过程。

师：“言为心声”，不同思想、经历、地位和性格的人，其言辞也是不同的。鲁迅曾说过，“如果删掉了不必要之点，只摘出各人的有特色的谈话来，我想，就可以使别人从谈话里推见每个说话的人物”。（播放 PPT 第 5 页）可见，成功的小说的人物语言必然是具有个性化的，因此，通过人物个性化的语言也能洞察人物的内心世界，对人物有更深层次的理解。

生：《老人与海》这篇小说选文的心理独白就非常丰富。独白是人物内心活动的外在表现，而独白最能展现人物的精神风貌和性格特征。在面对挑战时，老人不断说，“想点高兴的事儿吧，老家伙”“你想得太多啦，老家伙”“但是，只要我有桨，有短棍，有舵把，我就一定要想办法去揍死它们”“我要跟它们斗到死”。这些都写出老人是一个乐观主义者，展现出他凭着勇气、毅力和智慧在艰苦卓绝的环境里进行抗争的精神。文中有大量人物的内心独白，这些内心独白不仅深刻揭示了主人公内心的自豪感、坚毅以及寻求援助的孤独感。

师：人物的内心世界是复杂丰富的，通过对小说人物心理的琢磨，读者可以更深入地把握人物的形象。（播放 PPT 第 6 页）心理活动，尤其是心理活动中的独白，作为长篇小说的一大特色，是刻画人物形象非常重要的形式，值得读者留意。

师：小说家创作典型人物过程中总是喜欢在外貌、语言和心理等方面用力，“观相”“察言”“读心”应当是品鉴典型人物的有效途径，可借此“贴近”人物。

师：除此之外，还有没有其他的途径可以品鉴解读人物形象呢？

生：除了人物的肖像、语言、心理外，动作也可以很好地揭示人物思想品质和性格特点，从而反映作品的主题。在《老人与海》中作者对老人回到自己棚屋后的场景进行了一系列的动作描写，“他把桅杆靠在墙上，摸黑找到一个水瓶，喝了口水。随后躺在床上，把毯子拉过来盖住肩膀，又盖住后背和双腿，他脸朝下趴在报纸上，胳膊伸直，掌心朝上”，老人内心的坦然和平静令人敬佩，硬汉的“硬”不仅是对抗强敌时的无所畏惧，更应有失去之后的坦然、不抱怨。

师：是的，在小说人物的品鉴中，观其行也是非常重要的一个途径，而且对人物行为动作的关注可以融入小说情节的分析中——人物的动作往往与小说情节的展开密不可分。

生：还有环境描写，虽然环境描写更多地起铺垫和衬托作用，但是也可以从中一窥人物的形象。大卫·科波菲尔回忆去监狱探望米考伯夫妇前的场景时写到，“我最喜欢溜达的地方是伦敦桥，我习惯坐在石桥的某个凹处，看过往的人们，或者趴在桥栏上，看太阳照在水面泛出万点金光，照到伦敦大火纪念塔顶上的金色火焰上”，这一段景色描写与大卫善良、诚挚、自强不息、百折不回、积极进取、在逆境中满怀信心、在顺境中加倍努力的人物形象完美契合。

师：由此可见，一部好的作品，它的每一部分都有自己的作用，都是不可缺少的。

师：人物形象、故事情节和环境是小说的三要素。要想更好地贴近人物、品鉴人物，除了关注人物形象本身外，同样也不可忽视故事情节和环境描写。如此我们就能更好地理解典

型人物，把握人物的典型形象。（播放PPT第7页）

师：人物是小说的三要素之一，也是小说最主要的要素。这节课我们结合福斯特《小说面面观》，探究了圆形人物与扁平人物的内涵，分析了本单元作品中的典型人物形象，并梳理了品鉴典型人物的方法途径。同学们的分析与探究呈现出一定的广度和深度。希望同学们能够借助这节课的收获，在以后的小说阅读中更好地理解和评析人物。这节课我们就先上到这里，同学们再见。

生：老师再见。

【教学反思】

选择性必修上册第三单元属于“外国作家作品研习”任务群。课程标准对这一任务群的要求是“引导学生研习外国文学名著名篇，了解若干国家和民族不同时期的社会文化面貌，感受人类精神世界的丰富，培养阅读外国经典作品的兴趣和开放的文化心态”。围绕这一要求，并结合“文学阅读与写作”任务群的要求，教材单元研习任务一要求学生分析人物形象性格特点和典型意义，环境描写和心理描写等艺术手法。

本堂课借助福斯特关于圆形人物与扁平人物的概念阐述，让学生跳出单一的主要人物和次要人物的分类局囿，更好地关注对小说典型人物形象的解读，并基于这一理论框架深入地阅读本单元的四篇小说，整个过程激发学生阅读兴趣，从而达到以“点”带“篇”，以“篇”带“本”的目的，拓展学生阅读的广度和深度。同时在品读鉴赏人物的过程中探究并梳理品鉴的途径与方法，让学生可以初步形成行之有效的品鉴小说人物的框架体系，为更好地进行小说评论打下一定的基础。

课堂的具体展开主要侧重以下三个方面：

1. 寻找精准的教学切口

要想真正理解小说主旨、把握小说人物形象，就要回归人物形象本身。这样，也能让学生在沉重的语文学习任务中偶尔回归纯粹的读者身份和意识，而不是将研习小说视为完成学习任务，也就可以较好地激发学生的阅读兴趣。课堂以圆形人物与扁平人物切入，在带有较强的理论性的同时，形成一种陌生化，从而打破一提到人物就分“主要”“次要”的机械性反应。而且无论是主要人物，还是次要人物，都可以成为作品的典型人物，让读者“感受人类精神世界的丰富”。学生在辨析圆形人物和扁平人物的过程中也必然对人物的典型特征进行深度的解读和思考，而要进行解读和思考又必须利用一定的方法和途径。小说文本的深入阅读也就可以更自然地推进。

2. 注重真切而深刻的体验和感悟

无论教师具备怎样的知识厚度，都需要关注学生在课堂上真切而深刻的体验和感悟。这既是语文教学应当遵循的教学策略，也是语文教学的精神追求。设置“在本单元的小说中，哪些人物是扁平人物，哪些是圆形人物”的问题，目的就是让学生在结合小说文本辨析圆形人物与扁平人物的过程中体悟人物形象，真切地感受本单元小说典型人物的不同形象特点，理解人物性格的多样性、复杂性及深刻性。从学生的解读也可以看出，学生是有这样的解读分析能力的。他们通过层层的解读和追问不但更好地理解了圆形人物与扁平人物的内涵，也深入了小说文本的解读和理解。这样的收获一定比教师的灌输有效得多。教师所做的就是相信学生，给学生足够的时间和空间去体验和感悟。

3. 创设简洁开放的教学进程

整堂课以“探讨小说典型人物的类型”“探究小说典型人物的意义”“聚焦小说典型人物的品鉴”三个任务串联教学内容，环环相扣，以清晰而严谨的环节设计引导学生层层深入，与学生的认知规律相契合，同时还学生自由的思考空间，使课堂环节过渡自然的同时又利于课堂生成。同时，让学生围绕“人物”这一小说的要素，深入阅读作品，进而在一定程度上达成对小说的理解和感受。面对丰富繁杂的教学内容，或许化繁为简不失为一种较为容易操作的教学设计。

当然，这堂课也存在局限和不足。要想实现课堂的顺利推进，对文本的深入阅读甚至对小说文本的整体关注都是必不可少的。这就要求老师要早做规划，学生必须积极配合，或许这一点才是这堂课对于教师真正的考验所在。

魔幻与现实：破译“马孔多”的隐喻

执教 / 玉环市楚门中学　杜韦滨

本课课件

【专题目标】

精读《百年孤独（节选）》，通过理解“魔幻与现实的复杂关联”“空间的隐喻功能”两个文学观念，梳理作家的写作艺术，理解作者对拉丁美洲历史和普遍人性的忧思。

【预习任务】

1. 阅读全文。
2. 写作读后感。
3. 针对作品中你理解不了的描写，提出你的疑惑。

【教学实录】

环节一：质疑启思——失眠失忆为何魔幻

师：同学们，大家好！

生：老师好！

师：许多年之后，面对诺贝尔奖章，哥伦比亚作家加西亚·马尔克斯将会回想起，瑞典文学院给他的授奖辞，“《百年孤独》创造了一个独特的天地，即围绕着马孔多的世界，汇聚了不可思议的奇迹和最纯粹的现实生活”。（*停顿，播放 PPT 第 1 页*）这个对《百年孤独》第一句的模仿，是我（无数马尔克斯崇拜者——无论是阅读者还是创作者——中的一个）对马尔克斯的致敬。（*播放 PPT 第 2 页*）同学们在课前写的读后感，经过展示和打分，评价结果已经出来了。我从这些读后感里感到，大家领会《百年孤独》的风格特点没有很大的困难，这是为什么？

生：我觉得《百年孤独》里的魔幻现实主义，跟动画片《寻梦环游记》里的风格差不多。

师：当年《百年孤独》刚传到国内时，莫言这批作家都很迷马尔克斯。说明随着大家认知视野的不断开拓，理解能力明显提升了。我在读大家的读后感时，也发现写到作品中哪些描写是你理解不了的这个问题的同学并不多。但有一位同学问了一个问题很有意思——“为什么失眠以后会失忆?”(播放 PPT 第 3 页)

生:失眠以后会失忆是很正常的，这是一种身体的反应。

师:那倒是。我们还是请提出这个问题的同学说说她的疑问吧。

生:失眠导致失忆，我是知道的。一般人失眠以后都会焦虑，然后会疲倦，然后会不能思考，最后可能才会导致大脑受伤，比如失忆。但是小说里的失眠不一样，马孔多的人失眠了，反而很开心，很清醒，还充满干劲。我不能理解，为什么会这样。

师:你这样概括马孔多人失眠后的状态，有文本依据吗?

生:小说中说，“午饭时候，奥雷里亚诺惊异地讲起他如何一整夜都在实验室忙着给一枚别针镀金，但此刻却仍然感觉良好”。还有，“恰恰相反，人们都因不用睡觉而兴高采烈，因为那时候马孔多有太多的事情要做，时间总不够用。他们夜以继日地工作，很快就把活儿都干完了，凌晨 3 点便无所事事，听着音乐钟数华尔兹的音符。那些想睡觉的人，不是因为疲倦而是出于对睡眠的怀念，试遍了各种消磨精力的方法”。

师:大家同意这位同学的概括吗?(学生点头)看来魔幻还是讲生活逻辑的。(播放 PPT 第 4 页)

环节二:据本辩驳——细节真切魅力无穷

师:失眠却不疲倦，是不符合生活逻辑的。(学生点头)真的不合生活的逻辑吗?大家谈谈自己的意见。

生:我特别喜欢失眠症通过糖果小动物传播这一段。“家中出品的糖果小动物仍源源不断地在镇上出售。大人小孩都津津有味地吮咂着可口的绿色失眠小公鸡、美味的粉红失眠小鱼和柔软的黄色失眠小马，于是到了星期一凌晨整个镇子都醒着。”我觉得五颜六色的动物糖果很可爱，觉得失眠传染很魔幻但是能接受。

师:为什么?

生:因为很多传染病就是通过嘴巴传播的。虽然失眠不是传染病，但是如果传染，那么通过糖果传播很魔幻，也有一定的合理性。另外，失眠确实会“传染”别人的。

师:你的解释不一定很有力，但确实很文学。其他同学还有要说的吗?

生:小说里说，“在这种清醒的梦幻中，他们不仅能看到自己梦中的形象，还能看到别人梦中的景象，一时间家里仿佛满是访客”。丽贝卡梦中见到的她父母给她带了一束玫瑰，母亲把一枝玫瑰插在丽贝卡的发间。乌尔苏拉也能看见丽贝卡的父母。这样的情景在影片《寻梦环游记》里就有类似的，比如，主人公能找到过去的祖先的魂灵，和他们说话。在拉丁美洲，人们对鬼魂的认识可能跟我们不一样。所以说，在拉丁美洲文化里，梦见鬼魂虽然不现实，但并非不能接受。

师:你能联系电影理解小说，对拉丁美洲的了解也很深入。大家还有其他意见吗?

生:失眠是丽贝卡带到马孔多的，丽贝卡本来就很魔幻。比如说，丽贝卡带着父母骨头，骨头“一刻不停地发出咯啦咯啦的响声”“很长一段时间这些遗骨在家中到处碍事，总在意想不到的地方出现，像母鸡抱窝似的咯咯作响”。这很魔幻，却很真切。

师：写得很真切，所以也就不觉得魔幻了？

生：（笑）多少有一点能接受了，连骨头都不觉得可怕了。

师：大家怎么看丽贝卡的魔幻呢？（播放 PPT 第 5 页）

生：小说里写丽贝卡很多地方都很魔幻，比如“她只喜欢吃院子里的湿土和用指甲刮下的石灰墙皮”。

生：丽贝卡的外貌也很魔幻。小说写到了她的衣裳、短靴、头发、发髻、披肩、护身符，都很详细地表明她是有点魔幻的，尤其是“青绿色的皮肤，圆滚紧绷如一面鼓的肚子，都显示出她体弱多病、忍饥挨饿的历史甚至要比自身的年龄更久远，然而食物端上来的时候，她却任凭盘子搁在腿上尝也不尝”。

生：那是因为她喜欢吃土。

生：小说里治疗丽贝卡吃土的毛病也很魔幻——“洒牛胆汁”“往墙壁上涂辣椒油”，最后是乌尔苏拉的“奇思妙想”，让丽贝卡喝下从来没有人说过是特效药的、兑大黄的橘汁，让苦味引起肝脏的反应。还有就是丽贝卡的反应等。这些都很逼真又很神奇，充满奇思妙想。

生：她的来历也很魔幻。乌尔苏拉明明完全不认识丽贝卡的父母，奥雷里亚诺准确预言了丽贝卡的到来，并且小说非常详细地描述了丽贝卡父母同乌尔苏拉的各种密切联系，让人不能不接受丽贝卡。（播放 PPT 第 6 页）

> “土”就是丽贝卡孤独的代表。对吃土有所执念的丽贝卡，并不喜欢混着蚯蚓的湿土味道，却戒不掉这种味道。丽贝卡喜欢吃土，却不喜欢与人交流，“吃土”正是她孤独的表现，她通过这种行为来抗拒孤独。当她内心感到孤独时，苦涩的土的味道是唯一能够排解她痛苦的良方。

师：这真的是一篇充满了魔幻的小说，但是里面也藏着许多逼真的细节，有印第安文化和各种宗教神话、历史传说、民间习俗的影子。作者写得有鼻子有眼，符合生活的经验，也就不让人觉得魔幻了。我们可以这么说吗？（学生点头）我们可以这样来评价魔幻现实主义——作者用严肃的态度讲述荒诞不经的事物，使用丰富多彩的语言将读者带入魔幻的现实，打破了真实和幻想之间的界限。（播放 PPT 第 7 页）

环节三：问难求知——以失忆隐喻现代化

师：我们还是回到最初的问题，失眠导致失忆，为什么也是魔幻的呢？除了这失眠令人不知疲倦、兴高采烈、干劲十足，失眠是通过食物传播这两点之外，还有哪些魔幻之处呢？

生：失眠是丽贝卡带来的。（学生笑）

生：失眠吓跑了印第安人。（学生笑）让他们抛下了公主和王子的身份。

生：“那时节走在马孔多街道上的所有外乡人都要摇动小铃铛”“他们在镇上逗留期间禁止一切饮食”“隔离卓有成效，后来人们就将紧急情况视为常态。生活恢复秩序，工作照常进行，没有人再为睡眠这一无用的习惯担忧”，我觉得经历了新冠肺炎疫情，一定对这几句话很

有感触。这描写的情景真的是既魔幻又真实。(学生大笑)

生:从“人们都因不用睡觉而兴高采烈,因为那时候马孔多有太多的事情要做,时间总不够用。他们夜以继日地工作,很快就把活儿都干完了”这些话可以看出来,其实他们是向往失眠的。

师:“马孔多有太多的事情要做。”马孔多怎么了?为什么“有太多的事情要做”?

生:“马孔多变了样。”“昔日僻静的小村落很快变成繁华的城镇,有了手工作坊和店铺,还开通了一条永久商道。”

生:穿尖头靴戴耳环的阿拉伯人来了,“用玻璃珠链交换金刚鹦鹉”;“走江湖的吉卜赛人又来了,这次把流动游艺会变成了大型赌场。人们兴高采烈地表示欢迎”,马孔多变得非常热闹。

生:以歌声欢快报时的群鸟被家家户户一台台音乐钟替代了。“这些雕刻精美的木钟”“每隔半小时镇上便响起同一乐曲的欢快和弦,一到正午更是蔚为壮观,所有时钟分秒不差地奏响整曲华尔兹”。

师:马尔克斯写的这个细节很有象征性,计时工具不一样了。音乐钟替换了用歌声报时的群鸟,象征原本丰富多彩的自然时间,被统一规整为分秒不差的机械时间,标志现代意义上的时间开始了,从原始社会进入现代社会,从自然的时间变成了工业化的人为规定的统一的时间了。(播放 PPT 第 8 页)大家再看看,马孔多的变化还有吗?除了城市面貌以外。

生:“何塞·阿尔卡蒂奥·布恩迪亚一刻也不能平静。他着迷于眼前的现实”,“父亲忙于整治市镇,母亲一心扩展家业,每天两次用树枝穿着糖制的小鸡小鱼出门销售”,奥雷里亚诺“全神贯注于金银艺实验,甚至到了废寝忘食的地步”,这些说明马孔多人变得非常忙碌。

师:我觉得马孔多人其实是向往失眠的,马孔多的热闹跟现代生活很相似。他们真的有太多的事情要做了。(学生点头)

环节四:梳理探究——发现空间的文学性

师:我们不妨来看看此前的马孔多是怎样的。(播放 PPT 第 9 页)这一段描写,有哪些细节耐人寻味之处呢?

> 多年以后,面对行刑队,奥雷里亚诺·布恩迪亚上校将会回想起父亲带他去见识冰块的那个遥远的下午。那时的马孔多是一个二十户人家的村落,泥巴和芦苇盖成的屋子沿河岸排开,湍急的河水清澈见底,河床里卵石洁白光滑宛如史前巨蛋。世界新生伊始,许多事物还没有名字,提到的时候尚需用手指指点点。

生:人很少,“二十户人家”;房子很简陋,“泥巴和芦苇改盖成”;环境好,“湍急的河水清澈见底,河床里卵石洁白光滑宛如史前巨蛋”;作者说,“它的确是一处乐土”。

生:我注意到,“许多事物还没有名字,提到的时候尚需用手指指点点”,这个跟之后马孔多人因为失眠想不起东西的名称,不知道有没有关系。

师:你的发现很有意义。没有名字和忘记名字是不一样的。许多事物还没有名字,意味着什么呢?

生:应该是人类文明的早期阶段。

师:对,就是"太初有道,开辟鸿蒙"的原始状态,带有《圣经》中《创世纪》的色彩。人类文明的进步表现为为新事物命名。而遗忘又是怎么样的?(播放 PPT 第 10 页)

马孔多发生了什么?

何塞·阿尔卡蒂奥·布恩迪亚……释放从建村伊始就以歌声欢快报时的群鸟,代之以家家户户各备一台音乐钟。这些雕刻精美的木钟是用金刚鹦鹉从阿拉伯人那里换来的,由何塞·阿尔卡蒂奥·布恩迪亚统一校准。每隔半小时镇上便响起同一乐曲的欢快和弦,一到正午更是蔚为壮观,所有时钟分秒不差地同时奏响整曲华尔兹。

人们都因不用睡觉而兴高采烈,因为那时候马孔多有太多的事情要做,时间总不够用。他们夜以继日地工作,很快就把活儿都干完了,凌晨 3 点便无所事事,听着音乐钟数华尔兹的音符。

生:"患者慢慢习惯了无眠的状态,就开始淡忘童年的记忆,继之以事物的名称和概念,最后是各人的身份,以至失去自我,沦为没有过往的白痴。"

生:"就这样,人们继续在捉摸不定的现实中生活,只是一旦标签文字的意义也被遗忘,这般靠词语暂时维系的现实终将一去不返。"从这话里看,马孔多正处在岌岌可危的境地。

师:那么是什么造成这一情况的?

生:是失眠。

师:是失眠吗?

生:是马孔多成为繁华的城镇造成的。人们有太多的事要做,不想睡觉了。

师:现代文明为马孔多带来"时间就是生命,效率就是金钱"这条快速发展的铁律,也带来了神经高度紧张、长期兴奋亢奋的现代病。作者用印第安古国的消亡,暗示强大的现代文明会让人们日益忘记自己的民族文化,混淆对世界的本来认知,失落自我的身份记忆,以至于迷失自我,沦为没有过往的白痴。大家觉得马孔多象征了什么?(播放 PPT 第 11 页,如图 1)

生:从作者的角度看,应该是象征拉丁美洲。

师:对,马孔多隐喻着拉丁美洲。"集体失忆"是拉丁美洲百年命运的现实写照,这是马孔多的魔幻,却是拉丁美洲的现实。

文学作品里的空间不仅是故事的"容器",更是对现实的隐喻,阅读要重视景观所蕴含的社会、文化、历史等要素,将其看成一个社会文化观念的象征系统。"马孔多"的隐喻具有独特性,它充满魔幻色彩,但依然是对现实的隐喻,只是因为魔幻,它能容纳更加丰富的现实内容,更加具有独特的文化色彩,散发出无穷的迷人魅力。(播放 PPT 第 12、13 页)

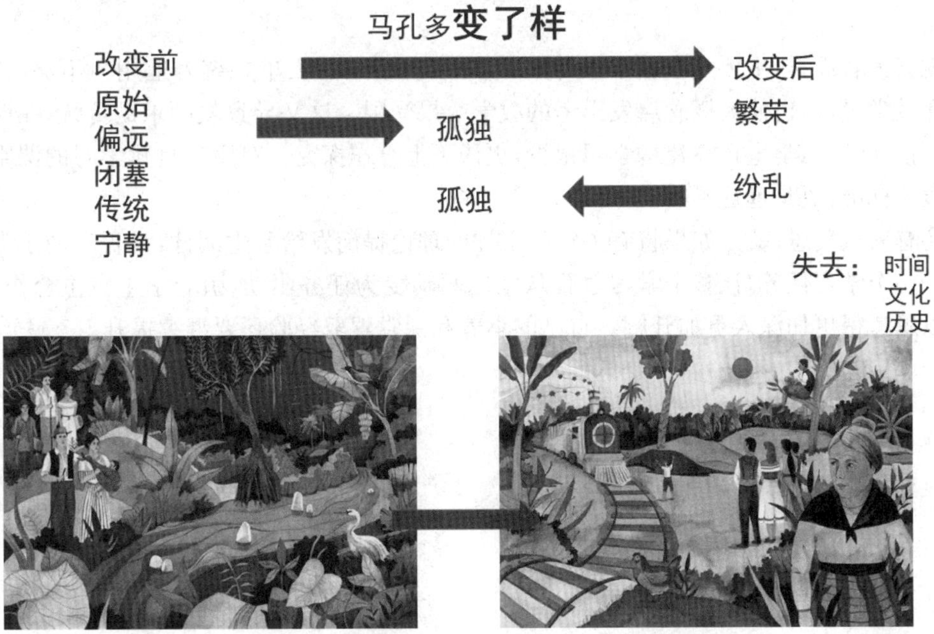

图 1

【教学反思】

微专题的设定基于学理，把理解空间描写视为阅读小说的重要维度。空间批评理论能非常好地指引学生由理解"'马孔多'的隐喻"，迁移到对其他文学作品中空间描写的阅读上。褚老师确定的"魔幻与现实""'马孔多'的隐喻"两个关键词，为教学设计指明了方向。"基于大概念"的设计思路有助于驾驭《百年孤独（节选）》这样繁难的教学内容。这节课以"魔幻与现实表现出复杂的关联""文学作品中的空间具有隐喻功能"为两个核心概念设计教学，引导学生在此背景下赏析语言，理解意蕴，使得学习自然而不琐碎，生成理解而不归于识记。

本着"从山腰开始"的教学策略，追求教学的省时增效。课前下发了知识支架，也布置了学习任务。学习任务不是预习作业也不是学习活动，要求上交成果——名为"读后感"的读书笔记。学习任务包含了问题，也提供了提示和评价量规。因此，上课前能在展板上展示全班学生的读书笔记，让全体学生拿着评价量规打分，将成绩发还作者本人。这样，这节课就可以从"山腰起步"。"从山腰开始"的教学设计，在面临繁重学习任务的高中阶段特别有必要，尤其是新教材和课时矛盾更加尖锐的当下。

本着"从学生中来，到学生中去"的原则，提前关注学生的学习成果，选取"为什么失眠以后会失忆"这个不起眼的问题作为教学的切入口，以"魔幻要不要讲生活逻辑"为驱动，探讨作者是"如何将魔幻和现实糅合在一起的""魔幻和现实的糅合有怎样的表达效果""如何结合现实来理解作品中的魔幻"三个主要问题，深化学生对文学中的"魔幻与现实"的认知。

一直鼓励学生追求"依托文本的课堂表达"，以阅读推动思考。这节课中，学生都能依托文本深入思考和发表意见，是这节课的"亮点"。就执教而言，这节课是学习项目化学习设计等新理念后的探索，也有试图立足现实，发扬传统课堂教学优点的探索。当然不足也明显并且多见。

就其大者而言，主要是在教学设计上脚步迈得还不大，大单元统筹上用力不够，达不到大单元教学设计，也使大概念启发思考的教学效果受限。这又导致教师求助传统，在课堂中以问题推动学习，学生自主建构学习很少，更谈不上合作探究。对照项目化学习的课堂教学八项黄金标准，更是远远不够。

还有一点反思，就是如果将有关空间批评的理论提前发给学生阅读，是否有助于为整节课设计一个学习任务，让整个学习过程从问题驱动变为任务驱动，引导学生自主合作探究，还可以思考得更加深入更加开阔。自己的学养和课堂驾驭经验还要继续提升。

叙事与视角:欣赏小说讲故事的艺术

执教 / 浙江省镇海中学　王　静

本课课件

【专题目标】

从叙述视角的角度欣赏《大卫·科波菲尔》和《老人与海》讲故事的艺术。通过探究两篇小说的叙述视角及其艺术效果,深入理解叙述视角与情节安排、形象塑造、情感表达等之间的关系,体会叙述视角对小说叙事创新的重要性,提升运用视角理论鉴赏小说文本的能力。

【预习任务】

1. 查阅有关叙述视角理论的资料,了解常见的叙述视角类型及其作用。
2. 回顾必修下册"叙事要引人入胜"的知识,梳理已学过的小说所采用的叙述视角。
3. 阅读《大卫·科波菲尔(节选)》和《老人与海》,辨识两篇小说采用多种叙述视角相结合的特点。
4. 尝试从情节、形象、情感等角度,分析小说通过视角变换所获得的艺术效果。

【教学实录】

师:(播放 PPT 第 1 页)叙述视角的选取影响着小说的叙事效果。华莱士·马丁在《当代叙事学》中说,"在很多情况中,如果视点被改变,一个故事就会变得面目全非甚至无影无踪了"。(播放 PPT 第 2 页)今天,我们就从"叙述视角"的角度,来欣赏《大卫·科波菲尔》和《老人与海》这两篇小说讲故事的艺术。

任务一:建构理论,辨析叙述视角

师:通过必修教材小说篇目的学习,大家对"叙述视角"已有了一定的了解,下面我们来回顾一下。(播放 PPT 第 3 页)

辨一辨

下面这些小说中，哪几篇采用了第一人称有限视角？哪几篇采用了第三人称全知视角？并请简单概括一下这两种叙述视角的基本作用。

《百合花》《哦，香雪》《祝福》《林教头风雪山神庙》《装在套子里的人》《变形记》

生：《百合花》《祝福》和《装在套子里的人》采用了第一人称有限视角，其他几篇都采用了第三人称全知视角。第一人称亲切、真实，便于作者抒发情感，且有限视角能遮蔽作者的意图，故意隐藏环节留给读者推理、判断和评价。第三人称全知视角可以比较直接地展现丰富多彩的生活，不受时间、空间限制，作者可以随意对故事情节和人物形象进行加工处理，反映现实灵活自如。

师：分析得相当专业。对这两种叙述视角的基本作用，其他同学还有补充吗？

生：第一人称有限视角给人以身临其境之感，又能够利用局限设置悬念。第三人称全知视角，可以深入每个人物的心灵，无所不知，能更好地塑造人物形象。

师：理解得很到位。第一人称有限视角和第三人称全知视角，其实是一种比较简单的分类。同是第一人称有限视角，《百合花》中的“我”，既是故事的叙述者，也是故事的参与者，可以说是第一人称叙述中的体验视角；而《祝福》中的“我”，主要是故事的叙述者，“我”见证、回忆了祥林嫂的“半生事迹”，属于第一人称叙述中见证人的旁观视角。对各种叙述视角，申丹教授曾做过综合、提炼，她归纳出了九种视角模式（见表 1）。我们不妨借助这九种视角模式来做更深入的分析。（播放 PPT 第 4 页）

表 1

视角模式	模式特点
全知视角	可从任何角度观察事件，透视任何人物的内心
选择性全知视角	限制自己的观察范围，仅揭示一位主要人物的内心
戏剧式或摄像式视角	故事外的第三人称叙述者客观记录人物的言行
第一人称主人公叙述中的回顾性视角	第一人称叙述者从自己目前的角度观察往事
第一人称叙述中见证人的旁观视角	第一人称叙述者只是旁观者
固定式人物有限视角	用故事内一个固定人物的视角来观察
变换式人物有限视角	采用不同的人物来聚焦不同的事件
多重式人物有限视角	采用几个不同人物的眼光来反复观察同一事件
第一人称叙述中的体验视角	采用当初正在体验事件时的眼光来聚焦

师：申丹教授归纳了九种视角模式，《哦，香雪》和《变形记》分别属于哪一种？

生：《哦，香雪》属于全知视角，描写了香雪、凤娇等好几位姑娘的内心。《变形记》属于选择性全知视角，揭示了一位主要人物格里高尔的内心。

生：我觉得《哦，香雪》也是选择性全知视角，描写了主要人物香雪的内心。

师：对香雪内心世界的聚焦描写，主要集中在小说的后半部分，而小说前半部分描写的是一群姑娘，属于全知视角。所以，一篇小说不是只能限用一种视角模式，可以改变前后的视角模式，也可以同时套用多种视角模式。那么《变形记》呢？除了选择性全知视角外，是否也采用了另外一种视角模式？

生：《变形记》还采用了固定式人物有限视角。通过格里高尔这一固定式人物有限视角，来展现公司协理、父亲、母亲以及妹妹等人对他异化为甲虫后所做出的种种反应。

师：以上我们对一些学过的篇目做了梳理与分析，下面我们来辨识一下《大卫·科波菲尔（节选）》和《老人与海（节选）》所采用的视角模式。请同学们找出课文中标志性词句，辨识两篇小说所采用的多重视角。（播放 PPT 第 5 页，展示表 2）

表 2

篇目	标志性词句	叙述视角
《大卫·科波菲尔（节选）》	比如：	
	比如：	
《老人与海（节选）》	比如：	
	比如：	
	比如：	

师：两篇小说都采用了多重视角模式，同学之间可以讨论交流一下。

（讨论交流）

师：谁先来说说《大卫·科波菲尔（节选）》？

生：标志性的句子“如今，我对世事已有足够了解，因而几乎对任何事物都不再引以为怪了”，叙述视角是第一人称主人公叙述中的回顾性视角。第二个标志性的句子“我竟沦落到跟这样一班人为伍，内心隐藏的痛苦，真是无法用言语表达”，是第一人称叙述中的体验视角。

师：那《老人与海（节选）》呢？

生：大部分都是全知视角，比如，“他们航行得很顺利，老人把双手浸在海水里……天空中的积云堆叠得很高……”还有固定式人物有限视角，比如，“老人看着它张开了嘴，看着它那怪异的眼睛……”

师：海明威很擅长客观冷静地再现画面，这一风格在《老人与海》中达到了高峰。最能体现这种风格的是哪种视角模式？

生：摄像式视角。

师：能找出一些标志性词句吗？

生：有很多客观记录老人言行的句子，比如，“老人系紧帆脚锁，卡住舵柄，然后拿起……”“‘呀！’老人说，‘加拉诺鲨，来吧，加拉诺鲨’。”

师：我们来总结一下，《大卫·科波菲尔（节选）》采用了主人公叙述中的回顾性视角和孩子的第一人称叙述中的体验视角，《老人与海（节选）》主要采用全知视角和摄像式视角，其间穿插了老人这一固定式人物有限视角。

任务二：把握视角，理解情节特色

（教师播放 PPT 第 6 页）

“正是叙事视点创造了兴趣、冲突、悬念乃至情节本身。”请以《大卫·科波菲尔》和《老人与海》为例，谈谈你对这句话的理解。

师：在绝大多数叙事作品中，“正是叙事视点创造了兴趣、冲突、悬念乃至情节本身”。比如《林教头风雪山神庙》，采用全知视角介绍故事的来龙去脉，但有关密谋的情节，却采用了变换式人物有限视角，从李小二和林冲的视角来叙述，视角的变化对情节的设置产生了怎样的影响？

生：用李小二的视角叙述，可以设置悬念，推动情节发展。后面用林冲的视角发现密谋的真相，解开了悬念，情节上前后呼应。

师：《大卫·科波菲尔（节选）》和《老人与海（节选）》的视角变化，又对情节产生了怎样的影响？

生：《大卫·科波菲尔（节选）》主要采用第一人称叙述中的体验视角，决定了选文主体采用时间发展顺序写“我”童年时在货行当童工、成为房客的经历，有具体细致的场景和人物描写。文章有些部分采用第一人称主人公叙述中的回顾性视角，决定了文章中有穿插补充和总结，以成年的“我”的视角总结“我”的童年经历，发表观点。

生：第一人称叙述中的体验视角，可以利用孩子善于观察的天性，对米考伯先生的住宅、米考伯夫妇的活动等进行足够细致的描写，可以代入“我”的思考与感受，创造兴趣，同时有限的视角也可以设置悬念，比如米考伯先生刚出场时“陌生人”的称呼。

生：用第一人称叙述中的体验视角，隐去情节枝蔓，简明扼要地描述米考伯一家的危机与“我”的成长经历，详略有致。用第一人称叙述中的体验视角讲述，带有当时的情感；主人公叙述中的回顾性视角则用现在成熟的眼光去看从前经历的事情，带有现在的情感，两种视角，两份不同的感情交织，丰富了文章时间维度上的内涵。

生：《老人与海（节选）》整体采用全知视角和摄像式视角，略去无关的情节，集中描写五次鲨鱼来袭的场景，可以强化冲突，使故事高潮迭起，跌宕起伏。兼用固定式人物有限视角，使得情节安排上运用省略技巧，突出老人的心理，有利于集中塑造老人形象，同时视角的局限也制造了悬念，引发我们对老人未知命运的关切。

师：视角的本质，是对信息的限制。不同的叙述视角，影响着事件的展示与隐藏。我们要善于从叙述视角的角度，去鉴赏情节的突转、冲突、悬念、跌宕等艺术特色。

任务三：品析视角，鉴赏人物形象

师：叙述视角的选择也影响着人物形象的塑造。请结合叙述视角的相关知识，鉴赏下面

两段文字。（播放 PPT 第 7 页）

（一）

我进去了，发现那儿还有一个胖墩墩的中年男子，他身穿褐色外套、黑色马裤、黑色皮鞋，脑袋又大又亮，没有头发，光秃得像个鸡蛋，他的大脸盘完全对着我。他的衣服破旧，但装了一条颇为神气的衬衣硬领。他手里拿着一根很有气派的手杖，手杖上系有一对已褪色的大穗子，他的外套的前襟上还挂着一副有柄的单片眼镜——我后来发现，这只是用作装饰的，因为他难得用来看东西，即使他用来看了，也是什么都看不见的。

（二）

他心里很明白如果驶进海流中间会发生什么事情。可是眼下一点儿办法也没有。

“不，有办法，”他大声说，“我可以把刀子绑在一支船桨的柄上。”

于是他把舵柄夹在胳膊下面，一只脚踩住帆脚索，就这么做了。

“这下好了，”他大声说，“我还是个老头儿，但可不是手无寸铁了。”

这时候，风更加强劲了，船航行得很顺利。他只看着鱼的前半部分，心里又燃起了一点儿希望。

师：四人一组，可选择一个片段鉴赏。

生：语段（一）中，对米考伯先生的外貌描写采用了第一人称叙述中的体验视角，以当时孩童的眼光审视了米考伯先生，“光秃得像个鸡蛋”“颇为神气的衬衣硬领”“很有气派的手杖”等，既生动地写出了他滑稽的样子和爱慕虚荣、爱装文雅的性格，也侧面烘托了“我”的天真无邪、涉世未深。“我后来发现”这一句，采用第一人称主人公叙述中的回顾性视角，以“我”长大后才知道单片眼镜是“装饰”用的这一情节表现的巨大反差，更加突出米考伯先生的爱慕虚荣。

生：语段（二）中，“他心里很明白”一句使用全知视角，让读者确切感受到老人所处的困境。然后以摄像式视角记录老人即将驶入海流时的言行，“大声说”的话，“夹”“一只脚踩住”等一系列动作，表现了老人不屈不挠、永不言弃的精神。“他只看着”一句，转为固定式人物有限视角，通过老人的聚焦观察，写出他内心再次燃起希望。

任务四：透过视角，倾听作者心声

师：叙述视角既是故事呈现的手段，也是作者间接表达个人价值取向或个人立场的途径，通过对视角的控制，或直接干预，借“评论”左右读者的判断，或客观叙述，用故事人物的视角引导读者形成判断。那么，《大卫·科波菲尔（节选）》和《老人与海（节选）》是如何通过叙述视角表达作者的价值取向或个人立场的？（播放 PPT 第 8 页）

生：《大卫·科波菲尔（节选）》以孩子的视角体验周围的世界，真实地反映了当时的社会问题，底层人民的困境，但也从中品出了人世间的温暖、善良，表达了作者的价值取向——批判社会黑暗现实，赞扬纯真人性。

生：《大卫·科波菲尔（节选）》借小大卫体验视角展现当童工的痛苦、绝望，间接表达作者反对童工制度的个人立场，同时又通过成年大卫回顾性视角中直接干预的评论，如“绝望”“羞辱”等，直接表达作者对童工制度的批判。

生：《老人与海（节选）》选用全知视角和摄像式视角，描绘一场人与自然间的战斗，真实记录了老人寻求勇气、激发斗志、维护自尊的过程，表现作者所赞赏的顽强拼搏的“硬汉精神”。

生：固定式人物有限视角使小说聚焦于主要人物老人的内心世界，借老人来表达作者对“人的灵魂的尊严”的赞颂和对自然的看法。

生：《老人与海（节选）》中，虽然作者从未有一句主观议论，或直接表达自己的想法，但借多重视角，处处引导人们形成判断，尤其是老人的内心独白，直接表达了作者的价值取向。

师：同学们对叙述视角与作者所表达的价值取向之间的关系阐释得非常深入。

师：这节课，我们紧紧围绕叙述视角，从小说故事情节的设置、人物形象的刻画以及作者情感的表达等角度，对《大卫·科波菲尔（节选）》与《老人与海（节选）》做了深入探究。课后，大家可以尝试运用叙述视角理论，写一篇文学评论。好，这堂课我们就上到这里。

【教学反思】

本节课在“如何推进学生深度学习”上做了一些积极的探索，尝试运用三种途径。一是建构起一个系统，即通过“叙述视角”这一概念，将众多经典小说串联在一起，在不同文本之间形成联系与比较，并通过对“叙述视角”的理解，关联起小说故事情节设置、人物形象刻画、作者情感表达等的赏析，在纵横交织的逻辑系统中，形成结构化的深度学习。二是为学生提供概念支架，特别是引进文艺理论的一些最新研究，比如申丹教授的九种视角模式，不断丰富学生的理论储备，提升学生的理论修养，激发、培养学生运用理论知识深入鉴赏文学作品的兴趣与能力。三是突出专题化学习的内在逻辑。从知识的角度，追求以概念为本、聚焦设计、衔接贯通、补充深化的逻辑。紧紧围绕“叙述视角”展开多维学习，将必修教材的梳理与选择性必修的专题化探究衔接贯通起来，并根据学生已有的知识经验进行补充、深化，在第一人称有限视角和第三人称全知视角两种视角模式的基础上，为学生提供细化的九种视角模式。从认知的角度，遵循着从概念理解到深度拓展，再到实践应用的逻辑。先从概念上理解九种视角模式，然后结合具体文本，在比较辨识中进行深度拓展，再将理论知识运用到实践鉴赏中，或讨论交流，或撰写片段鉴赏。

基于深度学习的专题化探究，在课堂的推进上存在着一定的难度。从教学实践来看，学生之间有着较大的差距，有的学生对必修教材所学的课文尚不熟悉，有的学生对专业化的理论知识缺少必要的兴趣，而有的学生却能够在广泛联系的基础上展开有条理的、精细化的探究与鉴赏，这就使得本该是协作性的探索变成了部分同学的表演主场。如何使课堂讨论能够在较为复杂的问题上形成真正的对话和交流？反思这一堂课，我觉得：第一，要引导学生在课前做好充分的准备，要为学生提供更为明确的学习任务单，要求其以文字的形式记录感受、思考，使每一个学生都能进入讨论前的积极状态，事实上，课堂上表现优秀的往往都是有准备的学生。第二，要善于化难为易，化抽象为具体，对理论知识的理解和运用要充分结合具体的文本，要能够组织和设计各种有趣的研究活动，力求探究时能最大限度地调动起学生的兴趣和原有的鉴赏经验与积累，发挥他们的联想、想象与审美创造力。

非同寻常的艺术自觉:鉴赏小说语言的魅力

执教/浙江省宁海中学　娄云婷

本课课件

【专题目标】

联读《大卫·科波菲尔(节选)》《复活(节选)》《老人与海(节选)》和《百年孤独(节选)》,鉴赏这四篇小说非同寻常的语言艺术魅力:或绵密深情,或生动细腻,或直接凝练,或摇曳多姿。

【预习任务】

1. 勾画精彩语言片段,感知语言特点。
2. 总结鉴别四种语言特点的主要方法。
3. 思考语言特点与人物、主题的关联。

【教学实录】

师:不同的作家往往有不同的语言特点。有人说,一个人的语言,就是他最高级的名片。我想,一部优秀作品的语言,就是作家最亮丽的名片。上周我们学习了《大卫·科波菲尔(节选)》《复活(节选)》《老人与海(节选)》和《百年孤独(节选)》,今天我们来鉴赏下这四篇小说的语言艺术。(播放PPT第1、2页)

环节一:导入新课

师:下面请大家先回忆下形容语言特点的词有哪些。

生(各自):幽默风趣、清新、生动形象,通俗易懂……

师:不错不错,大家记得很多。下面我说一个词,大家猜猜是哪位作家的语言特点。明白晓畅是——

生:那多了。

师(意识到不够精准):我们把面缩小点,是哪位诗人?

生(全班大叫):白居易。

师:豪放飘逸?

生(几乎全部):李白。

生(一个):苏轼。

师:是苏轼吗?

生(笑):不是,不飘逸的。

师:再来一个,如诗如画?

生:王维。

师:为什么会这样呢?

生:写习惯了。

生:风格固定了。

师:大家说得对。作者在写作时往往喜欢用某种笔调来叙事描写,时间长了,就会形成一种相对固定的风格特点,也就有了"明白晓畅白居易""豪放飘逸李太白"这样的标签。

我这里有四个词语"绵密深情""生动细腻""直接凝练""摇曳多姿"。请大家想一想这四种语言特点对应上面的哪篇小说比较合适?

生:"直接凝练"是《老人与海》。

师:看来这个比较明显,大家一下就找对了。

生(大部分):"生动细腻"是《复活》。

生(小部分):是《大卫·科波菲尔》。

师:究竟是哪篇呢?大家注意下细腻,往往通过什么手法来体现?

生:特别细致。细节描写吧。

生(全):《复活》。

师(笑):瞬间就变《复活》了。那"绵密深情"和"摇曳多姿"呢?

生(纷乱):是《大卫·科波菲尔》。是《百年孤独》。

师:是不是对这两个词比较陌生,在形容语言特点时,其中哪个词你从来没听说过?

生:摇曳多姿。

师:摇曳多姿是吧?大家猜测一下"摇曳多姿"是什么意思的?

生:变化多。

师:变化多,那就是既有可能是?也有可能是?

生:既有可能生动形象,也可能简洁凝练。

师:还有可能?

生:绵密深情。

师:可以啊。按这个思路去想的话,觉得"摇曳多姿"是?

生:《百年孤独》。

师:那《大卫·科波菲尔》只能是"绵密深情"了(学生笑)。

环节二:初步赏析

师:下面我们逐一分析下这几篇小说主要的语言特点以及写法。先回忆下,一般我们分析语言是从哪些角度入手?

生(多个回答):词、句式、修辞、语气、语调、细节……

师:下面就按这些角度,完成表1中空白部分的填写。请同学们结合昨天的预习回答,可进行适当的调整。(播放PPT第3页)

表1

篇目	精彩片段	效果	写法
《大卫·科波菲尔(节选)》	(1)我进去了,发现那儿还有一个胖墩墩的中年男子……这只是用作装饰的	刻画细致,塑造了生活拮据,却极力掩饰、爱慕虚荣、死要面子的米考伯先生的形象	
	(2)"我的印象是,"米考伯先生说,"……简而言之……以便让你知道一条最为便捷的路径。"		多长句,喜重复,多破折号,语气舒缓,语意连贯
	(3)……米考伯先生真是又伤心,又羞愧……摆出比平时更加高贵的架势,走出门去了		

师:参照片段(2)的"写法",同学们能说一说片段(1)的写法有哪些吗?

生:多长句。

生:形容词多。

师:形容词对中心词起什么作用?

生:修饰作用。

师:那这个写法我们可以说是——喜修饰。

(学生这时没有找出更多,老师点拨)

师:大家看一下,片段(1)这段文字并不长,但是意象挺多,数一下?

生(极快):11个。

师:哇,这个同学反应很快。大家觉得,这个特点叫?

生:意象很多……

师:注意下这里的意象不仅多,而且间隔短。

生(脱口):密集。

师:你答得很好。那这些意象是杂乱还是有序的,语意是跳跃还是连贯的?

生:是有序连贯的。

师:好。那片段(1)的写法可以概括成——多长句,喜修饰,连续铺排,意象密集。我们来看看片段(2),“写法”中有“多破折号”与“语气舒缓”,这两者有什么关联吗?

生:有破折号,就读不快,就舒缓了呀。

师:那没有破折号就可以读得快了吗?我们一起来齐读片段(2),要求快节奏地读。

(学生快速齐读,整体磕磕巴巴,完全没有了以前齐读的效果)

师:为什么读不快而且乱?我们一起结合教材第58页“感谢老天爷”到“最为便捷的路径”这部分内容来讨论下。老师先说一下,“简而言之”出现4次,有文言特点,读得太快,体现不出米考伯先生文绉绉、装文雅的形象。

生:句子太长,又有“乐于前来”等书面语,读得太快,不能很好地呈现出米考伯先生的热心善良。

师:大家注意下米考伯先生说话的对象。

生:是个小孩。他用了“简而言之”“游历”等词,有点滑稽可笑。

师:大家说得很好。总结一下,塑造人物形象的方法有很多,譬如语言描写、动作描写、细节描写等。今天我们看到,长句子、破折号除了可以舒缓语气外,对塑造米考伯先生的形象也有一定的作用。

(学生点头)

师:下面我们来研究片段(3),这个片段的语言特点以及人物形象跟前面两个一样吗?

(学生都说很不一样)

生:动作很夸张。面对讨债人的叫骂,米考伯先生先“悲惨得不能自制,用一把剃刀做出抹脖子的动作”,可“不到半个小时,他就特别用心地擦亮自己的皮鞋,然后哼着一支曲子,摆出比平时更加高贵的架势,走出门去了”,他是个乐天派。(笑)

生:对比反差鲜明,语言诙谐幽默,有讽刺的味道。

师:这里的讽刺与《装在套子里的人》一样吗?

生:不一样,这里是温和的,带泪的,饱含同情的。《装在套子里的人》是辛辣的讽刺、不留情的批判。

师:(播放PPT第4页)作者通过对比反差以及诙谐幽默等方法,塑造了一个债多不愁、乐天知命的米考伯先生,我还是蛮喜欢这个人物的,最起码不是一个轻易被生活打倒的人,我们应该向他致敬(大家笑)。当然,从以上的分析中,我们可以看出,作者的情感其实很饱满,但是又很内敛、很深沉,藏在字里行间,需要我们仔细品味才能领悟。现在,我们试试用两个短语来概括《大卫·科波菲尔(节选)》的语言特点。

生(乱):意象密集,多铺排,喜欢重复、修饰,诙谐幽默……

师:大家说得不是很准确,把具体写法和语言特点混在一起了。老师提示一下,意象密集是具体写法,诙谐幽默才是特点。

生:绵密深情,前面说过了。

师:这个同学的记忆力不错,那现在你能说说“绵密深情”的特点通过哪些写法体现出来吗?

生:句子比较长,意象密集,饱含感情。

师:不错,还有语意连贯。那加上片段(3),《大卫·科波菲尔(节选)》的语言特点是——

生:绵密深情,幽默诙谐。

师：好。《复活（节选）》的语言特点比较鲜明——

生：生动细腻。

师：大家对照讲义，看看这个特点是怎样体现出来的？（播放 PPT 第 5 页，展示表 2）

表 2

篇目	精彩片段	效果	写法
《复活（节选）》	（1）①玛丝洛娃转过身……那张眼睛斜睨的笑盈盈的脸凑近铁栅栏；②局部的细描：5 个“斜睨”、3 个“妖媚”		喜修饰，从整体到局部再到特写，细节传神
	（2）“对，我在做我该做的事，我在认罪。”聂赫留朵夫想……免得哭出声来	写出聂赫留朵夫的失态，痛苦内疚及纠结矛盾，生动细腻	
	（3）“您”——“你”——“您”的三次转变		

生：通过细节描写。

师：片段（1）主要通过哪些细节刻画了一个怎样的女子？

生：动作、神态。最是那双眼睛精彩多变，或嫣然，或斜睨，或妖媚，很吻合妓女的身份，十分形象，刻画得很细腻。

师：说得很好。片段（2）、片段（3）中又是通过哪些细节刻画聂赫留朵夫怎样的心理？

生：从眼泪“夺眶而出，喉咙也哽住了”，到“竭力忍住翻腾着的泪水，不让自己哭出声来”；从大声说“我来是要请求你饶恕”，“但音调平得像背书”，到虽“感到害臊”，“觉得羞耻”，但高声说下去“请你饶恕我”，叫道“我在你面前是有罪的”，到最后“再也说不下去”。通过眼睛、语气语调的变化，多个角度刻画了聂赫留朵夫内疚、想赎罪的心理。

生：一开始一直称呼玛丝洛娃“您”，他是痛苦的、想要忏悔的，后来看到玛丝洛娃无药可救时，聂赫留朵夫感到他的心灵正要完成一种极其重大的变化，想要接近她，想要在精神上唤醒她，于是就说“卡秋莎！我来是要请求你的饶恕”“你要明白，我是了解你的”；可最后看到她“粗野可怕、拒人于千里之外的神色”后，又称她“您”了。“您”——“你”——“您”称呼的变化，细致地写出聂赫留朵夫复杂的内心世界。

师：长期的不幸生活，让玛丝洛娃这个纯洁的姑娘学会了底层生活的某些“技能”，这也为片段（2）、片段（3）聂赫留朵夫的失态、痛苦到想要忏悔、想要赎罪埋了伏笔，称呼的变换十分贴切地写出了聂赫留朵夫想要拉近与玛丝洛娃的距离、想要赎罪但又担心不被理解不被接受的复杂心理，这个细节可谓神来之笔，十分见作者功夫。（播放 PPT 第 6 页）

师：说说《复活（节选）》的语言特点及写法跟《大卫·科波菲尔（节选）》的异同。

生：也喜欢用形容词，喜修饰。

生：不同的是《复活（节选）》的细节特别突出，描写性的话多。

师：很好。我们总结下《复活（节选）》的语言特点——

生：生动形象，细腻感人。

师：谁来说一说《老人与海（节选）》的语言特点？（播放 PPT 第 7 页，展示表 3）

表3

篇目	精彩片段	效果	写法
《老人与海（节选）》	(1) 当那一大片暗沉沉的血渐渐下沉……豁然出现在太阳底下	动词精准，“冲”“划破”“豁然出现”写出鲨鱼的凶猛快捷，冲击力强，使读者顿生紧迫感	多短句，快节奏，动词精准，极具张力
	(2) 鲨鱼成群结队地游了过来……鱼肉在水面下闪着亮光		
	(3) “一个人可以被毁灭，但不能被打败。”……现在倒霉的时候就要来了……也许只不过是我的武器比它的强		

生：电报式的。

师：你说得不错，还记得什么是“电报式”？具体解释下。

生：字少，内涵丰富。言简义丰。

生：很凝练。

师：老师再解释一下，当电话还未普及，有急事最快的方式是拍电报，但拍电报需要钱，而且按字数收费，在物资匮乏的年代，为了省钱，拍电报时大家都是“惜字如金”，但是字虽少，意思还要表达到位，不能让收电报者产生误解。所以电报式的语言特点是词虽少，但是内涵丰富，充满了张力。下面请大家从句式、词性、节奏、情感等方面，说一说与上面两篇小说相比较，《老人与海（节选）》的语言运用有什么不同？

生：这篇多短句，多动词，节奏快。

师：叙述充满感情吗？大家不妨从第三人称的角度结合片段2老人的动作去分析试试。

生（回忆了一下）：应该比较客观冷静。

生：“猛扭”“紧攥”“猛砸”，动作一气呵成。语段中只有紧张搏斗的场面，作者更像一个旁观者。

师：“一个旁观者”，说得太好了。因为冷眼旁观，所以叙述更显客观冷静，而且呈线性结构，没有弯弯绕绕，这样更能体现老人的硬汉形象。

有人说，一个硬汉不该有软弱的一面，结合片段(3)老人的内心独白分析下作者为什么这样处理？并说说内心独白这种写法的好处。

生：作者没有一直写老人内心的强大，而是通过“现在倒霉的时候就要来了，可我连渔叉也没有”的内心独白写出他内心的恐惧与无助，他一面想虽然“尖齿鲨很残忍，而且也很能干，很强壮，很聪明。不过我比它更聪明”，一面又想“也许并不是这样”，写出老人想安慰自己，但又无法掩饰内心的无助。作者这样写反而能使老人的形象更饱满、更立体。

生：内心独白直接写出老人心理，读者也不用费心去猜。

师：诸葛亮如果没有失街亭斩马谡这样的事，那他就是“神”，不是“人”了。通过内心独白写老人心里，更显透明直接，这也是外国小说常用的一种手法。（播放PPT第8页）总结下《老人与海(节选)》的语言特点?

生:简洁凝练。

师:充满张力。

师:现在“摇曳多姿”这个词摇曳着来到大家面前了(学生笑)。根据前面同学的解释,它的意思是变化多,我比较认同这个说法。大家仔细研究下,下面三个片段语言特点一样吗?(播放 PPT 第 9 页,展示表 4)

表 4

篇目	精彩片段	效果	写法
《百年孤独(节选)》	(1) 布恩迪亚先在家中实行……可得牛奶咖啡	无任何心理描写,但与失忆斗争的决心无处不显	名词密集,少修饰,叙述有序推进,结构紧凑
	(2) ……释放从建村伊始就以歌声欢快报时的群鸟,……同时奏响整曲华尔兹		
	(3) 布恩迪亚意识到失眠症已经侵入镇子……已是老练的失眠者,并借此掌握了高超的金银器工艺。		

生:不一样。片段(1)出现大量名词,没什么修饰词,语言简洁质朴。

生:片段(2)意象华丽,语言有点诗意。

师:很不错的样子。大家可以“脑补”下片段 2 描绘的场面,全镇一起奏响的报时音乐,对你的感官有怎样的冲击?

生:估计还是很壮观、蛮刺激的。

生:画面感强。

师:是的,感觉这部分画面感特强,颇有诗意,仿佛是一场音乐盛典(纷纷赞同)。那片段(3)的语言有什么特点呢?

(学生觉得比较难断定,老师将片段划分成三个小片段,提示从语气、语调、语意的角度去看)

生:开始大家面对失眠症很紧张,采取各种措施防止灾难扩展,语气语调比较严肃。当这些举措成功地将疫病控制住后,语气语调转向正常的叙述——“后来人们就将紧急情况视为常态”。“他属于第一批病人,已是老练的失眠者”,尤其是“老练的失眠者”这样的句子让人忍俊不禁,语气语调转为轻松诙谐,让人感觉失眠症也没那么可怕。不长的文字,语气语调切换了三次,很快。

师:我很喜欢“切换”这个词,你比我有才,我只会用“变化”。失眠症刚来,大家紧张严肃,时间长了,习惯了,变为常态了,最后镇上的人们跟我们当时对待新冠肺炎疫情——出门自觉戴口罩一样了,对待失眠症已经有了自己的一套,竟然十分“老练”了(笑)。

(播放 PPT 第 10 页)三个片段,片段(1)意象密集,几乎没有任何修饰;片段(2)有画面感，有诗意；片段(3)简洁紧凑，又轻松幽默，让人忍俊不禁。根据老师的分析，大家觉得《百年孤独(节选)》语言的最大特点是什么？

生：多变(笑)。

师：所以用摇曳多姿来形容是最准确的了。下面我们概括一下简洁凝练、绵密深情、生动细腻、摇曳多姿这四种语言特点的最基本最常用的写法。

(学生完成得比较快，老师稍作补充，播放 PPT 第 11 页)

简洁凝练：多短句，喜动词名词，叙述客观冷静，呈线性
绵密深情：多长句，喜铺排反复，意象密集，语气舒缓，语意连贯
生动细腻：重细节，喜修饰，语言多描写性
摇曳多姿：语意跳跃，风格多变，叙述语言切换快

环节三：鉴别探讨

师：这四篇小说的语言特点能不能调换？比如用绵密深情或诙谐幽默的语言去写《老人与海》？让《复活》的语言变得摇曳多姿、充满张力？

(学生都说不可以)

生：这个应该跟主题有关。《老人与海》写的是斗争精神，用诙谐幽默或绵密深情的语言不合适；《复活》表现的是人性的复活、是觉醒，所以不能用摇曳多姿的语言。

师：回答得真好。大家再想想，语言特点的选用，除了主题，还跟什么有关？

生：人物。

生：老人的形象是刚毅的、勇猛的，聂赫留朵夫的情感比较复杂，也很细腻。

(教师播放 PPT 第 12 页)

《老人与海》偏"战斗型"，与大自然的搏斗中，老人的"勇猛""刚毅""狮子一样的力量"，需要精准的动作、快节奏的短句、客观冷静的叙述才能得到充分展现，绵密深情或诙谐幽默的语言与老人的"硬汉"形象不太吻合，也无法传递出"永不言败"的主题。

《复活》偏"情感型""人性型"，聂赫留朵夫的心理经历了纯洁——堕落——复活三个阶段，要表现其丰富、复杂、细腻的内心，尤其是"复活"部分各种心理汹涌：难堪犹豫，紧张纷乱，怕不被宽恕，怜悯中有羞愧，厌恶中有自责，感情复杂多变，唯有细腻生动的语言、出神入化的细节刻画才能担此重任，而简洁描摹不足，华丽描绘则显浮夸，轻松幽默又不够严肃，因为内心的救赎是神圣的。

师：从上面大家的分析中，我们可以看出作品的语言往往跟人物、主题挂钩，一个高明的作者总是能娴熟地驾驭与人物、主题相匹配的语言，以达成三者的和谐统一，而不会根据自己喜好，任意为之，让其"脱节""出轨"。

师：昨天给大家看了《窦娥冤》和《长亭送别》的一些片段。现在来考考大家。

《窦娥冤》片段

【正宫】【端正好】没来由犯王法，不提防遭刑宪，叫声屈动地惊天！顷刻间游魂先赴森罗殿，怎不将天地也生埋怨。

【滚绣球】有日月朝暮悬，有鬼神掌着生死权。天地也！只合把清浊分辨，可怎生糊突了盗跖、颜渊？为善的受贫穷更命短，造恶的享富贵又寿延。天地也！做得个怕硬欺软，却原来也这般顺水推船！地也，你不分好歹何为地？天也，你错勘贤愚枉做天！哎，只落得两泪涟涟。

（刽子云）快行动些，误了时辰也。（正旦唱）

【倘秀才】则被这枷纽的我左侧右偏，人拥的我前合后偃，我窦娥向哥哥行有句言。（刽子云）你有甚么话说？（正旦唱）前街里去心怀恨，后街里去死无冤，休推辞路远。

《西厢记·长亭送别》片段

【小梁州】我见他阁泪汪汪不敢垂，恐怕人知；猛然见了把头低，长吁气，推整素罗衣。

【幺篇】虽然久后成佳配，奈时间怎不悲啼。意似痴，心如醉，昨宵今日，清减了小腰围。

（夫人云）小姐把盏者！（红递酒，旦把盏长吁科，云）请吃酒！

【上小楼】合欢未已，离愁相继。想着俺前暮私情，昨夜成亲，今日别离。我谂知这几日相思滋味，却原来比别离情更增十倍。

【幺篇】年少呵轻远别，情薄呵易弃掷。全不想腿儿相挨，脸儿相偎，手儿相携。你与俺崔相国做女婿，妻荣夫贵，但得一个并头莲，煞强如状元及第。

（夫人云）红娘把盏者！（红把酒科）（旦唱）

【满庭芳】供食太急，须臾对面，顷刻别离。若不是酒席间子母每当回避，有心待与他举案齐眉。虽然是厮守得一时半刻，也合着俺夫妻每共桌而食。眼底空留意，寻思起就里，险化做望夫石。

（红云）姐姐不曾吃早饭，饮一口儿汤水。（旦云）红娘，甚么汤水咽得下！

【快活三】将来的酒共食，尝着似土和泥。假若便是土和泥，也有些土气息，泥滋味。

【朝天子】暖溶溶玉醅，白泠泠似水，多半是相思泪。眼面前茶饭怕不待要吃，恨塞满愁肠胃。“蜗角虚名，蝇头微利”，拆鸳鸯在两下里。一个这壁，一个那壁，一递一声长吁气。

师：《窦娥冤》《西厢记·长亭送别》这两个片段的语言特点分别跟今天学的哪篇小说接近？这两段同样有写反抗、斗争的内容，为什么语言特点不一样？

生：《窦娥冤》片段与《老人与海（节选）》都简洁凝练。《西厢记·长亭送别》片段和《复活（节选）》偏“情感型”，都生动细腻。

师：那再从作者的派别来印证下，关汉卿是？王实甫是？

生：关汉卿是本色派。王实甫……

师：忘了？语言比较有文采——

生：文采派。

师：这两个片段都有写反抗、斗争的内容，为什么语言特点不一样？

生：窦娥反抗强烈。

师：崔莺莺反抗不强烈吗？

生：跟人物形象，还有主题有关。窦娥是“硬汉”形象。（众人笑）窦娥是弱女子，也是刚烈的女子，直接凝练的语言能更好体现她的愤怒抗争，揭露社会的黑暗。崔莺莺是在追求爱情中反抗，反抗的对象是自己的妈妈，所以语言温柔些，情感更细腻。

师：大家鼓掌。（播放 PPT 第 13 页）

A.《窦娥冤》片段和《老人与海（节选）》直接凝练；
《西厢记·长亭送别》片段和《复活（节选）》生动细腻

B.《窦娥冤》片段的语言直接凝练，是为了突出窦娥的“怨”与“恨”，体现她的愤怒抗争、刚强不屈，是为了揭露社会黑暗；《西厢记·长亭送别》片段的语言生动细腻、优美典雅，是为了突出崔莺莺在反抗封建礼教和追求爱情过程中复杂细腻的心理。

师：重读《我与地坛》选文，判断语言特点。

《我与地坛》片段 1

譬如祭坛石门中的落日，寂静的光辉平铺的一刻，地上的每一个坎坷都被映照得灿烂；譬如在园中最为落寞的时间，一群雨燕便出来高歌，把天地都叫喊得苍凉；譬如冬天雪地上孩子的脚印，总让人猜想他们是谁，曾在哪儿做过些什么，然后又都到哪儿去了；譬如那些苍黑的古柏，你忧郁的时候它们镇静地站在那儿，你欣喜的时候它们依然镇静地站在那儿，它们没日没夜地站在那儿，从你没有出生一直站到这个世界上又没了你的时候；譬如暴雨骤临园中，激起一阵阵灼烈而清纯的草木和泥土的气味，让人想起无数个夏天的事件；譬如秋风忽至，再有一场早霜，落叶或飘摇歌舞或坦然安卧，满园中播散着熨帖而微苦的味道。

《我与地坛》片段 2

我一连几小时专心致志地想关于死的事，也以同样的耐心和方式想过我为什么要出生。这样想了好几年，最后事情终于弄明白了：一个人，出生了，这就不再是一个可以辩论的问题，而只是上天交给他的一个事实；上天在交给我们这个事实的时候，已经顺便保证了它的结果，所以死是一件不必急于求成的事，死是一个必然会降临的节日。这样想过之后我安心多了，眼前的一切不再那么可怕。比如你起早熬夜准备考试的时候，忽然想起有一个长长的假期在前面等待你，你会不会觉得轻松一点？并且庆幸并且感激这样的安排？

剩下的就是怎样活的问题了，这却不是在某一个瞬间就能完全想透的，不是能够一次性解决的事，怕是活多久就要想它多久了，就像是伴你终生的魔鬼或恋人。

生：片段 1 意象密集，大量铺排，语言风格应该是绵密深情。

生：片段 2 有对生命的感悟，应该比较深沉。

师：片段 1 意象密集，其背后没有蕴藏情感吗？

生：有感悟，从大自然中感悟到生命的顽强。

师：说得很好。在意象密集、大量铺排以及环环紧扣的生死三连问中，作者完成了深沉的生命感悟。（播放 PPT 第 14 页）

课后作业

写作中想要达到让读者“看你一眼”就“忘不了你的容颜”的效果，就必须具有语言艺术的自觉。从《红楼梦》《三国演义》《水浒传》《西游记》中选取一部作品，从一个角度赏析其语言特点，并分析成因。

师：这是课后作业。同学们再见。

生：老师再见。

【教学反思】

经典的语言往往来自经典的作品，阅读经典是加强语言修养的一个重要途径。小说的人物形象之所以千姿百态、不带重样，跟人物的语言有很大关系。本单元是外国小说单元，单元导语提出“要了解小说多样化的风格样式”，从“语言特点等方面入手把握作品独特的艺术成就，总结小说的艺术特点，提升鉴赏小说的能力”的要求。本专题试图从语言的角度，让学生通过多种角度的比较，感知语言的丰富、生动、形象和富于变化，知晓人物的语言各具个性、各有特色，了解语言特点的多样性，并加以鉴别总结，从而能多一个角度、多一种能力去品读鉴赏经典小说。

本节课不足有很多。我的第一个反思是：不能拿老经验去冒险，不能囿于老思想、老方法，还是要从实际出发，要有预判、多设方案，以应万变。

第二个反思是：这堂课，最好在上完四篇小说后直接上，或者作为专题穿插在中间上。在这个十分“内卷”的时代，忘却的魔鬼很快就会降临。紧跟着上，一来不需要浪费学生的宝贵时间重新温习，二来可以趁热打铁，知识点“热烫烫”的，容易消化并储存。

第三个反思是：如果有同行想上一下这堂课，那么我建议，去掉其中的人物鉴赏问答，或可以直接印在讲义上。因为学生的知识储存也许并没有我们想象中那么好，掌握的程度也参差不齐，所以比较费时间；这样一来重点更突出，时间也会更充裕些。

最后一个反思是：根据学生的现场反应，《老人与海（节选）》的语言特点最容易识别和掌握，其次是《复活（节选）》。本以为最难的是《百年孤独（节选）》，实际上下来感觉还是《大卫·科波菲尔（节选）》的语言——绵密深情更不容易被辨析。而我的教学是直接按教材的顺序设计的，没有充分考虑难易程度以及由浅入深的方法。个人建议，把《大卫·科波菲尔（节选）》放第三个，《百年孤独（节选）》还是放最后吧。

总体来说，没有很多的惊喜，但也有一些有趣的碰撞，激起过一些思想的火花，聊作慰藉吧。

写作微专题

尺水兴波，寄意深远：小小说鉴赏与写作

执教／浙江省余姚中学　程载国

本课课件

【专题目标】

学写小小说，并能做到如下几点：一是明确立意，二是巧于构思，三是抓住传神之处重点刻画。借鉴经典名作的写作技巧，提升叙事能力。

【预习任务】

1. 总结本单元《大卫·科波菲尔》《复活》《老人与海》《百年孤独》等经典小说的叙事技巧。

2. 阅读几篇小小说，总结这些小说在叙事构思方面的特色。

【教学实录】

师：读一部经典小说，犹如进行一次奇妙的漫游。读完选择性必修上册第三单元的四部小说，大家的漫游体验如何？

生：阅读《百年孤独》，好比在亚马逊丛林中漫游，时时感到惊险与刺激；阅读《大卫·科波菲尔》，就好像在听邻家大哥聊天，他漫不经心地谈着自己的成长经历，越听到后来，对这位大哥越加佩服。

生：阅读《复活》，总感觉宗教味比较浓，我很难真正进入小说的叙事氛围；读《老人与海》就不一样了，我能快乐着老人的快乐，纠结着老人的纠结。

师：大家有没有想过，其实我们不只可以作为一名欣赏者，站在小说的对面，为别人的精彩叫好。我们也可以作为小说的创造者，把控情节的波澜起伏，让里面的人物听从自己的指挥。

生：我初中就写过小说，不过好像并不成功。

师：今天我们一起来探索小说写作的基本技巧，让我们的小说创作由稚嫩走向成熟。（播放 PPT 第 1 页）

任务一：缩放有度，做时间的魔术师

师：戏剧是空间的艺术，而小说则是时间的艺术。王安忆在《小说课堂》中说道，“小说中的时间是另一种形态，它可能比自然时间长，容纳超乎寻常的情节和细节；它也可能比自然时间短，冗长的过程只在一瞬间”。（播放 PPT 第 2 页）

一旦我们开始创作小说，脑海中就要有清晰的时间概念，要想清楚如何去缩放时间。（播放 PPT 第 3 页）

知识支架

（1）小说的“叙述时间”指涉四种时间范畴：被叙述时间、叙述行为时间、叙述文本内外时间间距、叙述意向时间。

（2）微型小说叙述时间的结构类型有三种：横向展示式，纵向概括式和长短镶嵌式。

（3）为了更好地在有限的篇幅展现更广阔的审美空间，微型小说在叙事时序上多采用顺叙、倒叙及预叙手法，时序的灵活运用，使行文更为跌宕起伏。在叙述时距上，主要有以概要、省略为主的加速处理和以场景、停顿为主的减速处理，不同的时间处理方式形成波澜，在增加作品有效信息量的同时，又有利于保证叙事的鲜活生动。

师：请同学们说一说《老人与海》的这个片段在时间缩放方面运用了什么技巧。（播放 PPT 第 4 页）

经典赏读 1

有时候，鲨鱼会找不到气味，但又会重新捕捉到它，也许不过是蛛丝马迹，鲨鱼却会游得很快，紧追上去。这是一条很大的灰鲭鲨，生来游得跟海里最快的鱼一样快。除了鱼嘴，浑身都很漂亮。它的背像箭鱼的背那么蓝，肚皮为银色，鱼皮光滑漂亮。它的体态像箭鱼，就是那张大嘴不一样。这时它嘴巴紧闭，贴着水面游得很快，高高的背鳍刀子一般在水里穿行，毫不抖动。在紧闭的双唇里，八排牙齿向内倾斜。这不是大多数鲨鱼常见的金字塔形牙齿，样子倒像卷成爪子模样的人的手指。它的牙齿跟老人的手指差不多长，两侧有着像剃刀般锋利的刀口。这种鱼生来就是捕食海里所有鱼的，速度那么快，体格那么强壮，又是全副武装，所以没有其他敌人。现在，它闻到了新鲜的血腥味，便开始加速，蓝色的背鳍划破了海水。

生：我说不出用了什么技巧，就感觉作者写得好详细，好耐心，不像是海明威日常的简洁风格。

师：你的感觉很敏锐。鲨鱼游速极快，捕食时尤其如此。这个片段从不同角度描写这条灰鲭鲨的外形，将鲨鱼游行的瞬间给凝固下来，小说内部时间被不断拉长。那么，《项链》的这个片段呢？在时间缩放方面运用了什么技巧？（播放 PPT 第 5 页）

经典赏读2

她穿得和一个平常老百姓的女人一样，手里挎着篮子上水果店，上杂货店，上猪肉店，对价钱是百般争论，一个铜子一个铜子地保护她那一点可怜的钱，这就难免挨骂。

每月都要还几笔债，有一些则要续期，延长偿还的期限。

丈夫傍晚的时候替一个商人去誊写账目；夜里常常替别人抄写，抄一页挣五个铜子。

这样的生活过了十年。

十年之后，他们把债务全部还清，确是全部还清了，不但高利贷的利息，就是利滚利的利息也还清了。

生：这个片段和刚才《老人与海》的片段应该是相反的。《项链》一文写玛蒂尔德在舞会上的表现用了相当长的文字，而十年的还债生涯仅用了这么短小的一个片段，小说内部时间被大大压缩了。

师：你的概括很到位。有许多小说家在谈起自己为何喜欢写小说时，都强调写小说时自己享受着魔术师般的快乐。因为小说的时间在他们手中就如同魔术师的道具，可以变幻无穷。

接下去，请同学们说一说《百年孤独》的开头在时间缩放方面运用了什么技巧。（播放PPT 第 6 页）

经典赏读3

多年之后，面对行刑队，奥雷里亚诺·布恩迪亚上校将会回想起父亲带他去见识冰块的那个遥远的下午。

生：我在现代文阅读题里碰到过这个问题，不过我已经记不起答案了。

生：哦，我也做到过。这个开头融合了过去、现在和未来三种时态，像是在变魔术。

师：从这一句开场白中，我们至少读到了三个不同的时间点。"许多年以后"指向未来，"面对行刑队"描述当下，"那个遥远的下午"是回忆过去。不仅如此，这句话中还制造出了三个悬念——"多年以后"让你想知道他都经历了什么？"面对行刑队"让你想知道他干了什么坏事才会被判刑？"那个遥远的下午"，他为什么会去"见识"冰块这种很平常的东西？通过这个巧妙的句式，马尔克斯轻而易举地引起了读者们的好奇心，而且其中还带着一股老人在回忆过往的沧桑感和神秘感。

请同学们速读台湾作家陈启佑的小小说《永远的蝴蝶》，说一说作者在叙述时间的把控上运用了哪些技巧。（播放 PPT 第 7—9 页）

经典赏读4·永远的蝴蝶

那时候刚好下着雨，柏油路面湿冷冷的，还闪烁着青、黄、红颜色的灯火。我们就在骑楼下躲雨，看绿色的邮筒孤独地站在街的对面。我白色风衣的大口袋里有一封要寄给在南部的母亲的信。

樱子说她可以撑伞过去帮我寄信。我默默点头，把信交给她。

“谁叫我们只带一把小伞哪。”她微笑着说，一面撑起伞，准备过马路去帮我寄信。从她伞骨滑落下来的小雨点溅在我眼镜玻璃上。

随着一阵拔尖的刹车声，樱子的一生轻轻地飞了起来，缓缓地，飘落在湿冷的街面上，好像一只夜晚的蝴蝶。

虽然是春天，好像已是深秋了。

她只是过马路去帮我寄信。这简单的动作，却要叫我终生难忘了。我缓缓睁开眼，茫然站在骑楼下，眼里裹着滚烫的泪水。世上所有的车子都停了下来，人潮涌向马路中央。没有人知道那躺在街面的，就是我的蝴蝶。这时她只离我五公尺，竟是那么遥远。更大的雨点溅在我的眼镜上，溅到我的生命里来。

为什么呢？只带一把雨伞？然而，我又看到樱子穿着白色的风衣，撑着伞，静静地过马路了。她是要帮我寄信的，那，那是一封写给在南部母亲的信，我茫然站在骑楼下，我又看到永远的樱子走到街心。其实雨下得并不大，却是一生一世中最大的一场雨。而那封信是这样写的，年轻的樱子知不知道呢？

妈：我打算下个月和樱子结婚。

生：《永远的蝴蝶》结构非常精致。它抓住寄信这样一个生活片段来展现偶然所带来的悲剧。

师：你对“生活片段”的概括非常精准。小小说写作最好写生活片段，但我们又要由这个片段折射出生活的过去与未来。《永远的蝴蝶》在这方面给我们做出了很好的示范。

任务二：伏脉千里，用悬念吸引读者

师：（播放 PPT 第 10 页）小说家格非说过，“‘期待与满足’作为读者在阅读过程中最常见的心理状态，它导致了读者与作者之间张力空隙的产生，也给作者使用叙事技巧留下了空间”。微型小说要在 1000 字左右的篇幅内塑造形象、推进情节，对叙事技巧的要求会更高些。（播放 PPT 第 11 页）

知识支架

制造悬念的六个关键点

(1) 把不相干的语词的影响力降到最低，将叙述集中到精准有力的动词上面。

(2) 使用大众化的词汇，少用专业术语。

(3) 语言要能准确表现文章中的人物行动，千万别让人物的动作拖拖拉拉。

(4) 把节奏由快变慢可以增加故事的紧张感，而故意打乱节奏则可以增加悬念。

(5) 让关键性的词或短语反复出现可以为读者营造想象空间。

——伊莱恩·沃尔克《创意写作教学》

师：接下来我们就聊聊制造悬念这个话题。在你们看来，《变色龙》《最后的常春藤叶》

《百合花》这三篇小说哪一篇最具悬念？（播放 PPT 第 12 页）

生：那当然是《最后的常春藤叶》，欧·亨利式结尾举世闻名嘛！

生：我觉得《百合花》一文的结尾突转也很厉害，只不过小说的诗意写法淡化了我们对结尾的关注。

师：有谁能说说这三篇小说在制造悬念方法上的异同吗？

生：《变色龙》一波三折，左右摇曳，多次突转；《最后的常春藤叶》巧妙暗示，结尾陡转；《百合花》晴天霹雳，悲剧突现。

（教师播放 PPT 第 13 页）

经典赏读 6

分享阅读《大卫·科波菲尔》一书时你所体验到的悬念，说说制造悬念对于吸引读者的作用。

生：《大卫·科波菲尔》是一本自叙体成长类小说，读者在阅读该书时最大的悬念是大卫这个孤儿的命运。大卫的前半生历尽坎坷，小说对大卫成长经历的叙述也是一波三折。在大卫命运这条主线的大悬念之下，还有大卫的婚姻之谜、斯蒂福斯之谜、米考伯牢狱之灾等小悬念贯穿其中，这些悬念将读者牢牢地吸引住。

师：别林斯基说过，“偶然的事件，例如一个人出其不意的死亡，或者其他未预料到的与作品主要思想没有直接关系的情况，都不能在悲剧中占有地位”。小小说创作之难，就在于要找到惊喜、意外与叙事逻辑的平衡，小小说创作不可为了追求悬念而违背正常的叙事逻辑。

毕飞宇在《小说课》一书中借着对《水浒传》和《红楼梦》的比较分析，将小说的叙事逻辑与反逻辑做了精彩的解说，简而言之，小说中人物的行动都是不得不如此，那就是叙事逻辑，而如果人物言行举止出现了诸多不合情理之处，则可视作反逻辑。

任务三：象征暗示，言近旨远耐咀嚼

师：（播放 PPT 第 14 页）何雪凝在《中国现代小说的象征意象》中指出，“象征意象成为表达个体主观经验感受的重要媒介。现代小说通过裁剪具有极大容涵性的象征意象而构建的含蓄蕴藉、深邃悠远的意蕴空间，以之揭示小说的主题，表现现代人的主观感受和生存境遇，并形成一种独特深厚的美感”。（播放 PPT 第 15 页）

知识支架

（1）作者要肯舍弃那些个人的、偶然的、非本质性的材料，使题材具有更强的社会性和典型性。

（2）对细节描写越是专注，越是具体，越是形象，小说的象征性就会愈加强烈。

（3）小说的象征性可以通过标题、对话、重复等手段加以展现。

师：好的小说往往有这样的特点，一方面作者似乎在专注地描写眼前的事实，把人物与事件描述得形象逼真；另一方面，他们又在这专注的描写中融进了象征的要素，正因为这样，优秀的小说才具备了言近旨远的特色。大家能结合自己的阅读经历举例子谈谈这一现象吗？（播放 PPT 第 16、17 页）

生：我想起了卡夫卡的《变形记》。《变形记》中写甲虫的形貌、声音和行动都非常细致，很具有现场感，但读者能从中读出整个故事的寓言意味，甲虫应该是象征承受现代社会压力的“异化”了的人。

师：卡夫卡是现代派小说的开山鼻祖，他的小说的确具有很强的象征意味。

师：大家能就着最近学过的几篇小说来说说它们在象征技巧运用上的异同吗？

生：《百合花》用“百合花”这一意象串起情节，与此同时“百合花”又能象征军民鱼水一家亲的主题；《哦，香雪》中的“铅笔盒”象征着知识，而香雪煞费心机地交换“铅笔盒”也象征着新一代青年对于知识的强烈渴求。这两部小说中的象征都还属于局部物象的象征。

生：《变形记》《老人与海》则属于整体情节象征，《装在套子里的人》中“套子”象征一切保守的力量，整部小说又整体象征当时社会对人们思想行为的钳制；《老人与海》中老人与鲨鱼的搏斗，既是写实的又是象征的。

师：今天这节课，我们从小说创作技巧这一维度盘点了近一阶段学过的多篇小说。大家能说一说在今天的学习中你有哪几点收获吗？

生：我以前写小小说，总喜欢将故事放在一个较为广阔的历史时空中，故事就显得拖沓。在了解叙事时间缩放的技巧之后，我今后会先取一个横截面去创作，争取达到以少胜多的效果。

生：今天的学习让我对小说情节突转有了新的认识，情节突转并不是在意外来临那一刹那发生的，而是小说开篇时就精心布局的。

师：如果不是精心布局，那会怎么样？

生：如果不是精心布局，前文没有足够的铺垫和伏笔，情节突转就会显得很假，是为了“意外”而“意外”。

师：你说得太好了，我期待你的佳构。

生：小说的象征意味的强与弱，一方面取决于描写对象的选择，我们要挑选更具象征意味的物象或事件来写，另一方面也取决于我们描写时的专注态度，越是专注于事物本身的描写，象征意味反而越浓。我们万万不可在小说描写的过程中跳出来解说其象征意味。

师：对于写作来说，理论只能起到指导作用。技巧一定要在运用中慢慢掌握，接下来大家就用今天学到的技巧来创作一篇小小说吧！（播放 PPT 第 18 页）

写作实践：请以《直播风波》为题，续写下面这个故事，要求做到人物形象鲜明，情节波澜起伏，字数在 800—1 200 之间。

开头：像往常一样，早上九点，岛村和羽丹扛着摄像机和展板来到欧亚广场，开始一天的直播。

（附教师下水作文）

直播风波

浙江省余姚中学　程载国

像往常一样，早上九点，岛村和羽丹扛着摄像机和展板来到欧亚广场，开始一天的直播。

今天现场的粉丝并不多，羽丹的状态也不算兴奋。捣蛋组合成立已经三年多了，当初的雄心壮志似乎都已成为过眼云烟，如今的羽丹看上去显得沉稳而淡定，直播只是一份工作而已，不期待一夜暴富，也不指望登上艺术高峰。

岛村和羽丹的分工很明确，岛村负责音响和摄像，羽丹则负责指导粉丝演唱流行歌曲。现场收到的礼物与直播间的打赏收入均由二人平分。

第一个登场献演的是一位穿着"××涂料"标志服饰的中年男子。他执话筒的手势很怪异，用四川话讲了一段开场白："我关注捣……捣……捣……蛋……蛋工作……室很长时间了……我……要唱……唱一首《成都》。"他说话结巴，唱歌也结巴，而且根本不在调上。羽丹微笑着听完他的演唱，开始点评："刚才这位大哥用四川话唱赵雷的《成都》，特别地道，特别有味道。成都是一座慢节奏的消费性城市，为了更好地演绎成都文化，大哥放慢了说话节奏，舒缓了演唱节奏，我们大家都很痴迷。当然，大哥不是专业歌手，刚才这首歌副歌部分的处理还可以更好一些。"羽丹又轻轻哼唱了几句副歌，算是对他的指导。

中年男子本想接过话筒道谢，却被刚刚跳上直播台的两名壮汉给控制住了。"你们是谁？凭什么到我直播台上抓人？"岛村一面上前拦住壮汉，一面让羽丹打电话报警。

"我们是精神康复医院的安保人员。他叫钱松风，今天凌晨从我们医院逃出来了，幸亏没有伤害到你们。"

"你不拿出身份证明来，我是不会让你们把人带走的。来我这里演唱的都是我的粉丝，就是我答应，我们台下的粉丝也不会答应。"羽丹说这番话既是为了给自己壮胆，也是为了煽动台下的粉丝。

"除非你们是警察，否则不能在公开场合抓人。""除非你们唱一首动听的歌，否则不能从我们这里抓人。""除非你们娶了羽丹，否则不能来这里抓人。"……台下稀稀拉拉的粉丝并不齐心，他们说啥的都有，看似热情高涨，却没有出手相助的举动。

"要我们放开他也不是不可以。如果你跟他合唱一首歌，并且这首歌能打动我们，那我们就放开他。"左边的那位壮汉笑嘻嘻地瞅着羽丹，看似并不急着带走钱松风，而是要先看看羽丹的笑话。

羽丹涨红了脸，想发脾气，看到钱松风哀求的眼神又不便发作，只好答应他们的请求。就问钱松风会唱最近流行的哪首歌，钱松风这次倒是口齿流利了："《可可托海牧羊人》。"

两位壮汉放开手，钱松风还是那样别扭地抓着话筒。岛村将伴奏的音乐调到0.6的倍速播放，二人竟将《可可托海牧羊人》完整演绎下来了。这次合唱当然算不上天衣无缝、完美无瑕，但台下粉丝的掌声不会输给任何一次明星演唱会。

"他们唱得这么好，你们必须放了钱松风。""除非你们也合唱一首完美的作品，不然休想带走钱松风。"粉丝们又是一浪高过一浪地起哄。

两位壮汉遵守承诺，一声不吭地从直播现场抽身退出。

这天下午捣蛋工作室邮箱收到一封邮件："捣蛋组合，恭喜你们顺利通过了音乐学院的博士生面试。本学院郑重聘请二位来校担任助理教授，并在本校免费攻读博士。"

【教学反思】

选择性必修上册第三单元的单元写作任务是"学写小小说"，写作提示中要求学生能做到如下几点：一是明确立意，二是巧于构思，三是抓住传神之处重点刻画。基于我任教班级的学情，我觉得这一写作任务的难点在"巧于构思"。我的教学设计就围绕"巧于构思"展开。

完成教学设计之后，我于 2021 年 11 月 16 日在余姚中学高二 4 班进行试教，一节课上写作方法指导，一节课上写作实践。第二天，我对教学环节稍作调整，又到高二 5 班上了一次。从学生上交的习作来看，这样的写作指导还是有一定成效的。

首先，在课型设计上，本堂课以读助写，以写促读，读写紧密结合。选择性必修上册第三单元安排了四部外国长篇小说，这些长篇小说人物形象鲜活，有典型意义；小说写作手法丰富多样。它们既是优质的读本，也是极其恰当的写作教材。我们在这堂课里讨论多种写作技法，一直以这些熟悉而又优秀的小说为例，就能很好地激活学生的阅读储备，让阅读为写作助力。

其次，这堂课的写作技法指导始终是贴着学生的学情延展开来的。除了提供必要的知识支架之外，都由学生结合他们的阅读经验来谈，学生一直是课堂的主体。如果学生的知识和能力没能达到那个高度，我们是无法硬塞给他们一些写作技法的。写作技巧的借鉴必须建立在理解到位的基础上。

再次，这堂课的写作技法指导融入了许多叙述学的原理与知识。高中语文课堂的理论渗透一直在低位徘徊，很多教师无视现代学术的发展，仅靠着自己大学里学过的少量文学理论在勉强维持。这与新课程"让学生像学科专家一样思考"的理念相违背。当我们将叙述学的最新理论融入课堂之后，学生的兴奋度被调动起来了，他们的写作也就变得更具挑战性了。

最后，这堂课的写作实践与写作指导之间的关联是严丝合缝的。学生对网络直播有一定了解，也充满好奇。续写式的小小说写作既有很强的限定性，又给他们以极大的想象空间。从收上来的作业看来，时间缩放、悬念控制、象征隐喻等手法都能在这篇作文中得到充分施展。

在课后与学生的探讨中，也有学生谈到这堂课还存在知识容量过大、阅读实例过多，从而导致课堂讨论不充分的瑕疵。学生更愿意就着某一项技巧展开充分的讨论，然后用自己的作品将它表现出来。

对话与互动:小小说创作交流会

执教/宁波市鄞州中学　王亚云

本课课件

【专题目标】

欣赏经典小说故事情节的奇思妙想,总结小小说“尺幅之间”冲突设置、结尾技巧、吸引人的原理及艺术特征,提升小说的鉴赏能力并尝试创作。

【预习任务】

阅读教材第三单元的小说,深入故事情节,寻找情节推进的动力,思考情节引人入胜的原因和设计原理。

【教学实录】

师:(播放 PPT 第 1 页)我们已经学完了选择性必修上册第三单元的四篇小说,读一篇篇小说,随着情节的跌宕,我们经历了一次次奇异的漫游,不禁感叹大师们匠心独运的创造。最近,同学们也在紧锣密鼓地进行各项作文大赛参赛作品的创作,小说也是很多同学青睐的写作文体,于是老师就酝酿了这次小小说创作交流会,让我们开启小小说创作的解密之旅。同学们觉得,小说创作首要的内容是什么?

生:小说首先要有一个好的故事!

任务一:欣赏经典,感受妙处

师:现代人很喜欢看篇幅短小、故事扣人心弦的微型小说,微型小说也叫小小说,英国曾经举行微小说大赛,有一篇作品以六个单词讲好了一个故事,获得了一等奖——I met my soulmate. She didn't. 翻译成中文就是我遇到了我的那个她。但是她没有。(教师播放 PPT 第 2 页,学生默读)

师:能否请同学们说说就这六个词的组合,好在哪里?

生:这个故事挺惨的,“我”喜欢她,她不喜欢“我”。

生：这个故事留有的想象余地挺大的，“我”喜欢她，她为什么不喜欢“我”呢？有没有在一起过？是没有在一起，还是在一起之后发现“我”不是她所爱的人？

生：“soulmate”，英文应该翻译为“灵魂伴侣”，他没有用“wife”，或者“her”，就说明是一见钟情，但是一眼认定自己的“另一半”，然而对方却不这样认为。这个句子前面还用了一个句号，说明“我”的想法是很坚定的，对方的想法也是很决绝的。

师：三位同学的想法也很灵哦！第一位同学点到了这个故事的大框架，这是一个爱情悲剧的结构模式；第二位同学感受到故事篇幅有限，却留有无穷的想象空间，头脑中好多的“为什么”接踵而来，勾起了我们一问究竟的愿望；第三位同学的回答更深入，也更有细节，用了其他两个词进行对比，让我们感受到像“知音”一样的伴侣的难能可贵，对标点符号句号的解读又让我们感受到遗憾失落情感的巨大力量。（学生频频点头）

生：老师，你发现了吗？这里用了英语时态中的过去时。

师：哦？你有什么想说的？

生：过去式说明这个故事已经结束了，是回忆！回忆应该是美好，留有回味的意义的，但这里似乎是莫大的遗憾、难受。

生（迫不及待补充）：还有可能这段感情从来就没有开始过，没有开始就已结束，比在一起后发现不合适，遗憾感更强了。

师：同学们都说得好有道理哦！（学生们开怀大笑）每一个人都渴望圆满的爱情，但是生活中往往“不如意事常八九”，生命有定，生活无常，当现实与理想存在差距，我们就会感受到那种苦涩的味道。（学生逐渐平静）

师：一个精彩的故事，就出自对情节矛盾的巧妙构思。

任务二：取益得法，总结知识

师：下面我们就来比较两个文本，看看名家讲故事的艺术。在这个单元中，《大卫·科波菲尔》《复活》和《百年孤独》属于长篇小说，《老人与海》属于中篇小说。《老人与海》人物少，就一个老人；情节简单，就是老人和鱼的故事。因为《老人与海》是初中必读书目，同学们应该都读过。（学生点头）我就拿这篇作品来做例子。（播放 PPT 第 3、4 页）

文本一：一个老人独自在加巴尼斯港口外的海面上打鱼，他钓到一条大马林鱼，这条鱼拽着沉重的鱼丝把小船拖到很远的海上，老人跟着它一天一夜，又一天一夜，最后鱼泛到海面上，老人驾船过去钩住它。鲨鱼游过来袭击那条鱼，老人一人在湾流的小船上对付鲨鱼，用桨打、戳、刺，累得他筋疲力尽，鲨鱼却把能吃到的鱼肉统统吃掉。两天以后，渔民们在朝东 60 里的地方找到了那条船，发现大马林鱼的头和上半身被绑在船边上，剩下的鱼肉不到一半，还有 800 磅重，这位老人正在船上哭，损失了鱼，他快气疯了。鲨鱼还在船的周围打转。（改编自海明威撰写发表的一则通讯，也就是《老人与海》的故事雏形）

文本二：一个小时后，第一条鲨鱼发动了袭击。那是一条很大的灰鲭鲨，生就的游泳高手，能和海里速度最快的鱼游得一样快，除了嘴以外，它的一切都显得无比美丽。背部和剑鱼一样蓝，肚子是银白色的，鱼皮光滑漂亮。它的外形和剑鱼十分相像，除了那张大嘴。眼下它正紧闭着大嘴，在水面之下迅速地游着，高耸的背鳍像刀子一般划破水面，没有丝毫摇摆。在它那紧紧闭合的双唇里，八排牙齿全都朝里倾斜，这和大多数鲨鱼的牙齿不同，不是那种常见的金字塔形，而是像爪子一样蜷曲起来的人的手指。那些牙齿几乎和老人的手指一般长，两侧都有刀片一样锋利的切口。这种鱼天生就把海里所有的鱼作为捕食对象，它们游得那么快，体格那么强健，而且还全副武装，这样一来就所向无敌了。此时，它闻到了新鲜的血腥味，于是加快速度，蓝色的背鳍破水前进。

鲨鱼飞速靠近船尾，向大鱼发起袭击。老人看着它张开了嘴，看着它那怪异的眼睛，看着它牙齿发出咔嚓一声，朝着鱼尾巴上方的肉扑咬过去。鲨鱼的头从水里钻了出来，后背也正露出海面，老人听见大鱼的皮肉被撕裂的声响，把渔叉猛地向下扎进鲨鱼的脑袋，正刺在两眼之间那条线和从鼻子直通脑后那条线的交点上。这两条线其实并不存在。真实存在的只有沉重而尖锐的蓝色鲨鱼脑袋，大大的眼睛，还有那嘎吱作响、伸向前去吞噬一切的大嘴。可那是鱼脑所在的位置，老人直刺上去。他使出全身力气，用鲜血模糊的双手把渔叉结结实实地刺了进去。他这一刺并没有抱多大希望，却带着十足的决心和恶狠狠的劲头儿。

鲨鱼静静地躺在海面上，老人瞧着它，不一会儿它就慢慢沉了下去。

师：文本一是海明威自己根据真人真事写的一则新闻通讯，文本二是作家在原有故事的基础上进行加工创作后诞生的世界级文学名著，大家觉得这两个文本有什么异同？

生：大的故事框架是一样的，两个都是鲨鱼袭击了老人捕到的大马林鱼，老人与鲨鱼战斗。不一样的是文本二里加入了对鲨鱼的描写，体现出鲨鱼是很厉害的猎手，对老人的生命安全也构成威胁，老人和它的斗争也写得更加详细，这样就增加了可读性，勾起读者的阅读兴趣，也更能体现老人的斗争精神。

师：刚才同学的回答真的做到了老师要求——老师提问，大家坐着的时候就思考，站起来的时候尽量说一段话。大马林鱼，价值不菲，老人，打鱼不易，老人要带回大马林鱼，并且让自己也能安全地回到陆地，这个愿望是真实而迫切的。因为大马林鱼太大，船小装不下，就要拖着大马林鱼走，大马林鱼在海水里容易引来鲨鱼。老人这个形象，比起大鲨鱼，显得老迈衰弱，这个阻碍是惊险刺激的；老人和鲨鱼进行了几天几夜的战斗，这个勇气和精神也是海明威想赞扬的。由此，小说创作有了一个基本的叙述框架——“愿望＋阻碍＝冲突”。《老人与海》的冲突是一个惊心动魄的历险冲突。（播放 PPT 第 5 页）

生：文本二详细描写了老人见过的最大的尖齿鲨，包括它的身体构造、游泳速度、外形颜色，不光有整体的描写，还有局部身体部位的着重描写，比如像刀子一样的背鳍，会吞人但现在紧闭的大嘴，还有锋利的牙齿。

师：文本二还说鲨鱼“显得无比美丽”，这种欣赏和赞美，是对自己的对手，就像有自尊的战士同样尊重自己的敌人。文本凸显鲨鱼的速度，鲨鱼体型庞大，让人以为它会是笨拙的，但是鲨鱼在海里身手异常矫健，攻击迅猛。鲨鱼奇特的身体构造，像助推器一样的鱼鳍，引而不发的攻击态势，都让我们替老人捏着一把汗。

生：很可怕，很紧张。

师：把鲨鱼写得很强大，所向无敌。那老人呢？

生：老人有刀。

师：鲨鱼再强大，再显得有灵性、聪明，也不如人有工具显得强大。

生：但是后来老人就没有刀了。

师：所以老人与鲨鱼的搏斗并没有停止。我们回头总结一下老人与鲨鱼的第一轮较量。老人要“鲨”口夺食，带回大马林鱼，还要“鲨”口脱险，让自己活着回来，愿望很强烈。老人，年纪很大，力量很微弱，在茫茫的大海上，他只身一人，仅靠一艘小船、一把刀叉，条件很薄弱，阻力很强大。海明威突出了鲨鱼的强大，也强调了老人各方面条件的薄弱，有意拉大了两者间强弱的对比，冲突被放大了。那么接下来请同学们看这张表格（表1），老师梳理了老人与鲨鱼第二轮至第五轮的搏斗，大家能否从表格中看出老人的大马林鱼遭受到怎样的攻击？老人的自身安全受到怎样的威胁？敌人的变化如何？老人如何同大鲨鱼斗争？（播放PPT 第 6 页，学生思考）

表 1

轮次	愿望		阻碍		冲突
	大马林鱼	自身安全	对手鲨鱼	工具条件	
第二轮	（大马林鱼）在市场上能卖出顶高的价钱	双手和肩膀生疼；可他没有办法不让鱼的气味散到水里去，老人心里清楚就要大难临头了	两条饥饿的像杀手的加拉诺鲨糟蹋了上好的大马林鱼肉	绑上了刀子的船桨	老人用刀戳进鲨鱼的眼睛、脊椎和脑袋；鲨鱼溜走了
第三轮	“这条鱼可以够一个人过整整一冬。”“它们准把这鱼咬掉了四分之一。”	手抽筋了，手割破了，手流血了	可以把人的脑袋放进嘴里的铲鼻鲨；饥饿的时候，鲨鱼在水里袭击人	刀刃断了	老人用绑在船桨上的刀刺进鲨鱼的脑袋，鲨鱼慢慢沉下去了
第四轮	“（大马林鱼）有一半都给毁了”（也就是希望能带回余下的大马林鱼）	太老了，没法用棍子打死鲨鱼	另两条紧逼而来的加拉诺鲨猛撞大马林鱼，大口咬下了白花花的鱼肉	还有手钩、两把船桨、舵柄和短棍	老人用棍子打鲨鱼，鲨鱼在海上兜圈子
第五轮	“我还有半条鱼，也许我走运，能把前半条带回去。”	浑身僵硬、酸痛，在夜晚的寒气里，身上的伤口和所有用力过度的地方都让他感到疼痛	鲨鱼成群结队地游了过来，直扑向大鱼	一片漆黑，风力变大，波涛汹涌，手无寸铁	体力耗尽，没法用棍子打死鲨鱼，只能凭感觉和听觉拼死拼活地分别用棍棒、舵柄乱打，最后鲨鱼在没有什么可吃的情况下游走了

生：大马林鱼对老人来说很重要，大马林鱼在市场上能卖出顶高的价钱，能够让老人维持整整一个冬天的生活，大马林鱼在不同的鲨鱼的进攻下，鱼肉不断地减少。

生:第一轮是一条灰鲭鲨,第二轮是两条加拉诺鲨,第三轮是铲鼻鲨,第四轮是两条加拉诺鲨,第五轮是成群结队的鲨鱼,不断地变换对手,产生新鲜感,也增强了惊险刺激感。

生:第一轮老人用了渔叉,可是沉下去的灰鲭鲨带走了唯一的渔叉和所有的绳子,第二轮老人用刀子,第三轮老人用刀子的时候刀刃断了,第四轮老人只能用棍子打,到第五轮的时候老人的棍子也丢了,只能用舵柄打。

师:老人好像一直不缺乏勇气,战斗了很长的时间,到第五轮战斗的时候,已经是什么时间了?

生:已经是半夜了。

师:还有什么困难吗?

生:海上起了大风,波涛汹涌,很危险。半夜时候,天色黑暗,老人只能乱打一气,棍子打不死鲨鱼,更何况大多数时候打不到鲨鱼。

生:还有老人受伤了,流血了,体力也不行了。

师:博尔赫斯认为高级的情节设计,能够产生优秀的短篇小说。为表现"一个人可以被毁灭,但不能被打败"的"铁汉"主题,小说采用一轮轮的"愿望+阻碍=冲突"的设计模式,通过强化愿望,组接、夸大、多重叠加等方法把一次次搏斗讲得既惊险刺激,又新鲜生动,让我们在紧张担心中不断地阅读下去,这是作家对冲突推进的奇巧构思。

任务三:改写创作,学以致用

师:在情节设置中,小说的结尾尤为重要。美国小说家米奇·斯皮兰说,"小说第一章能帮你卖出这本书,小说最后一章能帮你卖出下一本书"。小说结尾一般也是冲突的结局,大致有几种结构呢?(播放 PPT 第 7 页)

① 冲突的正向解决
② 冲突的戛然而止
③ 冲突的反向解决
④ 冲突的深化升华
⑤ 冲突的模糊处理

师:大家读过哪些小说?它的结尾是一种什么结构?

生:初中时读过《我的叔叔于勒》,主人公一直收到叔叔的礼物,以为叔叔在外面做大买卖,到结尾才发现穷困的叔叔在卖牡蛎。

师:最后的结尾有突转,这是法国作家莫泊桑的短篇小说,结尾却像欧·亨利的小说。欧·亨利小说结尾的特点是?

生:情理之中,意料之外。

师:这个结尾处理是一个冲突反向解决的例子。我们学过的第四单元的小说,它们的结尾分别是哪种结构?

生:《大卫·科波菲尔》的结尾应该属于第一种结构,大卫终于成了一名作家,他和一直爱着他的爱格妮斯走到了一起，与姨婆贝特西、女仆佩格蒂愉快地生活着。这是一个比较圆满的结尾。

师：其实第一种结尾很常见，比如有情人终成眷属，善有善报恶有恶报。大卫想要美好的生活，虽然受到继父和生活的虐待，最终成功的大卫和好心的姨婆幸福地生活在了一起。冲突得到正向的解决，那《复活》呢？

生：聂赫留朵夫拯救了玛丝洛娃，救赎了自己后，他把拯救监狱里种种的罪恶作为自己的终身事业，他的精神得到了更深层次的升华，所以这个结尾的结构是冲突的深化和升华。

师：这个结尾让我们看到了更深的社会百态，也看到了托翁一般高尚的聂赫留朵夫更高的道德境界。还有《百年孤独》的结尾呢？

生：这个结尾应该是戛然而止吧！“马孔多”被一阵风吹走了。

师：这个结尾是超现实的魔幻，现实的矛盾难以解决，就交给文学——离奇地消失了。

师：沈从文先生的《边城》大家了解吗？我们将在选择性必修下册学到它，结尾是怎样的呢？

生：傩送爱翠翠，翠翠也爱傩送，可是天宝因为也爱翠翠外出丧了命，傩送顾念手足之情就无法和翠翠一起出走了，翠翠守着渡口，独自等待傩送，最后的结尾是“这个人也许永远不回来，也许明天回来”。这是冲突的模糊处理。

师：这个结尾处理很模糊，淡淡地哀伤，又隐隐地期盼，怎一个意味深长啊！这些结尾处理都让我们感受到了小说大师高超的创作能力。下面请大家借鉴以上的结构，为《老人与海》改写一个结尾。（播放 PPT 第 8 页）

在大路另一头的旧窝棚里面，疲倦至极的老人又睡着了，他是趴着睡着的，孩子就静静地坐在他身边守护着他，等待他神采奕奕地醒过来。这会儿，那个老人又开始做着奇怪的梦了。在梦中，一群矫健、勇猛的狮子在夕阳的映照下奔跑嬉戏。

师：我们课文节选部分的结尾是老人安全地回到陆地，精疲力竭，但是踏实又放松地沉睡起来，大马林鱼只剩一副骨架残骸。原著结尾是老人醒来了，后来又睡着了，做梦梦到了奔跑嬉戏的狮子。

（学生构思，写作）

师：差不多了吗？谁先来分享一下改写的结尾。

生：老人躺在破旧的木板床上，随手拿过一张报纸盖在脸上，报纸随着呼吸起伏，他陷入沉沉的昏睡。窗外的月洒下柔和的光辉，几朵乌云飘来，遮住了月亮，又慢慢飘去……

师：这个结尾是什么结构？

生：应该是正向解决，老人回来了。

师：这个结尾有什么特别之处吗？

生：写景。用景物描写代替了心情。

师：还有同学来分享一下吗？

生：老人拼命拽着船橼，一下接一下打在鱼鳍上，他努力让棍子打在鲨鱼头上，红光在他的眼中燃烧。他把棍子举得高高的，用尽全身的力气，狠狠地、结实地插向了鲨鱼的眼睛，鲨鱼在刺痛下，转身溜到了船下，一仰头，船翻了……

水面恢复了平静，天亮了，没有打斗的痕迹，没有血腥的海风，没有汹涌的海水，碧蓝的海洋平静如常，只有一副大马林鱼骨在水面漂着，还有一根短木棍。

师：这个结尾戛然而止，老人最终没有回来，虽有遗憾，却真实。你的结尾如何？

生：不知过了多久，不知是梦境还是现实，朦胧地，他看到了一幕场景——那个第一次出发半途而废的自己，那个第一次捕到鱼喜极而泣的自己，那个与鲨鱼大战日夜不休且仍精力充沛的自己，那个将大海当作热爱与寄托的自己……

师：这个结尾也是做梦，梦到的是自己的打鱼经历，从弱小到强大的成长。还有不同的结尾吗？

生：第二天的太阳依旧准时升起，照亮了沙石滩，照亮了系在岩石上的小船，也照亮了白森森的大马林鱼的脊骨，泛起微弱的闪光。小棚屋里的老人早已从床上起身，他正在收拾着行囊，鱼叉、刀子、绳索、棍子……还有新的船舵，他把桅杆横压在肩上，沿着大路走向自己的小船。大海依旧波涛汹涌，从远方传来的微风带来了鱼腥味，老人又要出海了。他更换了船舵，竖起桅杆，扬起船帆，解下缆绳，他望向波光粼粼的海面。灯塔里的灯依旧亮着，没人知道他何时出的海，也没人知道他何时会回来。

师：这个结尾是老人又要开启一次新的战斗，还巧妙地模糊了最终的结尾，留下了一个悬念。还有其他的想法吗？

生：晨色微露，小男孩就起了身，赶往海滩，他要去看看老人回来了没有。小船静静停泊，大马林鱼骨架静静躺着，骨架上闪烁着光亮。男孩推开门："爷爷，爷爷，您能和那个大马林鱼、那么多的鲨鱼搏斗，村子里的人都说您是个勇士，我也想成为像您一样的勇士！"男孩清澈的眼睛里闪着骄傲的光……

师：老人的事业后继有人了，结尾有升华，男孩可能会成为新的勇士。

师：在上面的分享中，我再次看到了结尾设计的几种结构，也充分领略了同学们创作的才华。课后，老师希望同学们可以挑战创作一篇小小说，构思一个大冲突结构，然后设计好人物，设计好情节中的愿望和阻力，让故事波澜起伏、引人入胜，最后好好构思一个奇巧的结尾，我们下次课再来交流。下课！

【教学反思】

统编教材选择性必修上册第三单元收录了四部外国小说的节选，本单元学习提示中一个任务是总结小说的艺术特点，提升鉴赏小说的能力，并尝试写小小说。本课属于综合实践专题，在带领学生阅读本单元小说之后，结合写作课，通过对话和互动，解密小小说好看的一个重要原因在于矛盾冲突的巧妙构思上，探索"尺幅之间"吸引人的构成原理。从阅读英文获奖作品的活动中，总结出一个创作的知识支架"愿望＋阻碍＝冲突"。作家创作一篇小说，首先，往往会关注情节的大框架，"愿望"和"阻碍"之间产生的矛盾是否有足够的张力，是否具有文学再造的空间；其次，关注在情节展开过程中，"愿望"和"阻碍"之间的矛盾怎样产生新鲜感，甚至产生一种滚雪球式蓄势的高潮张力，在有限的篇幅中能否兴起波澜，能否不断地设置悬念，能否给读者持续阅读的兴趣；最后，精心构思小说出彩的关键——结尾。本课设计任务一引入的材料是六个单词组成的微型小说，由此引导学生感受小说具有极强的戏剧性和冲突感的妙处。任务二通过两个文本的比较，引导学生探究小说叙事冲突的艺术，文学的虚构运用夸大、组接和多重叠加等方式强化了冲突。任务三通过理性分析几篇小说结尾的结构模式，给出几种结尾范式，让学生在此基础上改编创作，既帮助学生在感性故事中看清小说创作的理性知识，也能学以致用，有依托地模仿创作。课后作业由课内的局部创作到难度更大的整篇小小说创作。

本课设计基于本单元四部小说的阅读，讨论的材料立足于四位小说大家的经典作品，从分析大师选择的矛盾冲突，到学生选择自己生活体验中的小说元素进行创作，是有比较大的距离的，学生能看出来，不等于他们具有了提取元素进行组合的能力。如何帮助学生挖掘社会、生活、学习、情感、成长、挫折、烦恼、理想、快乐等方面有价值的冲突，引导他们对冲突进行文学的加工创造，这也应该是教学的重难点，可惜本课没能展现出来，就有待方家指正吧！

第四单元

逻辑地生活：生活中的逻辑

执教／慈溪育才高级中学　郑卫通

本课课件

【专题目标】

联系生活和作文经验，掌握“概念”有关知识，学习逻辑的基本规律，运用逻辑知识辨识信息，把握事实真相，进而提升逻辑思维品质，涵养理性精神。

【预习任务】

1. 课前阅读《普通逻辑》第四章《简单命题的基本要素——概念》和第九章《普通逻辑的基本规律》。

2. 课前阅读孙立《理性之光》第38—41页《逻辑谬误十七式》。

3. 围绕“东京奥运”“娱乐明星”等热门话题，在网上搜集存在逻辑谬误的两则新闻言论。

【教学实录】

师：（播放PPT第1页）生活和学习中，逻辑无处不在。尤其在信息社会，互联网已经成为逻辑混乱的“重灾区”，网络生活的碎片化和网络表达的情绪化正在深刻地影响着人们的思维方式、行为模式，甚至整个心智的发展。不少人看到破绽百出的谣言不仅相信还传播，遇到矛盾分歧不知道用说理的方式来解决问题……如果我们懂一点逻辑，可以更好地辨识信息，把握真相，合理思考，探寻未知。这节课我们就一起来了解一些生活中的逻辑知识。大家觉得逻辑知识难懂吗？

生（异口同声）：太难了。

师：为什么觉得逻辑很难呢？

生（七嘴八舌）：理论性太强、太枯燥……（也有一个同学说“费脑但挺有趣”）

师：逻辑学是一门很系统的学科，我们在以往的学习中很少学习、运用逻辑知识，所以会有畏难的心理。其实，逻辑就潜藏在我们的生活中，如果我们理解了逻辑概念和规律，也会体会到学习逻辑的趣味和实用。请大家先来看一个生活中的逻辑小故事。（播放PPT第2页）

逻辑小故事

放暑假了，小明的爸爸给了小明三张卡说："儿子，这三张卡，你随便刷，没有密码！"

小明想："我终于过上了拼爹的生活了，圆了我成为富二代的梦了。"

可是他低头一看……却发现是一张公交卡、一张地铁卡、一张门禁卡。

师：我看许多同学都在笑，这个故事的笑点在哪里呀？

生（举手）：姜还是老的辣，那三张卡我也有两张，我还以为是银行卡呢。

师：这个让大家会心一笑的故事里，运用了怎样的逻辑知识呢？

生（众）：偷换概念了，此"卡"非彼"卡"。

师：说得很好，"偷换概念"就是我们生活中常常会遇到的逻辑错误，学习逻辑就要从了解概念以及概念和概念之间的关系入手。大家先来学习关于概念的相关知识。（播放 PPT 第 3 页）

概念，揭示的是某一种事物或现象的本质属性，我们借此可以准确地把一种事物或现象跟其他事物或现象区别开来。

概念包括内涵和外延。内涵是指事物的特有属性，如笔；外延是指事物包括的对象范围，如钢笔、铅笔、毛笔。

师：根据概念的外延重合的情况，我们可以将概念分为以下五种关系——"全同关系""包含关系""交叉关系""矛盾关系"和"反对关系"。前三种关系又叫"相容关系"，后两种关系又叫"不相容关系"。（播放 PPT 第 4、5 页，展示表 1、表 2）

表 1 相容关系

分类	全同关系	包含关系	交叉关系
定义	两个概念的外延完全相同	一个概念是另一个概念的一部分	两个概念的外延有相同的部分，也有不同的部分
图示	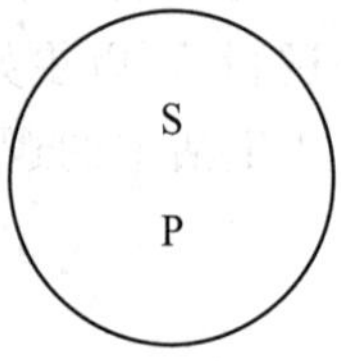	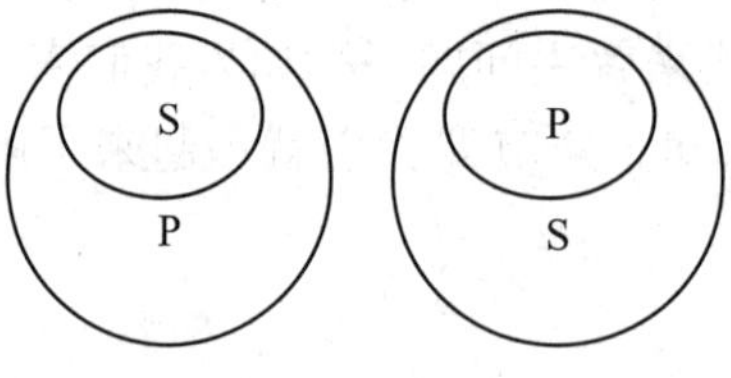	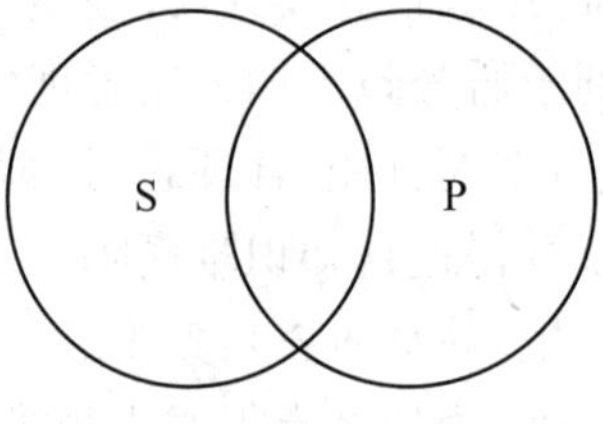
举例	《红楼梦》《石头记》	文具、钢笔	青年、老师

表2　不相容关系

分类	矛盾关系	反对关系
定义	两个概念的外延完全不同，而且非此即彼	两个概念的外延完全不同，但不是非此即彼的关系
图示	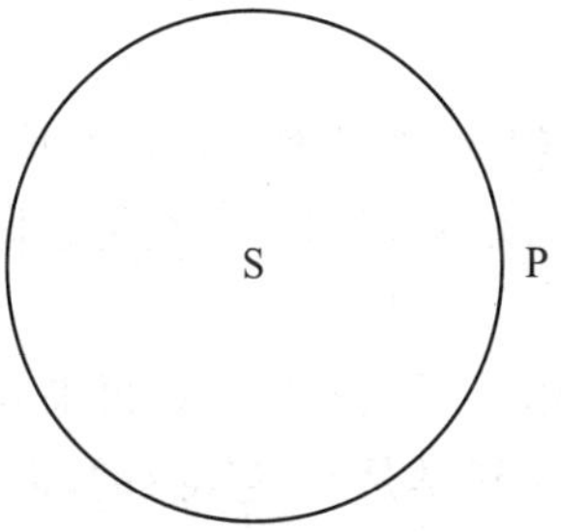	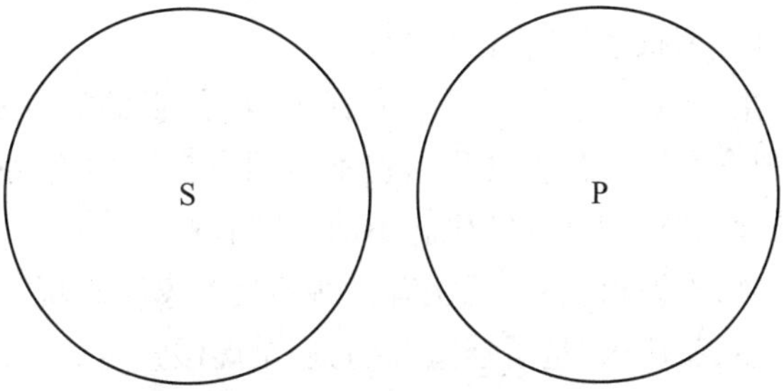
举例	男人、女人	冠军、亚军

师：概念使用不当会产生许多种逻辑错误。比如，小明就因犯了“偷换概念”的错误，空欢喜一场。那还有哪些逻辑错误呢？

生：概念交叉。

师：很好（示意学生坐下），概念交叉也会造成并列不当的错误。还有吗？

生：概念不清。

师：是的，概念不清容易使表述模棱两可。我们不妨结合具体语境来判断一下，概念使用不当导致的逻辑错误。（播放PPT第6页）

举例巩固

（1）在《孔乙己》中，孔乙己明明偷了别人的书，却还争辩：“窃书不能算偷……窃书！……读书人的事，能算偷吗？”

他的辩解为什么引来人们的嘲笑？

（2）小明去商店买了牙膏、牙刷、纸巾和日用品。

（3）今天大扫除，女同学擦玻璃，团员扫地，班干部抹桌子。

师：谁先来说说孔乙己的辩解为什么引来人们的嘲笑？

生：孔乙己说的“窃书”和“偷书”实质上就是一回事。

师：你分析得很好，那他犯了什么逻辑错误呢？

生（思考状）：偷换概念，因为“窃书”和“偷书”概念上属于全同关系。

师（惊讶）：你很厉害，学以致用，能够通过概念的关系来分析逻辑谬误了。

师：还有例（2）和例（3）的逻辑错误谁来说一说？

生：例（2）的逻辑错误是概念存在包含关系，“日用品”包含了前面的内容，所以不能并列。

师：那么例（3）呢？

生：例（3）是概念交叉，“女同学”“团员”“班干部”三个概念是有交集的，所以不能并列。

师(示意学生坐下):同学们,例(2)、例(3)的语句,我们在哪里遇到过啊?

生(迟疑):语病题中会出现的。

师:是的,语病题"陷阱"中就有一类是"逻辑不当"。那么生活中会不会也有类似的逻辑陷阱呢?哪位同学愿意把课前预习时搜集的案例和大家分享一下?

生:我要谈的是"纯天然"食品是否让人放心的问题。

师:那跟逻辑有什么关系呢?

生:"纯天然"只是听起来让人放心,它的概念非常模糊。"纯天然"不同于我们知道的"有机食品""无公害食品",它不是国家认证的食品标准,而是商家的一种宣传手段,消费者容易掉入"概念混淆""概念不清"的陷阱。

师:你说得很对,确实有一些不良商家喜欢玩文字游戏,误导消费者。谁再来分享一下?

生:我认为"量子挂坠"能防癌是虚假宣传。大众对量子科学是有崇拜感的,但又没有最基本的认识,所以让商家抓住了机会,乱用概念来忽悠消费者,属于乱用概念。

师:看来,生活中处处存在着逻辑陷阱,学好逻辑可以让我们保持理性的辨识能力,减少在生活中碰壁。当然,学习逻辑中的"概念"只是起点,我们还要弄清"同一律""不矛盾律""排中律""充足理由律"四种逻辑基本规律,并遵守这些规律,思维才不会出现乱子。我们一起来学习逻辑基本规律。(播放 PPT 第 7—10 页)

同一律

同一律要求在同一思维过程中概念和判断具有确定性,始终保持如一。也就是概念间的关系应为全同关系。

违反同一律就会犯"偷换概念""混淆概念"的逻辑错误,主要表现为"划分不当""发生歧义""以偏概全"等。

不矛盾律

不矛盾律指互为矛盾关系的两个概念不能同时是真的,肯定一个,就必须否定另一个,一定是一真一假。

违反不矛盾律,对一对象既肯定又否定,就会犯"自相矛盾"的逻辑错误。

排中律

排中律要求两个相互矛盾的判断必有一真。不能对两个具有相互矛盾或反对关系的思想都予以否定。

违反排中律就会犯"模棱两可"的逻辑错误。

充足理由律

在论证和思维过程中,要确定一个判断为真,必须有充足的理由。其基本要求,一是要有理由,二是理由必须真实,三是理由能够必然地推导出论题。

常见逻辑错误有"轻率归纳""不当类比""强加因果""循环论证"等。

师:光说不练假把式,接下来我们运用逻辑规律的知识,来发现潜藏的逻辑错误。课本第 83 页有 9 则语言材料,我们分组合作来分析。(每大组分析 2 则材料,同桌合作讨论 3 分钟)

师:材料1和材料2的逻辑谬误谁来分析一下?

生:材料1违反了同一律,第一个"作品"和第二个"作品"不是同一个概念。

师:那么两个"作品"的内涵有什么不一样?

生:前面的"作品"指的是鲁迅所有作品的总称,后面的"作品"单指小说《孔乙己》。

师:你分析得很好,那么材料2呢?

生(迟疑):庄子和惠子的对话有点绕,我还没看懂。(小组另一学生跃跃欲试)

师:那你来补充。

生:这个寓言故事我读过,主要是庄子在诡辩。

师:为什么是"诡辩"? 具体点说。

生:惠子问的是原因,庄子回答的是地点。(其他同学恍然大悟)

师:这种"误解"是怎么产生的呢?

生:对"安"字意思的理解不一样。(一位学生大声说道"一词多义")

师(示意学生坐下):是的,"安"可以解释为"怎么",也可表示"在哪里"。那么,从逻辑规律上来讲,是什么错误?

生(七嘴八舌):违反了同一律。

师:大家对同一律比较了解了,接下来我们再来分析其他逻辑规律。哪一组来说说不矛盾律?

生:我觉得材料5违反了不矛盾律,因为这个耍戏法的人说话前后矛盾了。

师:哪些说话内容是矛盾的?

生:"拿破仑小时候的头骨"就是说拿破仑死于童年,这不就和客观历史矛盾了吗?

师:我能理解你的意思,其他同学有补充吗?

生:违反不矛盾线没错。历史上拿破仑成名于青年时期,52岁时去世,而材料中耍戏法的人却解释说头骨小是因为那是"拿破仑小时候的头骨",意即拿破仑小时候就死了。拿破仑52岁去世和拿破仑小时候就死了,两者不可同真,后者与历史事实相悖。

师:你说得很好,耍戏法的人前后说的话,必有一假。这让我想到了楚人"自相矛盾"的故事。

师:第二组同学还有补充吗?

生:很显然,材料4也是违反了不矛盾律,既然是来修门铃的,那么"每次按门铃"指望"有人来开门"是不可能的。

师:说话往往可以让我们看清一个人的真实面貌和意图。看得出来,这个修门铃的人说话自相矛盾,是在为自己的不守信开脱。

师:剩下的材料中,哪几则违反了排中律呢?

生(齐声):第6、第7则。

师:谁来分析一下?

生:根据排中律要求,两个相矛盾的判断必有一真,所以材料6"值得读"和"不值得读"这对矛盾关系中必有一真,因此不能两种意见都否定。所以说违反了排中律。

(学生鼓掌)

师:你的分析很正确,表达本身也很有逻辑。那么材料7呢?

生："不薄之谓厚，不白之谓黑"我知道逻辑上不对，但是不知道怎么用排中律来解释。

师：请坐。谁来挑战一下分析材料7的逻辑谬误？

生(迟疑)：我觉得"非黑即白"的表述过于绝对了，同样"薄"和"厚"之间也有第三种可能存在的，违反了排中律。

师：是的，"黑"和"白"其实并非一对矛盾的概念。这是一种"虚假两难"的陷阱，也是违反排中律，请坐。最后我们来看材料8(示意看课文材料)。

生(表情自信)：材料8违反了充足理由律。

师：导致违反充足理由律的原因是多方面的，比如说轻率归纳、循环论证、强加因果等。材料8属于哪一种？

生：强加因果。由祥林嫂的"死"引出"谬种"的论断，两者不构成因果关系。

师：顺着你的思路，我是不是也可以这样理解——祥林嫂的死和祝福也不能牵强联系在一起。

生(点头)：是的。

师：思维的确定性表现为概念、命题的前后一贯，不自相矛盾。我们学习普通逻辑的基本规律，可以更好地辨识信息，审慎思考，准确表达。

师：2021年与"新冠肺炎疫情""东京奥运""娱乐明星"等相关的言论铺天盖地，有的是公正理性的思考，有的是不分是非的妄言。那些谣言和妄言中存在不少逻辑谬误，请同学们结合今天所学的逻辑知识，来分析同学们搜集的包含逻辑谬误的网络言论。(播放PPT第11页)

言论1：是时候大力整治娱乐圈了，娱乐圈没有一个是好东西。

言论2：喝酒、吸烟是预防新冠病毒的良方。

言论3：7月26日晚的乒乓球混双比赛期间，日本演员古川雄辉发布了一条"你在看奥运比赛吗"的微博，结果这条微博下面迅速涌入了大量愤怒的评论，认为他在借国乒输给日本的时机故意恶心中国人。

生(笑)：言论2我也看到过，我还看到有人在微信群转发，一看就是假的。

师：是的，许多言论都会不攻自破，经不起推敲检验的。可是还有人会轻信，为什么啊？

生：太幼稚。(有同学补充)无知！

师：这其实就是常见的一种逻辑谬误，因为知识水平不够，有些人常犯"诉诸无知"的逻辑谬误。

生(脱口而出)：所以说"流言止于智者"嘛。

师：其他同学继续。

生：言论1犯了以偏概全的错误，德艺双馨的艺人也有的。

师：你举个例子看。

生：比如韩红，她热衷于公益事业，哪怕遭遇不解和非议。

师：所以，用几个失德艺人的例子引出娱乐圈没有一个好东西，违反了什么逻辑规律呢？

生(众)：充足理由律。

师：言论3谁来分析，大家推荐一下(同学们把手指向了学习委员)。

生：在网络上，我们要理智发声，不要成为网络暴力的施暴者。比赛理应纯粹，如果我们在讨论时转移话题，指向对方的人格、地位、处境，甚至掺杂着民族历史因素，就容易犯“诉诸情感”和“人身攻击”的逻辑错误。言论3这样的例子是有许多的。

师：“诉诸情感”和“人身攻击”这些逻辑术语你是怎么知道的啊？

生：因为对逻辑感兴趣，所以上网查的。

师：网络世界虚虚实实、真真假假，学习委员能学以致用，运用逻辑知识，取精华，去糟粕，给我们做了很好的示范。

（生默默点头）

师：同学们，逻辑谬误隐藏在日常生活中，学习逻辑知识可以提升我们辨识信息、把握事实真相的能力。当然，学习逻辑的重要性远不止于此，用人单位的招聘、大学的自主招生考试、企业的营销管理都离不开对逻辑思维能力的考查。大家来看一道逻辑推断题。（播放PPT第12页）

综合推断

学校在为失学儿童义捐活动中收到两笔没有署真名的捐款，经过多方查找，可以断定是周、吴、郑、王中的某两个人捐的。经询问——

周说：“不是我捐的。”

吴说：“是王捐的。”

郑说：“是吴捐的。”

王说：“我肯定没有捐。”

最后经过详细调查，证实四个人中有两个人说的是真话。根据已知条件，请你判断下列哪项可能为真。

A. 是吴和王捐的。B. 是周和王捐的。C. 是郑和王捐的。D. 是郑和吴捐的。

（生七嘴八舌讨论）

师：同学们不要猜，要用学习的逻辑知识去推断。

（学生在讨论1分钟后，教师出示参考答案）

师：正确答案是C。本题考查命题之间的矛盾规律。

第一步，找突破口。吴说的和王说的是矛盾关系，即两个命题必定一真一假。再根据题意，命题中有两真两假，从而可以得到周说的和郑说的也是一真一假。

第二步，先假设周说的和郑说的中一个为真。不妨设周说的为真，郑说的为假，从而可以得到“周没有捐，吴没有捐”的结论，再根据题中“只有两人捐款”的信息，可以得到“郑和王捐款”。

第三步，根据假设结果，再回过头来，假设吴说的为真，王说的为假。综合得到各方面均符合题意。结合题目选项，从而可以直接得到答案为C。

师：前两天，我有幸刷到了网红教授罗翔谈及逻辑的视频《学会释然别人对你的误解》（播放PPT第13页，播放视频，展示故事摘要）

罗翔:学会释然别人对你的误解

前段时间,我遭受了一些网络攻击,当时心情很沮丧,因为被别人误解的感觉总是不好的。结果第二天,神奇的是,我出差,在火车上居然遇到了读书会的老朋友,我和他抱怨了我现在的遭遇。然后他笑着对我说:“你最近很红啊,大家夸你时虚不虚啊?”我说:“还蛮虚的,确实名不副实。”他说:“你生气吗?”我说:“夸我,我还是不生气的。”他说:“你看,过度的表扬也是一种误解,它和过分批评一样,都是一种误解。人生充满着误解,为什么你能接受好的误解,却不能接受坏的误解呢? 你逻辑不自洽呀。”

师:我突然觉得逻辑知识更重要的意义是能够给困惑中的人带来心灵的启悟。总之,懂一点逻辑,可以让生活井井有条,更深刻,更有趣,可以不被外界误导,不去曲解世界,正视自己的美丑。希望今天的课堂能够引领大家踏上“逻辑之旅”,同学们能进一步去探索逻辑的奥妙。谢谢大家,下课!

【教学反思】

统编高中语文教材选择性必修上册第四单元的主题是“逻辑的力量”,对应“语言积累、梳理与探究”任务群。作为单元第一课时的教学活动,我紧紧联系学生的生活经验,指导学生了解“概念”有关知识,学习逻辑的基本规律,并运用逻辑知识开展辨识信息、把握事实真相的尝试,为提升学生逻辑思维品质、涵养理性精神奠定基础。

关于教材的处理。因课题是“了解生活中的逻辑知识”,作为单元教学的第一课时,本课承载着激发学生学习逻辑知识兴趣的使命,因此,我努力寻找一种学生喜闻乐见的方式让学生理解逻辑概念和规律的知识,基于教材实际,我又援引丰富的课外素材,来夯实教学内容,旨在为后面进一步探讨有效推理、合理论证做铺垫。

关于教学环节的推进。教学环节的设计服务于教学目标的达成。为了让学生了解概念的定义和关系,掌握逻辑规律的原理,增强实践辨析能力,从课前预习任务的布置到课堂上的举例,我都紧紧贴着日常生活实际。学生在熟悉的体验和情境中消减对逻辑知识学习的畏难情绪,因为学习内容熟悉、有趣、实用而变得有话要说,有理要辩。

关于学生的表现。《普通高中语文课程标准(2017 年版 2020 年修订)》中提及的语文学科核心素养,就包含“思维发展与提升”。在教学过程中,我精心选材,巧妙设疑,让学生充分参与辨识、分析、比较、阐述逻辑规律的特点和典型的逻辑谬误,学生的思维能力得到了锻炼,思维品质有了一定提升。

当然,教学中仍有许多提升空间,如:学生搜集的热点素材要更贴切、有序地融入教学环节;教师要充分做好导学衔接,让学生提前了解逻辑谬误的类型的专业术语。这些都是今后教学中需要重点完善之处。

理性之眼:发现潜藏的逻辑谬误

执教 / 浙江省丽水市教育教学研究院　林忠港

本课课件

【专题目标】

参阅课外资料,开展项目化学习,通过辨析常见的逻辑错误,学会在具体语境中判定逻辑谬误,准确使用语言。

【预习任务】

1. 每人搜集一则逻辑故事,发现故事背后的逻辑谬误,并将故事与简析制作成 PPT。

2. 教师印发人民教育出版社中学语文编辑室所编的《高中语文逻辑常识》(1983 年版),学生画出文章的思维导图,然后把思维导图粘贴到 PPT 中,保存在自己的 U 盘里。

3. 分析教材单元学习活动一中的 9 个例子,指出其中的逻辑错误;熟悉活动二中的 4 个例子,再补充日常语言表达中有逻辑错误的 2 个例子。

【教学实录】

任务一:开启逻辑之旅

师:狄更斯说过,“这是一个最好的时代,也是一个最坏的时代。”这句话用来形容互联网时代十分贴切。在互联网时代,网络大大丰富了我们的语言,也常常违背了基本的逻辑。现在,许多单位都有一个职业,他们追求技术,讲究逻辑,这个职业就是网络管理员,简称网管员。今天我们就向网管员学习,发现话语中潜藏的逻辑谬误,怎么样?(播放 PPT 第 1—3 页,导入新课,出示任务)

生(点头):可以。

师:这次活动,我们用项目化学习的方式来开展,项目名称叫“网管员的逻辑手册”。

生:什么叫项目化学习?

师:我来打一个比方吧。如果把“感动人物”作为一个“话题”,设计一组相关联、有梯度的问题，引领学生以小组协作的方式进行思考讨论，如“怎样的人才是‘感动人物’？他是‘感动人物’吗？谁是‘感动人物’？”在交流讨论的基础上，各小组取长补短，制作“感动人物图谱”，反映出各行各业的“感动人物”；接着召开“感动人物”大会，宣讲不同层面的“感动人物”故事；最后立足对“感动人物”的理解，推荐班级“感动人物”。这就是典型的项目化学习。

生（若有所悟）：哦。

师：从这个例子，你能看出项目化学习有什么特征吗？

生：要准备一个话题。

生：我觉得要思考一组问题。

生：要做一件事情。

师：是一件事情吗？

生：是好几件事情。

师：很好！项目化学习要围绕一个话题，思考一组问题，完成一个指向驱动性问题解决的成果。下面我们把话题从“感动人物”切换到“网络管理员”，如果你的梦想是成为一名网管员，那么你将在网管员的逻辑手册里填上什么内容呢？请大家齐读——（播放 PPT 第 4 页，学生齐读）

掀起头脑风暴

你现在就是一名资深的网络管理员，你的职责是用你娴熟的技术、敏锐的语感、严密的逻辑发现话语中的谬误，进而打造出令人过目难忘的逻辑手册。那么，一份好的逻辑手册包含哪些内容和要求？

师：你认为一份好的逻辑手册应该包含哪些内容和要求呢？

生：一个话题或主题。

生：一个像书一样的目录。

生：一个内容方面的纲要。

生：和目录对应的具体内容。

师：同学们的想法很多，而且有一定的道理，但还有优化的空间。老师想从手册主题、手册内容、手册形式等方面对核心任务进行细化。（播放 PPT 第 5 页，学生齐读）

网管员的逻辑手册

（1）手册主题：要表达的核心意思是什么？用一句带有哲理性的话加以概括。

（2）手册内容：用哪些例子表现主题？至少包含 5 个故事，每个故事的解说要体现自己对逻辑的独特理解。

（3）手册形式：除了纸质的文本形式之外，还可以任选一种电子形式，可以用 PPT＋配乐＋口头讲解，也可以制作视频。其中 PPT 不少于 6 张，视频 3—5 分钟。

师：要完成这三个任务，我们要进行项目分组，每个小组包含 1 名组长和 4 名组员，其中组员分别负责搜集、记录、编辑、讲解的任务。我们自行分组吧！（教师播放 PPT 第 6 页，学

生自由分组，自行确定角色）

任务二：制作逻辑手册

师：分组已经结束，下面我们完成第一个任务：确定手册主题。我们知道，现在有博客主题、新闻主题、门户主题、图片主题、视频主题、自媒体主题、黑板报主题。那么写主题要注意什么？

生：语言要凝练。

生：能概括主要内容。

生：不能有逻辑错误。

师：很好，活学活用。主题是项目的核心，是活动的归依，是学习的骨架。英国作家切斯特顿说，“每一件艺术品，都有一个必不可少的特征，其核心是简明——不管完成一件艺术品有多么复杂”。网管员的逻辑手册虽然不是艺术品，但制作手册同样要做到简明。

主题就是逻辑手册的眼睛，下面请各小组为逻辑手册写主题语，主题语中尽量含有“逻辑”二字。（播放 PPT 第 7、8 页）

（项目小组合作，讨论探究，确定逻辑手册的主题）

师：时间差不多了，请各小组的讲解员说一说自己组的主题。

生：逻辑令人清醒。

师：很好。是从逻辑的作用的角度说的。

生：逻辑使人善辩。

师：很会引用啊。引用了培根的名言。

生：逻辑就是量规。

师：很精炼。说出了逻辑的本质。

生：逻辑就是标准。

师：呵呵。原来套用了标语的格式。

生（笑）：呵呵。

生：用逻辑规范语言。

师：嗯。讲了具体要怎么做。

生：有一种眼光叫逻辑。

师：眼光不错，你的主题体现出创造性思维。从刚才发言的情况看，大家的合作学习非常有质量！接下来，我们一起来完成第二个任务：完善手册内容。下面的活动需要同学们像程序员一样思考，分步骤来完成。请看 PPT——（播放 PPT 第 9 页）

完善手册内容

◎第一步：学习逻辑知识

◎第二步：分享逻辑故事

◎第三步：穿越逻辑丛林

我们先完成第一步——学习逻辑知识。问世间逻辑为何物？直教人眼明心亮。同学们已经自学了人民教育出版社中学语文编辑室编辑的《高中语文逻辑常识》一文，现在请分享你的思维导图。为了公平起见，我想用一种最传统的办法——抽签来决定展示的人选。

生（诧异）：不会吧？

师：第一位抽到的是我们班的 26 号同学，请上台展示。大家掌声欢迎！

生：我的思维导图是这样的（见图 1）。首先是概念的内涵和外延、概念间的关系，其次是简单判断、复合判断，最后是演绎推理和归纳推理。

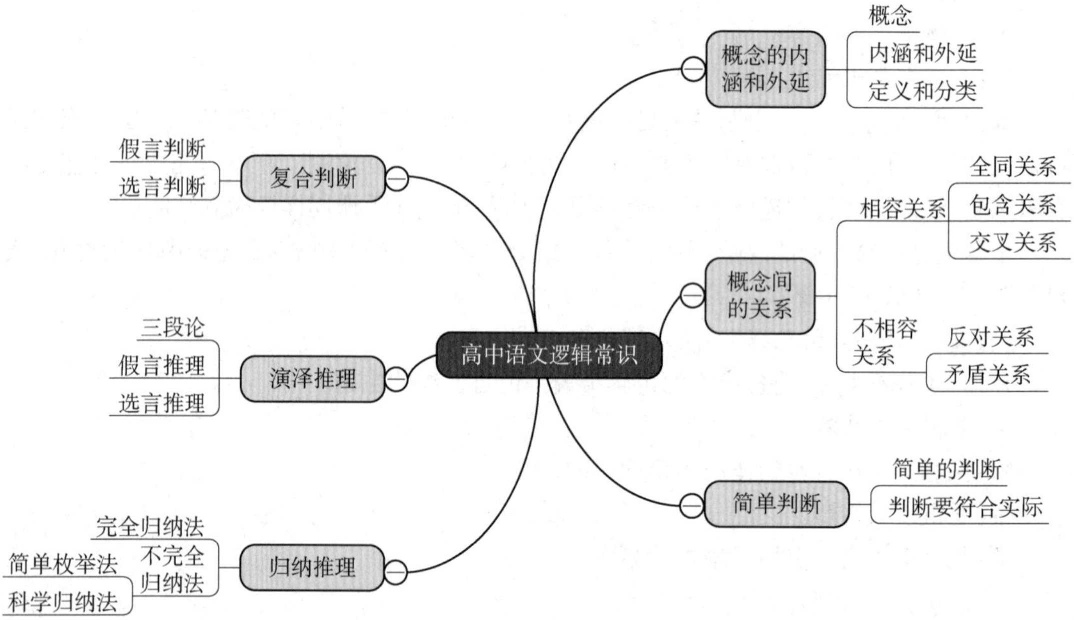

图 1

师：从这里，我们初步知道了概念、判断、推理的基本类型。当然，如果你按照逆时针方向设计内容，那就更好了。我再抽一位同学展示一下。

（教师抽签，学生好奇）

师：第二位抽到的是 33 号同学，有请。

生：我的思维导图是彗星型的（见图 2）。（生笑）把概念的内涵和外延、概念间的关系，简单判断、复合判断，演绎推理和归纳推理等知识按照竖行排列。

师：这位同学的思维导图比较周正，有总标题、一级标题、二级标题、三级标题，让人一目了然。同学们肯定还有更好的思维导图，由于时间关系，这里就不一一展示了。

师：接下来我们完成第二步——分享逻辑故事。逻辑小故事，故事大逻辑。故事常常是逻辑的载体，许多故事中隐藏着逻辑的谬误。谬误之所以难以被发现，是因为它具有隐蔽性，它潜藏在语言表象之下。我们要发现潜藏的逻辑谬误，就要透过现象看本质。请大家一起听故事，看逻辑。我们同样用抽签的办法产生 5 名学生，让同学们讲一讲课前搜集的逻辑故事。

（教师抽签，学生观望）

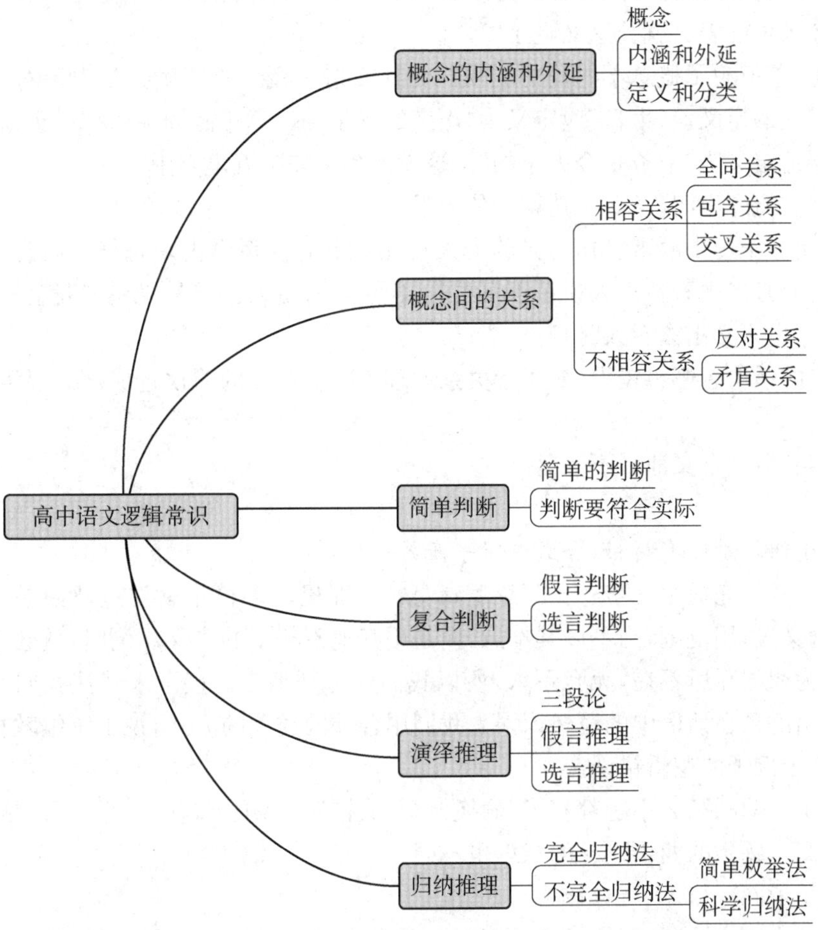

图 2

师：为了提高视听效果，展示时要播放课前制作的 PPT。其他同学可以运用学到的逻辑知识，对同学的分析提出异议。有请第一位同学——

生：真理骑着毛驴碰到了谬误。谬误对真理说："注定你应当骑毛驴，我应当在地上走吗？"真理说："不，我们可以轮换着骑。"说着把毛驴让给了谬误。谬误骑上毛驴就不打算下来了，并对真理说："等我们遇到第一个人，请他评判，看我们俩谁该骑驴，谁该在地上走。"

他们说着走着，碰到了第一个人。谬误抢着问："你认为是应当真理走遍天下，还是应当让谬误走遍天下？"那个路人毫不迟疑地答道："当然应当让真理走遍天下。"谬误赶紧说："真理，你走遍天下吧，你用你的脚走吧，我可骑着毛驴走了。"谬误就这样夺走了毛驴。

谬误在这里是有意地犯了逻辑错误——偷换概念，将"走遍天下"（传遍天下之意）偷换为"走遍天下"（用脚走遍天下）。

师：这个故事所犯的逻辑错误叫？

生：偷换概念。

师：有请第二位同学。

生：我讲的是一个故事的片段。孙子问爷爷："今天为什么吃红饭？"爷爷捋捋胡子答：

“今天是爷爷的生日。”孙子问：“什么是生日？”爷爷答：“生日，就是爷爷是今天生的。”孙子不解：“爷爷今天生的怎么就长这么老了？”

在这里，爷爷犯了概念不明确的错误。为什么造成概念不明确？是由于对“生日”这个概念做了错误的定义。“生日”应定义为“出生的日子”或“每年满周岁的那一天”。而爷爷却将生日错误地定义为“爷爷是今天生的”。这就使孙子如坠五里雾中。

师：这叫“概念不明确”。有请第三位同学。

生：这是一个历史故事。司马光的夫人在元宵节的夜晚要去观花灯。司马光说：“家中有的是灯。何必出去看？”夫人说：“不仅看花灯，还要看游人。”司马光说：“我就是人，家中还有那么多人，也不必出去看人呀！”

司马光的话中有逻辑错误，对概念关系处理不当。这样的谬误造成概念混淆，导致判断不恰当。

师：这叫“概念含义前后不一”。

……

(项目小组汇总所有材料，合成逻辑手册第一稿)

师：下面我们完成第三步——穿越逻辑丛林。亚里士多德早就说过，“如果不弄清所使用的词的含义、适用范围，当不以其本意，而是用其他不相干的含义用词时，就会产生诡辩的错误”。因为谬误无所不在，无孔不入，所以我们要特别细心。接下来就让我们一起穿越逻辑丛林，找出潜藏在话语中的逻辑谬误。我们用合并同类项的方式，说出统编教材单元学习活动一中 9 个例子的逻辑错误。

生：第 1 小题和第 2 小题都犯了“偷换概念”的错误，第 1 小题中的两个“作品”不是同一个概念，第 2 小题中的两个“安”的意思也不同。

师：违反了同一律。

生：第 3 小题应该犯了“偷换论题”的错误，顾客说的是卫生问题，而服务员说的却是疼痛问题，论题悄悄发生了转移。

师：同样违反了同一律。

生：第 4 小题、第 5 小题、第 6 小题都是自相矛盾，既然门铃坏了，怎么能响呢？拿破仑死于童年吗？怎么可以两种意见都不赞成？

师：第 4 小题和第 5 小题都违反了不矛盾律，第 6 小题都否定，违反了排中律。

生：第 7 小题犯了“假二择一”的错误，不薄即厚，非黑即白，其实还有第三种可能。

师：违反了什么律？

生：排中律。

生：第 8 小题是强加因果，明明是没有因果关系的两件事就被强行地联系在一起了。

师：这违反了充足理由律。

生：第 9 小题是一个圈套，因为前提是预设的，不管回答“是”还是“不是”都是承认“你”对“我”的诽谤。

师：这叫什么逻辑错误？不当预设。谁还有日常语言表达中有逻辑错误的例子？

生：我找到的例子是这样的——盘点盖茨、乔布斯、戴尔、扎克伯格等世界富豪，辍学是他们走向成功的关键一步，这让人不得不思考正规的国民教育对创业者是否真的必要。这四位富豪只是全世界创业者中很少的一部分，而大学教育也只是国民教育的一部分。

师：这叫“轻率归纳”。还有哪位同学要说？

生：鲁迅在《论辩的魂灵》中写道，“我骂(你)卖国贼，所以我是爱国者。爱国者的话是最有价值的，所以我的话是不错的，我的话既然不错，你就是卖国贼无疑了”，这里把结论“我是爱国者”放在前提中，犯了“循环论证”的错误。

师：还有吗？

生：前些年，陕西定边县群众反映，该县森林公园大量树木枯死。但县林业局长在回应此事时说，“老百姓就是事儿多，是吃饱了撑的”。局长的谬误推理是吃饱了没事干的人，都是无事生非的蠢人，这样的蠢人，他的批评意见哪里会有什么道理可言？但是在“吃饱”和“批评”之间，并没有必然的逻辑因果关系。

（项目小组再次筛选、调整材料，完成逻辑手册第二稿）

任务三：呈现逻辑手册

师：活动至此，项目主题已经确定，项目内容已经完善，但是还缺少打动人心的逻辑要诀。现在，请各项目小组根据已经汇总的材料，归纳出发现逻辑谬误的五条黄金法则。我们化整为零吧。

生：概念之间要分清相容关系、不相容关系。

生：判断要符合实际情况。

生：推理要清楚各种类型。

师：我们能不能从反面来提炼？这是老师提炼的五条黄金法则——（播放 PPT 第 10、11 页）

五大黄金法则

① 概念不能偷换、混淆

② 论题不能偷换、转移

③ 判断时不能自相矛盾

④ 判断时不能模棱两可

⑤ 推理时不能强加因果

（教师加入项目小组内，对手册提出修改意见。项目小组完成逻辑手册定稿）

师：音乐会要曲终奏雅，运动会临近结束要举办闭幕式，我们的综合实践活动也要举行品鉴活动。请各组组长展示我们制作的网管员的逻辑手册。

（教师播放 PPT 第 12 页，每组都呈现网管员的逻辑手册，并结合 PPT 或视频进行口头汇报，评出“最佳手册奖”）

师：虽然本次综合实践活动结束了，但有许多问题值得反思——团队中同伴之间有分歧吗？是如何解决分歧的？下次遇到类似的问题应该如何处理？我们的文案设计得如何？逻辑手册中的黄金法则提炼得如何？这些逻辑法则对你的阅读与写作产生了什么影响？请以

“借我一双慧眼”为题，课后写一篇不少于500字的活动综述，不得出现逻辑谬误。

【教学反思】

与“双基”为本的学科内容和“三维”整合的教学内容不同，素养为纲的课程内容在组织形态上特别强调语文知识的融会贯通与学以致用。教师在任务化、项目式的主题活动结构中，嵌套强有力的知识图谱，学生为完成任务和解决问题而同步获得新知识，亲历语文实践，做中学，用中学，创中学，从而实现知识建构和意义增值。

作为综合实践的课程内容，“发现潜藏的逻辑谬误”属于活动课程，这种归属天然地要求学生“做中学”，体验学习的过程，在学习显性知识的同时，能够体悟缄默知识。正是基于这样的考虑，“发现潜藏的逻辑谬误”这一专题就采用项目化学习的方式来实施。

在核心素养的时代语境里，项目化学习是近年深受青睐的一种活动化学习方式。项目化学习是学生在一段时间内通过对真实、有挑战性的问题进行持续探究，达到对核心知识的重新建构和思维迁移的过程。下面就以项目式学习的“黄金标准”来观照这节课。

项目式学习有七大核心要素：(1)具有挑战性的问题。本课提出“如果你的梦想是成为一名网管员，那么你将在网管员的逻辑手册里填上什么内容呢?”这个前奏问题后，顺势抛出核心问题“你现在就是一名资深的网络管理员，你的职责是用你娴熟的技术、敏锐的语感、严密的逻辑发现话语中的谬误，进而打造出令人过目难忘的逻辑手册。那么，一份好的逻辑手册包含哪些内容和要求?”这个核心问题能够统摄专题内容，对学生来说有一定的难度。(2)持续探究。本课从“手册主题”“手册内容”“手册形式”对核心问题进行细化；在完善手册内容的过程中，又分为“学习逻辑知识”“分享逻辑故事”“穿越逻辑丛林”三个步骤实施。这种用高阶驱动低阶的探究与实践，一直延续至结尾。(3)真实性。作为课堂教学意义上的项目化学习，其真实性未必是指亲眼所见、亲身所历，而是指学习目的的真实、学习任务的真实与学习情境的真实。制作网络管理员的逻辑手册虽然与学生存在距离，却具有学习情境的真实性。(4)学生的发言权和选择权。在整个学习过程中，教师用抽签的办法，赋予学生以发言权和选择权。(5)反思。学生的反思有两个方面：一方面是关于“学”的反思，包括逻辑知识、逻辑故事、逻辑错误等；一方面是关于“做”的反思，包括主题的拟定、黄金法则的提炼等，进而重新建构起属于个体的逻辑知识。(6)评价与修改。项目小组多次筛选、调整材料，依次完成逻辑手册第一稿、第二稿与定稿，伴随的是过程性评价。(7)成果公众展示。网管员的逻辑手册既有纸质文本形式，也有电子文本形式，项目小组代表结合PPT或视频展示成果，评出“最佳手册奖”，都是项目化学习学习体验的体现。

本专题教学的一大亮点，是“做中学”，而且是卷入式的“做中学”。即便是传统的学习环节，教师也不下达人为的指令，而是采用抽签的办法，让学生卷入其中。在确定与不确定之间，抽签这种方式为实践活动提供了各种可能性。

当然，由于对项目化学习研习不深，在实践过程中还有需要改进的地方。譬如关于“持续探究”的理解，其实“发现潜藏的逻辑谬误”只是一个子项目，倘若结合“运用有效的推理形式”“采用合理的论证方法”所构成的“逻辑的力量”，才是值得“持续探究”的大项目。

推理与实践:运用有效的推理形式

执教/杭州市余杭区教育发展研究学院　杨仕威

本课课件

【专题目标】

通过对故事和具体案例的分析,在实践活动中了解三段论、假言推理以及选言推理等基本推理形式,熟悉相关推理过程,并尝试运用一些基本的推理方法,辨别、改正语言运用中的推理错误,或论证所要表达的观点。

【活动准备】

1. 通读教材“学习活动”的第二部分内容,了解材料中两个推理故事。

2. 分小组搜集冯梦龙《智囊全集》、柯南道尔《福尔摩斯探案集》等小说中的推理故事,每个小组至少准备一个。

【教学实录】

任务一:讲故事,明推理

师:同学们,大家有没有玩过“剧本杀”游戏?(播放 PPT 第 1、2 页)

生:玩过! 很有趣很刺激。

师:“剧本杀”最吸引同学们的是什么元素?

生:“剧本杀”里的推理破案,超级“烧脑”,玩家特别有成就感。

生:特别是主持人,简直是“神一样的存在”。他掌控、推进环节,复盘事件,揭开真相。

师:好,今天我们也来玩一玩“剧本杀”,大家化身 DM(主持人),学一学推理的基本方法,试一试给玩家们复盘推理过程。

现在我们分小组活动,假如你是“剧本杀”的主持人,请你把课前从冯梦龙《智囊全集》、柯南道尔《福尔摩斯探案集》中搜集到的推理故事分享给小组内其他同学听。建议组内同学分享完故事,请组内其他成员或其他组的同学,从逻辑上对这个故事加以分析。

（生分小组活动）

师：同学们讨论得非常热烈，现在我讲一则故事，然后邀请同学来做主持人，尝试复盘推理过程。故事出自冯梦龙《智囊全集》。（播放 PPT 第 3 页）

浦城有个县令叫陈襄，在他任上，有百姓报案失窃财物，捕役抓到好几名偷儿，偷儿们互相指称对方才是窃案的真凶。陈襄对他们说："有座庙里的钟能分辨盗贼，若是真正的小偷触摸钟，钟就会发出声响；若不是小偷，钟就不会发出任何声音。"接着就派吏卒押着偷儿们步行去庙里，自己却率领官府中其他官员先赶到庙中，暗中在钟上涂满墨汁，再用幕帘遮住，这才命赶来的偷儿们一一上前摸钟。等众人绕钟一圈后，回到衙府审问时，令手下查看偷儿手上有无墨汁，马上准确判断出谁才是真正的小偷。

师：假如你是本次剧本杀的主持人，你将如何复盘本案的推理过程？

生：县令是利用小偷的心理来破案的。

师：是的，那么请你来复盘破案的推理过程。

生：推理过程是这样的。真小偷摸到钟，钟会发出声响，这是前提条件。真小偷担心钟会响，所以不敢摸钟，手上就不会沾到墨。陈襄只需要看他们手上有无墨汁，手上没墨汁的人就是真小偷。

师：推理清晰，其中运用到的就是我们今天要学习的直言推理（三段论）、假言推理等相关推理知识。下面请同学们阅读有关直言推理、假言推理以及选言推理的概念及相关说明。（播放 PPT 第 4 页）

知识链接

直言推理包含三个部分：大前提——第一个简单性质判断，是已知的一般原理；小前提——第二个简单性质判断，是所研究的特殊情况；结论——第三个简单性质判断，根据一般原理，对特殊情况做出判断。

假言推理的大前提是一个假言判断，它往往用假设复句或条件复句表示，小前提是个直言判断。

选言推理是一种具有两个前提的推理，其中一个前提是选言判断，另一个前提是这个选言判断的一部分选言支（或其否定）。选言判断有两种，一种是相容的选言判断，另一种是不相容的选言判断，用这两种不同的选言判断作为前提的选言推理也是不相同的。

师：同学们能理解吗？看起来有点抽象。那我再来举几个简单例子，同学们看看是否容易理解些。（播放 PPT 第 5 页）

例 1　直言推理：大前提——知识分子都是应该受到尊重的；小前提——科学家都是知识分子；结论——科学家都应该受到尊重。

例2 假言推理：大前提——只有实事求是，才能把中国的事情办好；小前提——我们是真心实意想把中国的事情办好；结论——我们必须坚持实事求是的原则。

例3 选言推理：大前提——这份统计表格的错误，或者在于原始数据不准确，或者在于计算有错误；小前提——经反复验算证明计算没有错误；结论——这份统计表格的错误在于原始数据不准确。

师：请同桌互相议一议，也可以尝试用A、B等字母来代替条件，简化推理。

（同桌交流讨论）

师：现在请同学们运用这几种推理方法，作为“剧本杀”的主持人，简要地说明“审小偷”案件的推理过程。

（生从多角度做出分析）

生：心虚之人担心摸到钟会响，这个人担心摸到钟会响，根据直言推理得出结论，这个人是小偷。

师：这两个前提，只能推出结论是“这个人是心虚之人”，而不能推出“这个人是小偷”。三段论包含且只包含三个不同的概念，每个概念在两个判断中需各出现一次。这是三段论的第一规则。你在结论中出现了第四个概念，所以就出现推论错误。大家看看可以怎么修改？

生：大前提是“小偷不敢摸钟”，小前提是“这个人不敢摸钟”，结论——这个人是小偷。

师：根据三段论的另一规则，“从两个否定前提不能得出结论”，可见你的这个推理也不能成立。其他同学的修改意见呢？继续来分享。

生：我是这样推理的，大前提是“摸钟的人手上一定有墨汁”，小前提是“这个人手上没有墨汁”，结论是“这个人没摸钟”。

师：很好。你的推理成立。你的推论符合三段论的另一条规则，即“如果前提中有一个否定判断，那么结论必为否定判断；如果结论为否定判断，那么前提中必有一个否定判断”。请同学们继续分享。

生：我这样推理，大前提是“手上没墨汁的人一定是小偷”，小前提是“这个人是手上没墨汁的人”，结论是“这个人是小偷”。

生：我用的是假言推理。大前提是“只有小偷不敢摸钟，手不会沾上墨汁”，小前提是“他的手没有沾上墨汁”，结论是“他是小偷”。

师：有没有用选言推理的呢？

生：我先用一个选言推理——摸钟的要让钟不响，要么不是小偷，要么假装摸钟。摸钟的是小偷，要让钟不响，只能假装摸钟。再用一个假言推理——只有摸到钟的人，手才会沾上墨汁。小偷假装摸钟，并没有摸到钟，所以小偷的手不会沾上墨汁。

师：通过“审小偷”案件的推理，大家对直言推理、假言推理以及选言推理有了一些了解，基本掌握了这几种推理方法的演绎过程。下面把你刚刚在小组分享的故事，再运用以上学习的推理方法推演给同桌听。

（生饶有兴趣进行推演）

任务二：依推理，找漏洞

师：一位出色的“剧本杀”主持人应是逻辑学专家，他能从各种推理中找到逻辑漏洞。还是“审小偷”的故事，各位高手，请小组讨论，一起寻找逻辑漏洞，然后交流。

（生小组讨论并派代表发言）。

生：如果小偷心理素质很好，识破县官的“伎俩”，他也会触摸那钟，手上也会有墨汁，陈襄就不能通过这种方式找出真正的小偷。

生：当真的小偷发现其他嫌疑人手上都有墨汁时，小偷也会识破陈襄的计谋，如果他借机和其他嫌疑人握手或者手部接触，那他手上也有墨汁了，陈襄也不能通过这种推理方式破案了。

师：看来大家确实比陈襄要高明，也许小偷头脑也进化了。从上述材料中，你们能够发现是什么原因导致推理的结论存在谬误？

生：“真正的小偷触摸钟，钟就会发出声响”这个大前提本身就不成立。

师：是的，当大前提失真，结论也会随之出现谬误，这就是所谓的无效推理。无效推理有哪几种情况呢？（播放 PPT 第 6 页）

知识链接

无效推理的三种情况：一是推理形式不当导致推理谬误。大前提和小前提不对应，不能推出结论。也就是说，在推理过程中，选取的事例不能偷换概念，必须与大前提的原理保持一致。二是演绎推理前提错误导致结论错误。演绎推理具有保真的作用，前提正确，则能保证结论正确。三是出现虚假二选一谬误。前提中给出两个选项，并把这两个选项当作全部的不相容选项，否定一个，则只能肯定另一个。

师：刚才的推理漏洞属于哪一种？

生：第二种。

师：能就虚假二选一谬误举个例子吗？

生：在教室里自修，我要么安静地学习，要么心里烦躁；现在我无法在教室安静学习，那只能心里烦躁。

师：是的，前提给出的是虚假的二难选择，导致结论谬误。

师：好，让我们牛刀小试。如果今天我们来玩“审小偷”这一盘“剧本杀”游戏，请大家结合现代社会生活的经验，运用推理方法，避免无效推理，将故事进行改编或新编，然后分享给大家。

（生进行故事新编微写作。师现场投影学生的改编稿，其他同学围绕课堂所学进行评点）

生：陈襄“审小偷”的计谋早已过时，小偷也不会相信“真正的小偷触摸钟，钟就会发出声响”这样的事。现在遇到此类案件如何侦破？比如，可以调用摄像探头信息，结合指纹痕迹，或者使用测谎仪等。大前提是每个人的指纹信息都是唯一的，如果财物上留下的指纹信息与嫌疑犯的相吻合，说明这个嫌疑犯就是小偷。

生：我们虽然可以使用先进的测谎仪，但是测谎仪对心理素质很好的罪犯也不一定有用。

生：但是，厉害的刑侦专家比仪器还要厉害，会突破小偷的心理防线，步步推理，抓出真凶。

任务三：用推理，再复盘

师：看了同学们的改编，很惊喜，恭喜你们哦！现在大家俨然已是业务精熟的“剧本杀”主持人了。让我们紧握打开推理之门的钥匙，有效利用三段论等推理方法，尝试还原事实真相，透过事物表面洞察实质。来，现在请主持人抛出省略关键过程或者经过改编的故事，其他同学来复盘。（播放 PPT 第 7 页）

活动要求

(1) 改编课前积累的推理故事。

(2) 展示改编或者删节的推理故事。

(3) 其他同学把省略的内容补充完整，准备复盘。

(4) 补充的内容要体现三段论推理。

（学生动笔改编，同桌交流讨论）

师：同学们都非常投入，都想把故事改编得更加扑朔迷离。老师也试水了冯梦龙《智囊全集》里的一则故事，请同学们来尝试复盘推理过程。（播放 PPT 第 8、9 页）

示例：有一回，管仲病得很重，齐桓公去看望他，问他道：“您病得很重，还有什么话要对我说吗？”管仲跟齐桓公讲了最后一番话后，就死了。管仲死后，齐桓公立马就把身边的红人易牙、竖刁、卫公子启方等人驱逐出齐国。过了不久，齐桓公觉得饭不香甜，起居不舒服，宫中的治理松散了，朝中的秩序也不稳了。过了三年，齐桓公说：“管仲是不是太过分了？”于是又把他们召回了宫里。后来，易牙、竖刁他们相互勾结，一起作乱，他们关上宫门，筑起高墙，隔断了宫中同外界的联系，齐桓公就是想喝一口水都没人给他。卫公子启方带着千户齐民降归了卫国。齐桓公听说他们叛乱了，不禁长叹了一口气，流着泪后悔说：“唉，管仲的见识真不一般！”

易牙、竖刁、卫公子启方这些人不都是齐桓公身边的红人吗？易牙曾把自己儿子烹了让齐桓公第一次品尝到人肉的味道；竖刁为了去侍奉齐桓公，还特意自己阉割了自己；卫公子启方父亲死的时候他都不愿意回去哭丧。齐桓公一向都很器重这些人，那他为什么在管仲死后就马上驱逐了他们？管仲对齐桓公说的最后一番话到底是什么？

（生同桌讨论，借助推理复盘故事）

生：如果用三段论来分析，可以这样推理：大前提——按人之常情，人都爱自己的孩子、爱自己的父母和自己的身体，连自己、自己的孩子、自己的父母都不爱的人不可能爱大王。

小前提——易牙不爱自己的孩子、竖刁不爱自己身体、卫公子启方不爱自己的父亲。结论——易牙、竖刁、卫公子启方不可能爱大王,大王要疏远他们。

生:我是这样分析的:大前提——只有爱自己、爱孩子、爱父母,才能爱大王。小前提——易牙、竖刁、卫公子启方不爱自己,不爱孩子,不爱父母。结论——易牙、竖刁、卫公子启方不可能爱大王,大王要疏远他们。

师:很好!同学们能运用今天学习的推理方法,梳理出内在的逻辑关系,从而去具体分析解决问题。

任务四:据史实,求证明

师:同学们,这两年各地兴起了不少"剧本杀"推理馆,大量"剧本杀"推理馆都需要提高主持人的水平。如果剧本杀协会邀请你去做交流,请你说说怎么用三段论去进行有效推理,你将从何处入手?

生:学习各种逻辑知识,学习有效的推理形式。

生:还要多角度体验,站在不同的角度进行推理。

师:谢谢大家的建议。其实我们还可以借鉴论述文中的论证分析来研究逻辑推理,也可以训练利用史料进行推理分析,从而证明某一观点的能力。利用三段论为武器,据"理"力争,为"我"所用。

师:现在我们现场演练一次。借助下面的材料,证明"孟德尔是个成功者"这一观点。在证明过程中要求运用有效的三段论推理,写一段100字左右的文字,表达自己的看法。(播放PPT第10页)

材料链接

孟德尔是"现代遗传学之父",是遗传学的奠基人。1865年他发现遗传定律,这些定律揭示了生物遗传奥秘的基本规律。人们分别称他的发现为"孟德尔第一定律"和"孟德尔第二定律"。然而,直到孟德尔去世16年也就是他的豌豆实验论文正式发表35年后,1900年,来自三个国家的三位学者同时独立地"重新发现"了孟德尔遗传定律,从此,遗传学进入了孟德尔时代。

(生现场微写作,师投影部分作品,聚焦三段论的推理过程,读一读,议一议,悟一悟)

生:成功者能发现世界的规律。孟德尔发现遗传定律,揭示了生物遗传奥秘的基本规律。所以他是一个成功者。

师:同学们看看这位同学的证明过程,有问题吗?

生:我觉得有问题,成功者的定义有很多方面,他的大前提有点偏颇。

师:你会怎么修改这个大前提?

生:成功者能推动社会的发展与进步。

师:请同学们读一读下面的参考示例,看看是否对你有启发。(播放PPT第11页)

参考示例：成功的标准不是看是否获得名利，而是看他所从事的事业是否为人类带来利益，是否推动了社会的发展。孟德尔倾注了无数心血的豌豆实验取得了巨大的成功，至今仍被奉为不变的定律，他在遗传学方面做出的杰出贡献，推动了人类社会的发展。所以，孟德尔是一个真正的成功者。

师：今天我们一起学习了基本的推理方法，并过了一把“剧本杀”主持人的瘾，希望大家在学习、生活中遇到事情时要善于推理，学会理性判断，不为谬误所遮蔽。学会像DM一样，以局外人的视角观察全局，做一个清醒的、讲逻辑的现代公民。（播放PPT第12页）

课后研习任务

围绕某一主题搜集相关名句、名段，尝试用三段论式推理分析。

【教学反思】

本专题主要通过对故事和具体案例的分析，在实践活动中引导学生了解三段论、假言推理以及选言推理等基本推理形式，熟悉相关推理过程，并尝试运用一些基本的推理方法，辨别、改正语言运用中的推理错误，或论证所要表达的观点。

教学前，先让学生通读教材中“学习活动”的第二部分内容，了解材料里的两个推理故事，对常见的推理有一些初步认识。为了借助更多的素材搞明白各种推理，要求学生分小组去搜集冯梦龙《智囊全集》、柯南道尔《福尔摩斯探案集》等书籍中的相关推理故事，同时，为课堂活动做好准备。

在教学时，为了突出运用，本专题学习定为实践活动。整节课突出活动，在活动推进中渗透知识，掌握要点，提高推理能力。为了激发学生的学习兴趣，整节课以“剧本杀”为核心，模拟DM主持人展开推理，复盘故事。一共有四个任务：讲故事，明推理；依推理，找漏洞；用推理，再复盘；据史实，求证明。四个任务，各有侧重，难度逐步加大，学习更有挑战性。任务一，借助故事，理解相关推理知识；任务二，依照知识，发现逻辑漏洞，明确什么是无效推理；任务三，复盘故事，逆向应用，在应用中提升推理能力；任务四，将推理应用到论证中，增强表达的严密性。整个实践活动渗透了知识，提升了能力，便于学生掌握有效的推理形式。这样，课堂教学就避免了教“死知识”，那些相对比较抽象的概念和稍显枯燥的推理过程立马就“鲜活”了起来，学生也因此对该专题的学习产生了浓厚的兴趣。

本节课运用的材料以故事为主，突出了趣味性。就高中生而言，本节课所利用的学生语文实践应用中的逻辑推理还太少，与学生语文学习贴得不紧。事实上，学生习作中经常有表达不严密、推理不严密的地方。如果把这些内容与有效推理形式结合起来，纳入本节课的教学中，那么学习的针对性就更强，效率会更高。

立论与驳论:采取合理的论证方法

执教 / 浙江省宁波中学　潘爱华

本课课件

【专题目标】

剖析经典文段的论证过程和论证方法,体会逻辑的力量和论证的魅力,掌握演绎与归纳、归谬与反证、比喻与类比等论证方法,并学会运用其中一二种,进行议论文写作,力求破立结合,让思维更严谨,让逻辑更严密。

【预习任务】

1. 罗列你所知道的论证方法,并指出这一论证方法在哪篇课文中被运用。

2. 写下你关于论证和论证方法的困惑。

3. 通读下列 6 个文段,疏通文意。在通读的基础上,学生分成多个学习小组,小组成员合作探究,完成所领语段的学习,指出其所采用的论证方法,并以图文的形式呈现每一语段的论证逻辑链条。

文段 1

古之学者必有师。师者,所以传道受业解惑也。人非生而知之者,孰能无惑?惑而不从师,其为惑也,终不解矣。生乎吾前,其闻道也固先乎吾,吾从而师之;生乎吾后,其闻道也亦先乎吾,吾从而师之。吾师道也,夫庸知其年之先后生于吾乎?是故无贵无贱,无长无少,道之所存,师之所存也。(《师说》)

文段 2

古者富贵而名摩灭,不可胜记,唯倜傥非常之人称焉。盖文王拘而演《周易》;仲尼厄而作《春秋》;屈原放逐,乃赋《离骚》;左丘失明,厥有《国语》;孙子膑脚,《兵法》修列;不韦迁蜀,世传《吕览》;韩非囚秦,《说难》《孤愤》;《诗》三百篇,大底圣贤发愤之所为作也。此人皆意有所郁结,不得通其道,故述往事、思来者。乃如左丘无目,孙子断足,终不可用,退论书策以舒其愤,思垂空文以自见。(《报任安书》)

文段3

于是入朝见威王，曰："臣诚知不如徐公美。臣之妻私臣，臣之妾畏臣，臣之客欲有求于臣，皆以美于徐公。今齐地方千里，百二十城，宫妇左右莫不私王，朝廷之臣莫不畏王，四境之内莫不有求于王：由此观之，王之蔽甚矣。"（《邹忌讽齐王纳谏》）

文段4

青，取之于蓝，而青于蓝；冰，水为之，而寒于水。木直中绳，輮以为轮，其曲中规。虽有槁暴，不复挺者，輮使之然也。故木受绳则直，金就砺则利，君子博学而日参省乎己，则知明而行无过矣。（《劝学》）

文段5

管仲镂簋朱纮、山节藻棁，孔子鄙其小器。公叔文子享卫灵公，史鳅知其及祸；及戌，果以富得罪出亡。何曾日食万钱，至孙以骄溢倾家。石崇以奢靡夸人，卒以此死东市。近世寇莱公豪侈冠一时，然以功业大，人莫之非，子孙习其家风，今多穷困。（《训俭示康》）

文段6

景公好弋，使烛邹主鸟而亡之。公怒，召吏欲杀之。晏子曰："烛邹有罪三，请数之以其罪而杀之。"公曰："可。"于是召而数之公前，曰："烛邹，汝为吾君主鸟而亡之，是罪一也；使吾君以鸟之故杀人，是罪二也；使诸侯闻之以吾君重鸟轻士，是罪三也。数烛邹罪已毕，请杀之。"公曰："勿杀，寡人闻命矣。"（《晏子春秋·烛邹亡鸟》）

【教学实录】

第一课时　梳理论证方法并学会辨识和运用

师：同学们好！论证不明晰、逻辑不严密是我们写作中普遍存在的问题，本节课我们来回顾和整理论证方法，希望同学们在写作中能够采用多种论证方法，增强文章的感染力和说服力，学会立论和驳论。（播放 PPT 第 1 页）

生（小声）：有点小期待呢！

任务一：以读促写，认识论证方法

师：为了完善大家对论证方法知识的建构，课前我让大家完成了一张学案，要求大家阅读6个文言语段，小组合作，指出每个语段各自所采用的论证方法，并以图文的形式呈现出论证的逻辑链条。（播放 PPT 第 2 页）大多数小组都很用心地完成了作业，我将在 PPT 上呈现大家的作业，我们一起来探讨，进一步明确几种主要论证方法的特点。

接下来，我先展示一下我对文段1论证逻辑的分析，学案上写着"示范"，其实是抛砖引玉。（学生笑，老师播放 PPT 第 3 页）

文段 1

古之学者必有师。师者，所以传道受业解惑也。人非生而知之者，孰能无惑？惑而不从师，其为惑也，终不解矣。生乎吾前，其闻道也固先乎吾，吾从而师之；生乎吾后，其闻道也亦先乎吾，吾从而师之。吾师道也，夫庸知其年之先后生于吾乎？是故无贵无贱，无长无少，道之所存，师之所存也。（《师说》）

① 演绎论证

有了疑惑，只有从师学习才能解惑，

人人都有疑惑（因为“人非生而知之”），你却不从师学习，

所以，你不能解除疑惑。

即必要条件假言论证的否定前件式——

只有 p，才 q

非 p

所以，非 q

② 归纳论证

有年长于我的人比我先“闻道”，我“从而师之”，

有年幼于我的人比我先“闻道”，我“从而师之”，

所以，不论年龄，但凡比我先“闻道”的人，我都“从而师之”。

师：《师说》的这个文段大家是背过的，但课前我和同学们交流的时候，很多同学却说没看出使用了什么论证方法，所以我给大家做一个分析——这一段确立了全文的中心论点——人人都须从师师“道”解“惑”，不应考虑老师的年长年少和身份贵贱。运用了演绎论证和归纳论证这两种方法。演绎论证法，即根据已知的一般的原理、定律，推导个别事物，得出某一论断的论证方法。归纳论证法，即由特殊具体的事例推导出一般原理、原则的方法。其中，演绎论证的关键之一在于是否基于大家都认可的道理，包括三段论、假言论证、选言论证等。举个经典的例子——人都会死，苏格拉底是人，所以苏格拉底会死。

回到《师说》这一段落，作者在阐述“从师的必要性”时，运用了假言论证。我们看 PPT 梳理。“人非生而知之者，孰能无惑？惑而不从师，其为惑也，终不解矣。”它以“有了疑惑就要从师学习，否则疑惑就不能解除”为前提，推出“惑而不从师，其惑终不解”的结论，这里“人非生而知之者”是基于事实的大家普遍能接受的道理，所以人不可能没有疑惑，然后推导出“不从师则惑不解”；当然作者说不从师则惑不解，我们也可以追问一下“惑”有没有可能从其他途径得解，这是质疑、思辨。然后阐说择师的态度和标准，作者用了归纳论证，看 PPT，“无贵无贱”的推理没有呈现，但其实和“无长无少”是一样的，如果某人有“道”，那么我不必了解其身份贵贱只师其“道”；有身份高贵的人有“道”，有身份低贱的人也有“道”，我不用管其身份贵贱只师其“道”。这一段，韩愈把谁都不能否认的老师“传道受业解惑”的作用作为依据确立论点，为后文批判当时社会上“耻学于师”的风气奠定了基础。

师：接下去看文段 2 的论证逻辑分析，我们请第一小组代表来讲。（播放 PPT 第 4 页）

文段 2

古者富贵而名摩灭，不可胜记，唯倜傥非常之人称焉。盖文王拘而演《周易》；仲尼厄而作《春秋》；屈原放逐，乃赋《离骚》；左丘失明，厥有《国语》；孙子膑脚，《兵法》修列；不韦迁蜀，世传《吕览》；韩非囚秦，《说难》《孤愤》；《诗》三百篇，大底圣贤发愤之所为作也。此人皆意有所郁结，不得通其道，故述往事、思来者。乃如左丘无目，孙子断足，终不可用，退论书策以舒其愤，思垂空文以自见。（《报任安书》）

生（第一小组）：大家好，我们认为这一文段运用的是举例论证法，它连用文王、仲尼等多个事例，然后总结出事例的共同点“此人皆意有所郁结”，最后得出结论“经历磨难方可成大事”。

师（笑）：最后这个结论是作者得出的，还是你们加上去的？你们是从文本哪个地方推出的？

生（第一小组）：文段开头说“古者富贵而名摩灭，不可胜记，唯倜傥非常之人称焉”，所以，不同寻常的人能青史留名，从后面事例来看就是经历了磨难而没有屈服的人能被世人称道，所以我们说“经历磨难方可成大事”。

师：嗯，有一定道理。我们等一会儿再深入讨论这一点。这个语段我们如果放回原文看，司马迁其实是在解释自己为什么受了宫刑还要忍辱含垢活下来，也是在以古人的事例激励自己完成《史记》的写作。刚刚提到此文段开头两句，其实也包含了论证方法，大家看看是什么？

生（齐）：对比论证。

师：很好。所以文段 2 有对比论证、举例论证。这里的举例论证有它的特点，很多小组都提到了，它总结出了多个事例的共同点，然后以“共同点”为论证视角来论证观点，这样我们就可以说它是归纳论证。归纳论证的论据是事实，是从个别的事例推出一般的结论。

师：演绎论证和归纳论证，它们的论证思维刚好是反向的，让我们记住它们的不同点。（播放 PPT 第 5 页）

辨析论证方法

演绎论证：从一般到个别，从原理定律推出论点

归纳论证：从个别到一般，从众多事例归纳结论

师：接下去我们看文段 3 的分析，有请第二小组代表。（播放 PPT 第 6 页）

文段 3

于是入朝见威王，曰：“臣诚知不如徐公美。臣之妻私臣，臣之妾畏臣，臣之客欲有求于臣，皆以美于徐公。今齐地方千里，百二十城，宫妇左右莫不私王，朝廷之臣莫不畏王，四境之内莫不有求于王：由此观之，王之蔽甚矣。”（《邹忌讽齐王纳谏》）

生(第二小组):我们认为文段3运用了类比论证法,类比的双方是邹忌和齐王,邹忌方面是"吾妻之美我者,私我也;妾之美我者,畏我也;客之美我者,欲有求于我也",齐王方面是"宫妇左右莫不私王,朝廷之臣莫不畏王,四境之内莫不有求于王";然后,邹忌根据"臣诚知不如徐公美",而妻、妾、客"皆以美于徐公",推出"王之蔽甚矣"的结论。

师:大家为他们鼓掌。论证方法的辨识准确,讲解清晰,非常棒。所以同学们牢记类比论证是根据两个或两类对象有部分属性相同,从而推出它们的其他属性也相同的一种论证形式。

接下来是文段4,我放了第三、第四小组的分析。(播放PPT第7页)

文段4

青,取之于蓝,而青于蓝;冰,水为之,而寒于水。木直中绳,輮以为轮,其曲中规。虽有槁暴,不复挺者,輮使之然也。故木受绳则直,金就砺则利,君子博学而日参省乎己,则知明而行无过矣。(《劝学》)

师:因为这一段也是我们课内学过的,所以我就不让小组代表发言了,我们一起看PPT。第三小组同学认为本段用了举例论证和类比论证,作者用靛青比蓝草更青,冰比水更冷,木头被火烤后弯曲且不能复原这三个事例,推出"木受绳则直,金就砺则利",以此类比君子学习的作用。第四小组同学认为作者用的是比喻论证,用青、冰、直木、金来比喻学习的门道,同学们说一说你们认为哪个小组分析得对。

生:我记得课堂上老师分析的是比喻论证。

师(笑):那你觉得老师的分析对吗?这里为什么是比喻论证而不是类比论证呢?

生:这里用"青出于蓝""冰寒于水",说明客观事物经过一定的变化能够实现超越,比喻人经过学习或教育之后可以得到提高。"輮木为轮"说明事物经过人工改造可以改变原来的状态。再用"木受绳则直""金就砺则利"两个比喻,推论出人必须通过学习和"参省乎己"才能达到"知明而行无过"的境界。是用形象化的事物来说理,所以是比喻论证。

师:这位同学说得很好。我们牢牢记住一点,比喻要求的是本体和喻体必须是异类相似可比的,本体和喻体有相似性但本质属性不同;而类比论证,我们回头看文段3,它要求的双方必须同类相似可比,也就是两者本质属性是相同的,由"邹忌受蒙蔽"推出"齐王受蒙蔽"。(播放PPT第8页)

辨析论证方法

类比论证:同类相似可比

比喻论证:异类相似可比

师:下面我们来看对文段5的分析,我也选了两个小组,第五小组同学认为用了举例论证和归纳论证;第六小组同学认为是举例论证和反面论证,请同学们说一说你们的观点。(播放PPT第9页)

文段 5

管仲镂簋朱纮、山节藻棁，孔子鄙其小器。公叔文子享卫灵公，史鰌知其及祸；及戍，果以富得罪出亡。何曾日食万钱，至孙以骄溢倾家。石崇以奢靡夸人，卒以此死东市。近世寇莱公豪侈冠一时，然以功业大，人莫之非，子孙习其家风，今多穷困。（《训俭示康》）

生：举例论证应该是对的。司马光列举管仲、公叔文子、何曾、石崇、寇准等人因为豪奢招致灾祸的事例，从反面论证了“俭朴”的重要性，从文章标题看他是教育子孙要节俭，所以我赞同第六小组的分析，是反面论证。

师：说得很好。归纳论证一般是总结归纳事例的共性得出结论，这个结论就是论点。反证法就是先假设与某个论点相矛盾的观点成立，然后推出明显的错误或矛盾，从而间接地证明最初的观点。本段以事例证明奢侈不行从而证明要俭朴，用的是反证法。

师：接下去我们来看文段 6 的论证分析。我选了第七、第八、第九这三个小组，请一位同学来转述一下三组同学的分析。（播放 PPT 第 10、11 页）

文段 6

景公好弋，使烛邹主鸟而亡之。公怒，召吏欲杀之。晏子曰：“烛邹有罪三，请数之以其罪而杀之。”公曰：“可。”于是召而数之公前，曰：“烛邹，汝为吾君主鸟而亡之，是罪一也；使吾君以鸟之故杀人，是罪二也；使诸侯闻之以吾君重鸟轻士，是罪三也。数烛邹罪已毕，请杀之。”公曰：“勿杀，寡人闻命矣。”（《晏子春秋·烛邹亡鸟》）

生：第七小组认为用了迂回论证法，晏子有三个递进的理由，明着是数落烛邹的罪过，暗指杀烛邹显示景公重鸟轻士，会影响景公的名声，从而得出结论——景公不该杀烛邹。第八小组认为是对比论证，“假论”和“实际”形成对比，这个文字我其实没太看懂，但两只鸟画得很好（笑），分析应该主要是右边这段话，“晏子看似指责烛邹，实际上是委婉地批评景公重鸟轻士，巧妙地救下烛邹”。第九小组指出文段 6 采用了归谬法，先假设烛邹有罪应杀，但杀烛邹会导致“使诸侯闻之以吾君重鸟轻士”，从而使齐景公明错。

师：我得给这位同学点个大大的赞，准确转述其实是不容易的。三组同学具体的分析差不多，不过第九小组用了“归谬法”这一专业术语，因为她在我这里“开过小灶”。所以我得一碗水端平，也要给同学们说说归谬法。

归谬法就是对一个错误论题不直接否定，而是先假定其真，然后据此导出荒谬的结果，由结果的荒谬推出该论题的荒谬，常用于驳论。一个完整的归谬论证，有以下基本步骤：①被驳观点 A；②设 A 正确；③那么 B 正确；④B 不正确；⑤所以，A 不正确。文段 6，晏子先承认烛邹有罪当杀，由此明着是列举烛邹的三条罪状，推出杀烛邹“使诸侯闻之以吾君重鸟轻士”，晏子用归谬的推理方法，使齐景公明白因为一只鸟的逃逸而杀人的行为是不当的。（播放 PPT 第 12 页）

辨析论证方法

反证法：证明与原论点相矛盾的观点错误来证明原论点。

归谬法：先假定被驳观点正确，据此导出荒谬的结果。

师：通过6个文段的分析，我们认识了几种新的论证方法，也清楚了一些论证法的本质特点。

任务二：分析运用，辨识论证方法

师：下面我展示几个句子，同学们辨析这些句子运用了什么论证方法，看PPT。（播放PPT第13、14页）

① 物必先腐也，而后虫生之。（苏轼《范增论》）

② 有毅力者成，反是者败。（梁启超《论毅力》）

③ 本是同根生，相煎何太急。（曹植《七步诗》）

④ 问渠那得清如许？为有源头活水来。（朱熹《观书有感》）

⑤ 若言琴上有琴声，放在匣中何不鸣？若言声在指头上，何不于君指上听？（苏轼《琴诗》）

生：我想分析第②句，“有毅力者成，反是者败”，运用了对比论证，说明有毅力者才能成功。

师：这位同学眼睛很亮，一下子找到了自己最有把握的一句，分析得对。

生：我分析第③句。“本是同根生，相煎何太急”，运用比喻论证，把兄弟手足比作同根生的豆子和豆萁，把手足相残比作相煎，将抽象的亲情具象化，使论证深入浅出。

师：回答问题非常完整，要表扬，他不仅指出了论证方法，还具体分析了，很好。不过这个句子除了比喻论证，还运用了另外一种论证方法，大家能看出来吗？

生：没看出来。

生：让我把整首诗背一下，嗯，我好像有点知道了，因为“本是同根生”，所以“煮豆燃豆萁”是很荒谬的，这是不是归谬法？嗯，应该是的，用归谬法指出兄弟不应该手足相残。

师：很好，要学会辨识我们今天新学的归谬法。还剩几句，大家继续分析。

生：第④句，“问渠那得清如许？为有源头活水来”，是因果论证吧？

师：对的，这里也可以说是演绎论证，它包含一个必要条件的假言推理：只有有活水，水流才会清；这个渠水很清，所以一定有源头活水。然后，我们还要关注诗文的标题，《观书有感》，它真的只是在讲水清不清的问题吗？

生：是在用具体比抽象，用了比喻论证，比喻要不断接受新事物，才能保持思想的活跃与进步。

师：一点就通。总结一下，第④句用了因果论证、演绎论证、比喻论证。还剩下两句看来是有点难吗？

生:第①句是道理论证吧,"物体必先腐烂,然后才会生虫"应该是一个自然规律,不太清楚要用这个道理得出什么结论。

师:听你这么说,我再回头看这句话,发现的确不能怪大家分析不出,我把它单独拎出来脱离了语境。这句话出自苏轼的《范增论》,针对陈平施反间计离间项羽和范增这一史实,作者发表看法,说"物必先腐也,而后虫生之;人必先疑也,而后谗入之",作者说东西总是自身先腐烂,然后虫子才会寄生;而正是由于项羽生性多疑,才会听信谗言,被敌人利用,这里运用比喻说理,说明自己先有弱点而后为外物所侵害。习近平主席在讲反腐败问题时也引用了这句话,强调要注意抓自身的内部原因。

生:第⑤句我认为是类比论证,琴在匣中不发出声音,在手指上也不发出声音,作者是在疑惑琴声是怎么发出的吧?

师:你认为手指不会发出琴声和琴在匣中不发声是类比吗?那它们的相同点是什么?琴声到底是怎么发出的呢?

生:单独用琴或手都不能发出琴声,两者配合才能发出。那是用形象来说理,是比喻论证吗?

师:的确是一首哲理诗,这里第一、三句作者分别假设琴声发自"琴上""指头上",第二、四句以琴"在匣中不鸣""于指上无声"推出假设观点的不正确,我们可以说它是运用了归谬法,说明一支乐曲的产生单靠琴不行,单靠指头也不行,必须要人和琴的配合才行;以此还可类推,很多事情的成功需要主观条件和客观条件共同作用。归谬法往往可以驳倒一个观点,然后推出自己的立论。

师:通过刚刚我们对 5 个句子论证方法的辨识分析,我们发现善用论证方法,可以让我们的说理更形象、更有趣、更耐人寻味,或者更有力度,所以我们在写作中也要有意识地运用多种论证方法,使我们的论证说理更有感染力,更有可信度。当然,论证方法是为论证服务的,我们要说服别人,就要尽可能使思维严密,让自己的观点经得起推敲。

任务三:比较思考,让思维更严密

师:我们现在回过头再看一下任务一中的文段 2(《报任安书》"古者富贵而名摩灭"段),同学们在分析它的论证方法时往往还得出了结论,刚才第一小组的结论是"经历磨难方可成大事",还有小组说"苦难是一种财富""苦难能成就人"等,当时你们可能就着那些例子随口就得出了这些结论,那现在把这些结论单独拎出来看呢,这些观点经得起推敲吗?

生:这些观点都有点绝对化了。

师:把握住了问题的关键。一个观点要成立往往需要一定的条件或特定的情境,否则对手只要举出一个反例,观点就会被驳倒。针对同学们的观点(见表 1 中观点 A),我给出与之对应的另外两个句子(见表 1 中观点 B),大家读一读,和原观点去比较,然后说一说怎么样能使表述更严密。(播放 PPT 第 15、16 页,展示表 1)

表 1

观点 A	观点 B
苦难是一种财富。	世界上的事情永远不是绝对的,结果完全因人而异,苦难对于天才是一块垫脚石,对于能干的人是一笔财富,对于弱者是一个万丈深渊。 ——[法]巴尔扎克
苦难能造就人。	苦难不一定能造就人。一个人若从小贫穷,便会失去求学的机会,受不到良好的教育,因此苦难往往造就贫穷犯罪,有些人尽管保有了善良,但因为失去教育机会便很可能愚昧。当然会有一些杰出的人,能越过苦难颇有建树,但数量毕竟少数。

生:用一些限制性词语帮助表达,避免论点过于武断,比如——对强者来说,苦难是一种财富;苦难往往能造就人。

生:加上特定的条件使论点的表述更严密。

师:时间关系,不能让更多同学表达自己的观点,我们小结一下让说理更严密的方法,大家一起看 PPT。(播放 PPT 第 17 页)

让说理更严密的方法

① 关注事物矛盾对立的两面,用历史的、发展的眼光看问题,从而让立论更稳当,而不把话说死说绝。我们可以借助限制性词语表述论点,比如:对强者来说,苦难是一种财富;苦难往往能造就人。

② 挖掘多层原因或铺陈复杂条件,或者分类讨论,让论证更严密。比如:苦难能转化为一种财富,但它是有条件的。这首要的条件是苦难的承担者具备非凡的毅力、超人的心智以及对自身生命价值坚定不移的追求。

师:经过本节课,希望同学们在写论述文的时候善用多种论证方法,在确立自己观点的时候也要想一想别人可能会怎样反驳,这样才能让我们的论点逻辑更严密。

第二课时 学习驳论

任务四:引入虚拟论敌,让说理更严密

师:议论是发表意见,提出主张,为的是影响别人的想法,让别人接受自己的主张。要让别人接受自己的主张,就要考虑对方可能会有怎样的立场或如何进行反驳,面对可能受到的攻击,我们要考虑通过怎样的措施能使自己的论证免于或抵御这些攻击。这也就是教材中引入的一个概念,叫虚拟论敌。请同学们自学教材第 96 页虚拟论敌部分。(播放 PPT 第 18、19 页,展示表 2)

表2

要证明的观点	虚拟论敌可能的攻击	应对措施
兼听则明 正面的例子:“齐王纳谏”等 反面的例子:“晁盖丧命”等	兼听不一定明 举出反例:________ “偏信则暗”不能证明“兼听则明”	________ ________
论证方法:举例论证、对比论证	攻击手段:________	—

师:请同学们来说一说,虚拟论敌发出了怎样的质疑和攻击?

生:虚拟论敌通过举出“三人成虎”“父子骑驴”的反面例子来攻击论点,提出“兼听一定明吗”的质疑。

生:虚拟论敌举唐太宗的例子,说明只听一个人的话也不一定不明。

师:是的,虚拟论敌既可以驳论点,也可以驳论据和论证。充分考虑论敌的攻击点,我们可以有哪些应对措施,根据材料概括一下。

生:材料上说,为了应对质疑、驳斥攻击、解释反例,写作者就得对“兼听”的内涵做出阐述,对现有的例子进行分析,甚至还要主动对论点的适用范围进行限定。

师:是的,概括一下,就是界定概念内涵,分情况讨论,充分考虑观点成立的前提或条件。这也照应了我们上次课说过的让逻辑严密的方法。(播放 PPT 第 20 页,展示表 3)

表3

要证明的观点	虚拟论敌可能的攻击	应对措施
兼听则明 正面的例子:“齐王纳谏”等 反面的例子:“晁盖丧命”等	兼听不一定明 举出反例:“三人成虎”“父子骑驴”“李世民有时听魏徵一个人的就够了” “偏信则暗”不能证明“兼听则明”	界定概念内涵:“兼”的目的——拓宽视野,打开思路;“兼”的核心——在“多”,更在“异” 分情况讨论:分析事例时考虑对方的批驳作回应 进行限定:充分考虑观点成立的前提或条件
论证方法:举例论证、对比论证	攻击手段:驳论点、驳论据、驳论证	—

任务五:识别逻辑谬误,有力驳斥

师:考虑到我们的论述文是要说服读者的,读者是时时都有可能驳斥我们的,我们就要尽可能在论述中避免逻辑错误,比如偷换概念、转移话题、强加因果、诉诸情感等。要避免这些错误,首先要能识别这些逻辑错误,请同学们看 PPT,指出这些语句的逻辑谬误,并选择一句进行驳斥。(播放 PPT 第 21、22 页)

① 教授很爱他的妻子，他的妻子是女性，而且是美女，她之于教授，就是女色，即色。所以，教授是好色之徒。

② 郎咸平教授说，中国民营不要追求做大做强。我想问，不把企业做大做强，难道要把企业做小做弱吗？

③ 过去的河豚有剧毒，所以有“拼死吃河豚”的说法。现在的河豚是人工养殖的，没有毒了，我至少吃过10次河豚，总共吃过不少于40条，都没有中毒，所以我可以确定，人工饲养的河豚是没有毒的。

④ 你今天随手拿了同学的笔用，将来就会随手拿人家的钱包，工作了就会贪污公款，成为国家的罪人。

生：第④句太没有道理了，如果今天随手拿了同学的笔用将来就会成为国家的罪人，那是不是你今天不小心踩了同学的脚，明天就一定会成为杀人犯。我觉得推理是不合乎逻辑的。

师：批驳得很有力，这种错误我们可以说它是强加因果，诉诸情绪。

生：第③句，你就算再吃100条、1万条也没有用，你无法证明所有河豚都没有毒，除非你能吃完所有河豚。

师：嗯，这个推理是诉诸个人经验，违反的是充足理由律。

生：第①句也很搞笑，教授爱他的妻子就推出教授好色，妻子不等于“色”吧，应该是偷换概念。

师：是的，概念的内涵不能根据简单的词语叠加来理解。好色之徒一般是指“喜欢女色并且玩弄女性的人”，的确是偷换了概念。

生：第②句，好像没有什么错误，质问还挺有力的。

师：再想一想，企业的发展除了做大做强之外还有没有别的路可走？

生：不一定要往规模大方向发展，就好像某些日本、德国的一些企业、工艺，把一个小东西做到极致也可以很有竞争力。

师：所以企业不做大做强，不意味着就要做小做弱，还可以往高精尖方向发展。这里不是一个矛盾命题，不适用排中律。（播放PPT第23页，展示表4）

表4

序号	谬误类型	驳斥手段
①	偷换概念，违反同一律	驳论点，概念界定
②	不是矛盾命题，不适用排中律	驳论点
③	归纳不完全，违反充足理由律，诉诸个人	驳论证，反证法
④	强加因果，诉诸情感违反充足理由律	驳论据，归谬法

师：归纳一下，我们可以根据逻辑的四个基本规律来识别逻辑错误，通过驳论点、驳论证、驳论据等方法来驳斥。

任务六:呈现作文题,破立结合写作

师:立论与驳论是论证方式的两大类,在我们的议论文写作中要注意综合运用。我们前面说了要学会引入虚拟论敌,在追问中使思维走向纵深,使逻辑更加严密。既有虚拟论敌,那必然要有对论敌的回应或驳斥,我们要善于根据逻辑规律,抓住论敌的逻辑错误或漏洞,运用归谬法、反证法等进行有理有据的反驳。当然,否定是为了建构,揭穿错误是为了弘扬真理。驳论文的主要功能在“破”,但根本目的在“立”。没有立,驳就没有价值,所以我们要有破有立、驳而后立。请运用我们学习的方法,思考下面这道作文题的写作。(播放 PPT 第 24、25 页)

“油头粉面 A4 腰,矫揉造作兰花指”,这句顺口溜描述的正是时下某些“小鲜肉”偶像的“娘炮”形象与做派。近日,新华社发表评论文章《“娘炮”之风当休矣》,对社会上尤其是娱乐界日益盛行的“娘炮风”进行了严厉的批判,指出这种病态文化对青少年的负面影响不可低估。随之,《人民日报》也发表了评论文章《什么是该有的“男性气质”》,在对健康阳刚的男性气质推崇的同时,认为现代社会应进一步拓宽审美领域,在注重内涵美的基础上尊重并包容多种审美趣味。接着,越来越多的媒体加入了这场“娘炮之争”,各有立场,各表看法。

对此,你有怎样的体验和思考?结合上述材料,写一篇文章确立你的立场和观点,记得引入虚拟论敌,破立结合写作。

注意:①角度自选,立意自定,题目自拟。②明确文体,写议论文。③不得少于 600 字。④不得抄袭、套作。

师:对社会上尤其是娱乐界日益盛行的“娘炮风”你持什么态度,你认为是应该批判还是值得肯定?请学习小组展开讨论,确立你们小组的立场观点,设想论敌可能会有的质疑或攻击,针对论敌的质疑或攻击做出预防和应对,至少形成一条有攻有防的思维链,等一会儿请小组代表发言。

(学生小组讨论 5 分钟)

师:讨论时间结束,请小组代表发言。

生:我们的立场是“杜绝‘娘炮’之风,还少年以阳刚之气”,主要论证“娘炮”之风对青少年的危害。论敌可能会举出一些反例,比如梅兰芳、羽生结弦等,所以我们要对“娘炮”和“阳刚之气”进行概念界定,我们要批驳的是外表“娘”内在也懦弱、盲目跟风的人,“阳刚之气”不重在外表而重在内在。

师:想到了概念界定的方式来回驳论敌的质疑,很好!

生:我们组的观点是“对审美偏见说‘NO’”,我们要论证对“娘炮”的批判是一种审美偏见,审美没有优劣高下之分。论敌可能会说男性“娘化”是一种丑态,是审丑而不是审美。我们可以举出叶永志因为女性化而被校园霸凌致死的事例,说明个人化的审美选择不是罪,以审美偏见置人于死地的狭隘才是一种病,得治。

师:关注到了校园霸凌事件,这是对具体的、活生生的人的关注。观点鲜明,很能触动人。

生:我们的观点是“撕掉性别标签,做回本真自己”,我们要批判传统的、固有的性别标签束缚了个体的本性和个性,倡导做本真的自己。论敌可能会说男女就是有区别的,男性就应该有阳刚之气。我们可以从当今和平的、高科技的时代环境去剖析,对男性的审美的多元化是和平时代的产物,是物质进步的表现;物质匮乏的农耕时代、战争环境才呼吁男性的勇猛和阳刚。

师:男性为什么就要阳刚勇猛?这是在论据上对论敌进行了驳斥。

生:我们组的立场是“病美乱人心,真美修人性”,论敌可能会说男性审美的娘化是多元审美的社会进步,我们要指出“娘炮”之风是资本经济、眼球经济的病态化产物,是会荼毒、蛊惑年轻人审美的糖衣炮弹,所以它不是需要尊重的个人的真实审美,而是需要干涉和引导的社会化传播行为,我们要倡导真正的、健康的多元审美。

师:这组同学巧妙地引入了“个人审美”和作为社会化传播行为的“娘炮之风”这两个概念的不同,这个点与众不同。

生:我们组的观点是“在注重内涵美的基础上尊重并包容多种审美趣味”。我们要批驳论敌因为一个人外在的阴柔或敷粉就加以批判的行为,强调内在的健康阳光和外在无关,美不是一成不变的,随着时代发展我们要创新美、包容美。

师:嗯,不说绝对的话,要辩证地去看。

生:我们组的观点是“审美多元化,而非娘化”。论敌可能会说男性的精致化是和平时代审美多元的产物,我们要强调虽然和平时代不需要冲锋陷阵,但任凭娘炮之风发展下去会怎么样呢?一旦危机来临呢?那个时候再呼吁刚健、勇敢、阳刚还来得及吗?而且审美多样化是没错,让“娘炮”成风却是错;我们固然要追求信仰自由,但对歪风邪气一定是要打击的。

师:时间关系,我们不再请更多的同学来发言,但相信同学们精彩的发言一定会给大家带来思想的启迪、思维的碰撞。拿到这道作文题,我们的大脑中可能会涌现纷繁的观点和素材,所以建议同学们先动笔把这些思想和材料罗列、分类,支持批判“娘炮”之风的有哪些理由和材料,不应该批判的有哪些理由,与之对立的可能有哪些批驳。罗列清单之后,我们可能需要更深入地想清楚一些问题,比如:何为“娘炮”?是强调内在还是外在?何为“娘炮风”?是成为一种风气了,还是个体的真实的独特选择?我们是要讨论尊重个性选择、包容多元审美,还是要关注一种风气对青少年的影响?男性审美的女性化是时代的产物吗?新时代男性到底需要怎样的形象气质?“娘炮”之争的背后是不是体现了一种性别歧视?对这种性别歧视我们怎么办?等等。深入地思考下去,你会发现要让自己的观点有说服力,很多时候都需要对核心概念做界定,分情况做讨论,而且要确立自己的观点立场,就要驳倒对方的观点理由。所以,课后大家深入思考,写一篇有驳有立、破立结合的作文。

【教学反思】

统编教材选择性必修上册第四单元,将学习活动分成“发现潜藏的逻辑谬误”“运用有效的推理形式”和“采用合理的论证方法”三部分。本课应该是针对高二学生,在他们认识了逻辑规律、掌握了推理形式的基础上进行的教学,但本次我是在高一班级实施的教学,比较孤立而不是着眼于单元整体上了这堂课。我未能全面落实本学习活动的内容设置——引导学生认识和掌握论证的要素、论证的隐含前提、间接论证的方法、驳论的规律和方法等，我偏重针对学生的议论文写作进行指导，希望他们能掌握多种论证方法，突破单一的举例论证；借助引入"虚拟论敌"，让孩子们学会思辨与理性地表达；在追问——质疑——回驳中让思维走向纵深，让逻辑更加严密。从课堂教学来看，学生的参与热情比较高，学习兴趣比较大，我想可能有以下两点原因。

1. 精选素材，激发兴趣

逻辑的知识性内容很多也很难，都说"逻辑搞死人"，如果进行知识性传授，估计老师和学生都吃不消。所以我尽量精选学习材料，在语言的实践运用中梳理积累、学会思辨、理性表达。在任务一"以读促写，认识论证方法"这一环节中，我精选了 6 个文言语段，有同学们熟悉的课内学过的语段，也有课外陌生但难度不大的语段，但都包含了典型的论证方法。在课前让学生学习并以图文的形式呈现其逻辑链条，既是文言学习的积累和拓展，又是论证方法的梳理和温故知新。在学生展示学习成果的基础上，老师适时补充相关的术语或者强调易混淆论证方法的区别点，学生印象深刻且乐于接受。在任务二"分析运用，辨识论证方法"环节，同样精选了 5 个句子，让学生在分析中强化对论证方法的认识，在表达中明晰有效运用论证方法的好处。在任务五"识别逻辑谬误，有力驳斥"环节精选 5 个句子，要求学生识别逻辑谬误并批驳，在语言的实践运用中掌握驳斥的方法。任务六的作文题学生也很有话说，因为学生有兴趣，所以学生愿说、能说，因为把大家都放到一个平等交流的位置，所以大家也敢说，思维才能向纵深推进。

2. 形式开放，内容聚焦

在教学形式上，我是比较开放的，我相信学生通过听、说、读、写多重参与的课堂，其学习效率高于仅限于听讲的课堂。好几个环节，我都采用小组合作的方式进行，基本上有一个"交流讨论——整理成果——分享呈现"的完整流程。只要设置的任务是学生感兴趣的，小组合作就很能体现它的好处，可以让不同性格的学生各得其所，愿意躲在幕后的躲在幕后，愿意站到台上的有了更多表现机会，有绘画特长的还可以借机有所表现，大家都有成就感。虽然形式上很开放、交流中很平等，但我的教学内容是很聚焦的，甚至并不避讳同一材料的多次使用。因为教学时间有限，课堂容量有限，要想让学生真正对知识有内化，我们得多次停留，反复强化。所以我的课堂聚焦在逻辑的严密性上，第一节课重在梳理论证方法，但任务一的文段 2 呈现了两次，抓住学生在分析举例论证时随手写下的结论，去追问思维的严密性，从而初步明晰让逻辑更严密的方法。第二课时中引入虚拟论敌、识别逻辑谬误、形成攻防思维等都着力在表达的缜密、思辨和理性上。

图尔敏论证:作文逻辑诊断会

执教 / 浙江省慈溪中学　欧阳凯

本课课件

【专题目标】

了解图尔敏论证模式的基本内容,初步掌握其运用要点;学习利用“必要前提”与“例外”,诊断习作中的逻辑问题,提升逻辑水平。

【预习任务】

1. 研读老师印发的图尔敏论证模式相关资料,了解其组成要素和基本特点。

2. 翻阅自己的议论文习作,从中挑选、摘抄一段自己觉得逻辑较为严谨的段落,再运用图尔敏论证模式自我检查。

3. 教师安排几位同学利用提供的对话脚本,演练如何用图尔敏论证模式分析“农业合作化更有利于农村经济发展”这一结论,以备课堂展示。

【教学实录】

师:同学们,英国作家柯南道尔笔下的福尔摩斯,大家一定喜爱吧。对,他是世界文学史上最知名、最杰出的侦探了!相信他优异的推理能力和突出的逻辑水平,一定也给同学们留下了深刻的印象。他有一句名言,“在你得到所有证据之前就进行推理是个致命的错误,这会使结果带有偏见”。(播放 PPT 第 1、2 页)其实,在我们的生活中,在我们的作文中常常就存在着这样的“错误”和“偏见”。这节课,我们就学习一种有用的论证模式,一起来诊断作文中存在的这些问题。

环节一:一词解析“图尔敏”

师:同学们课前阅读过有关资料,是不是觉得图尔敏论证模式很高深啊?大家别怕,我们携手一起走近它。哪位同学来说说,为什么这一模式命名为“图尔敏”?

生:我知道,这是一个人名。图尔敏毕业于英国剑桥大学,是一个逻辑学的大拿,这个模式就是他提出来的，所以以他的名字来命名。

师：是的，斯特芬·图尔敏 1958 年在他的《论证的使用》一书中提出了图尔敏论证模式（播放 PPT 第 3 页）。60 多年来，这一模式传播到了世界各地，广为人知。这一模式究竟有什么亮点？如果要用一个词来说，你会怎么说？

生：我想用“听众”来概括，其他的论证方式是考虑本身的逻辑，而它考虑到了听众的反应。

师：对，准确地说，应该是“第三者听众”，也就是法庭审理中的法官或陪审员。这一点，大家可以参考以下资料——（播放 PPT 第 4 页）

在图尔敏之前，对说理结构的理解和分析是以逻辑本身为着眼点的。图尔敏提出的说理分析模式有不同的着眼点，它着眼于听众，具体而言，是那些立场中立，具有独立思考和判断能力的第三者听众。例如，在法庭上，有争执的双方各自陈述自己的立场和理由，同时还就对方陈述中的具体环节和细节质疑。各方在这么做的时候，是为了说服中立的法官或陪审员。（徐贲《明亮的对话》）

生：我会换一个词，我想用“真实”这个词，因为其他论证考虑的都是理想的情况下，而它考虑到了现实社会中各种复杂的情况。

师：不错，这确实是图尔敏论证模式的要点所在。但我还要考考你，是不是真的懂得这个“真实”的含义。比方，我们慈溪个体私营企业很发达，能不能因此就可以说“只有发展个体私营企业，才能发展地方经济”？

生：这个……我想不能吧，像很多大城市就不是靠个体私营企业吧。

生：对，像苏州好像就是靠外资企业。

师：知道得还不少啊！社会现象很复杂，我们做出论断不能简单化、太理想化。那么，图尔敏论证还有什么亮点呢？

生：我想，是不是可以用“例外”来概括，因为我看到有一张资料图片介绍图尔敏论证模式的六要素，其中就有这个。但我不是特别懂。

师：真细心！你说的图应该是印发的那张图（见图 1）吧。（播放 PPT 第 5 页）

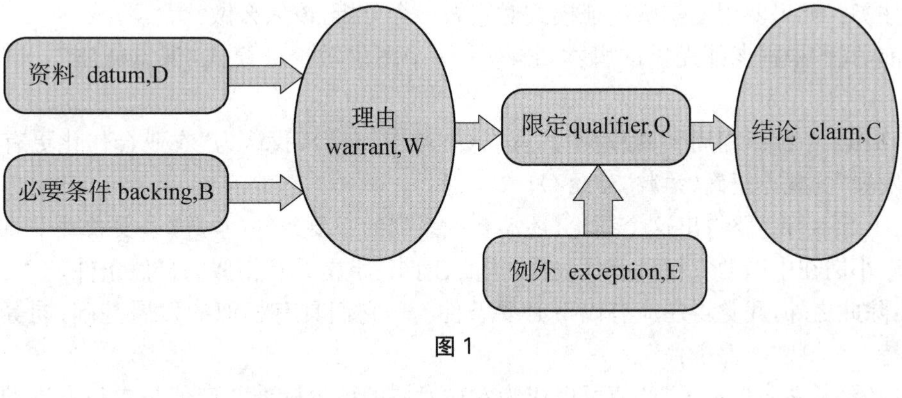

图 1

师：有哪位同学能根据自己的理解说说这个“例外”是什么意思吗？

生：我猜测……是不是说，话不能说得太满，要留有余地，考虑到例外的情况？比方说，只要我们能找出一个地方发展个体私营企业，结果假冒伪劣泛滥，或是严重污染环境，我们就不能说“只要发展个体私营企业，就能发展地方经济”。

环节二：一例演示“图尔敏”

师：通过刚才大家的交流，我们发现，大家通过课前的自主学习已经初步了解了图尔敏论证模式的一些特点，但尚停留于概念之上。接下来，我们通过一个示例（播放 PPT 第 6 页，展示图 2），具体来感知它。下面，我们就请出四位“图尔敏论证模式体验官”上场！

图 2

生：同学们，2013 年《中国新闻周刊》曾经刊登了关于小岗村的一则报道，其中有“2012 年，在每平方公里的土地上，华西村创造的产值是 13 亿元，南街村是 6 亿元，而小岗村只有数百万元”。于是，有人就得出“农业合作化更有利于农村经济发展”的结论。这个结论，站不站得住脚？如果要用图尔敏论证模式对它做一个分析，该怎么做？

课前，我们根据老师提供的脚本，排练了一个图尔敏论证模式“课堂微剧”。请同学们观看！

生：根据《中国新闻周刊》报道中的资料（举牌“资料”），我认为“农业合作化更有利于农村经济发展”的观点正确（举牌“结论”）。

生：不行不行。要得出这个结论，还需要一系列的必要条件（举牌“必要条件”），例如，华西、南街、小岗在中国的农村具有代表性，华西、南街、小岗具有相似的自然条件。

生：除此之外，我觉得还应有以下必要条件——它们具有相似的发展基础、同等程度的政府支持。（举牌“必要条件”）

生：必要条件还少不了“产值可以成为农村发展的评价标准”“产值是农村发展的主要目标”……如果没有考虑我们三个人讲的这些必要条件，你的逻辑就太简单了，很容易被人家驳倒的。(举牌“必要条件”)

生:啊,原来还要考虑这么多!那么,我就要说,只有当上面大家说的所有必要条件都能够成立的时候,我就可以用《中国新闻周刊》的资料作为理据,证明“农业合作化更有利于农村经济发展”的观点正确了。

生:恐怕还是不行哦。这样说,逻辑上仍有漏洞。如果我是反方,我还会提出一系列例外来反驳你(举牌“例外”)。例如,合作化时期曾经出现大面积饿死人的现象、合作化未能解决温饱问题。

生:是啊,反驳的理由还可以是“大锅饭”会影响生产积极性,合作化让村民的工作自由受到限制,华西、南街剥削了大量外来打工者。(举牌“例外”)

生:你们的反驳角度很宏大,我就从这两个村本身举出例外来反驳——华西、南街有能人,并非各村都有能人。(举牌“例外”)

生:感谢各位指出的“必要条件”与“例外”。看来,我要对自己的结论应加以必要的限定了(举牌“限定”),只有当所有这些必要条件都能够成立的时候,《中国新闻周刊》的资料才能成为理据,证明在只将富足作为重要的发展目标时,在村里都有能人时,“农业合作化是正确的选择”这一结论。

师:感谢几位同学!经过这番演示,大家是不是对图尔敏论证有了进一步了解了?简单地说,与常见的论证模式相比,图尔敏论证主要是增加考虑了两种情况——“必要条件”和“例外情况”。前者主要是从第三方的角度来考虑的,后者则是从反方的角度来考虑的。显然,这样可以让我们的分析更加全面,逻辑更加严谨。

环节三:一文体验“图尔敏”

师:同学们,正是没有充分考虑“必要条件”,不顾可能存在的“例外情况”,常常导致我们的作文中出现了很多简单、片面、带有偏见的结论,使得我们的论证不够严密、缺乏力量。下面,我们就一起试着来对 2021 年全国高考作文Ⅰ卷的一个作文片段进行诊断,看看它有什么问题。(播放 PPT 第 7 页)

①关于“体育之效”,毛主席自己正是一个极具代表性的例子。②众所周知,毛主席自幼体弱多病,然而到了晚年却仍能畅游长江,这便归功于其重视体育、坚持锻炼。

③毫无疑问,体育锻炼可以促进体格生长、改善生理机能、增强抗病能力、提升健康素质,所谓“目不明可以明,耳不聪可以聪”,便是如此。④所以,弱者可以因为勤奋锻炼,增益不能,变而为强;而强者也可能因为滥用其强,疏忽锻炼,日渐退化,变而为弱。⑤我们身边就有很多矮个儿“暴涨”、强壮者虚胖的现象。⑥本人高中入学时身高在班级前列,但高三毕业时就落到几乎最后了,我因此始终后悔自己光顾着读书,没有像其他同学一样经常打篮球!

⑦个人如此,国家亦然。⑧中国此前之渐弱,与被蔑称为“东亚病夫”之武风不振、民族疲苶不无关系;而后来之日强,正与五四新文化运动提倡体育、增强国民体质颇有渊源。⑨这恰恰也证明了体育之效。

师：请同学们小组合作，每组聚焦一个简单、片面、武断的结论，模仿前面的“课堂微剧”，分别设置“第三方代表”与“反方代表”各1—2人，前者负责提出“必要条件”，后者负责指出“例外情况”，反复讨论，填写表1，以便全班交流。（播放PPT第8页，展示表1）

表1

轮次	原结论	第三方代表意见	反方代表意见	修改后的结论
第一轮				
第二轮				
第三轮				

（小组讨论约5分钟后，展示有代表性的分析）

生：我们组认为，要由第⑧句得出第⑨句的结论，还应考虑一些必要的前提和例外的情况。必要前提是：身体的强健与否，是判断一个国家强弱的主要指标；百年前的中国与今天的中国，国际环境、国内环境是一样的。例外情况是：今天中国经济水平是强了，但社会上的肥胖病、青少年中的“豆芽儿”也多了；而当今一些非洲落后国家在许多体育项目上，实力远超欧美发达国家。

环节四：一表展示“图尔敏”

师：下面，我们进入最重要的一环，用图尔敏论证模式来检视我们自己的习作。请大家勇敢地拿出课前摘抄好的“满意”之作来，让其他同学帮你诊断诊断，看看有没有逻辑问题。我们用10分钟来玩一个竞赛：4人一组，轮流阅读彼此作文片段，边找问题边填写表2，看谁找出的问题多。（播放PPT第9页，展示表2）

表2

问题	习作中的错误结论	问题类型（打√）			具体理由
		忽视前提	漠视例外	其他	
问题1					
问题2					
问题3					

（约10分钟后，挑选几位学生展示交流，要求每位同学选择其中一个问题交流）

生：我找出了3个问题，其中有“当今，是一个优雅缺失的时代”这一观点，我觉得首先犯了“漠视例外”的错误。比方，2022年春晚上有一个节目《只此青绿》，就让全国许多观众觉得十分优雅。更严重的是其中还有很多“忽视前提”的问题，比如：“当今”是针对什么时代而言？是“文革”还是半殖民地半封建时期？“优雅”是指一种生活方式，还是一种心境？显然，这些前提必须说清楚。

生:我也找出了3个问题。我觉得有些论点初看起来毫无疑问,但对照图尔敏论证模式一检查,就发现了不少问题。比如,有位同学说“成年意味着个体运行的轨道与世界潮流相呼应”,貌似深刻,可仔细一琢磨,“忽视前提”的问题蛮严重。“世界潮流”在任何时候一定是积极、正面的吗?无论是东西方,历史上都出现过黑白颠倒的时期,试想那样的“世界潮流”怎能成为个人成年与否的标志?同时,“成年”的含义是不是就是融入世界潮流,也是一个需要明确的问题,像孔子50多岁还“累累若丧家之狗”,难道说那时他没有成年吗?

师:同学们找出的问题还真不少,课堂只能请这几位同学展示一下。其他同学不必遗憾,我们都可以展示自己诊断出来的问题。课后,请大家把自己填写的表格贴在教室后面的粘贴板上,与其他同学分享。同学们可以对其中有见地的诊断打五角星以示“点赞”,我们看看谁获赞最多。

【教学反思】

1. 知识建构是写作教学的必要依托

长期以来,在中小学写作教学实践中经验主义盛行。碎片化的写作经验指导,对于大多数学生而言,常常是听起来若有所思,写起来又一片茫然。这样的教学反映了我们写作知识亟待更新的严峻现实。当下,国内外一些新的、成功的写作教学研究成果,正好可以在这方面发挥重要的作用。本堂课我们组织学生重点学习利用“图尔敏论证模式”中的“必要条件”和“例外”两点知识,来诊断作文中的逻辑问题,学生普遍感到有启发,当然也有挑战。这提醒我们,写作知识的引入要基于中学生的接受能力,把握好分寸,不宜学术化。

2. 逻辑提升是议论写作的关键所在。

中学生尚处于理性思维发展的初步阶段,他们的习作中普遍存在着较为严重的逻辑问题,如主观臆断、以偏概全、偷换概念等。当然,逻辑能力的提升绝不能依靠年龄的成长,我们要重视对中学生进行课程化、系统化的逻辑能力培养。图尔敏论证模式中的“必要前提”与“例外”,有利于学生发现自己写作中思维简单、思考片面、观点幼稚等问题。从课堂实践来看,学生初步掌握了图尔敏论证模式,尤其是对常见问题有了明显的警惕意识,提升了逻辑诊断的能力。当然,知识的消化、能力的养成、思维水平的提升,还需要课外举一反三,反复实践。

3. 言语活动是写作课堂的基本形态

写作能力不可能通过说教得到提高,写作课堂绝不能是教师的“一言堂”。写作课更要让学生说起来、动起来。本堂课我设计了四个活动环节,希望学生在“一词”“一例”“一文”“一表”的语言实践活动中,去掌握图尔敏论证模式,去提升自身的语言能力,相较常态的写作课来说,课堂气氛明显更加活跃。但,教学中我们也发现部分学生参与还不够积极,言语表达的水平也有待提高。这说明,一方面,学生新的学习习惯的改变尚待时日;另一方面,我们的活动设计也有待进一步优化。

后记　七彩足印

行者常至，为者常成。一个人，在大地上行走，必然会留下脚印。一群人从 2016 年走到 2023 年，历时 7 年，《大单元 · 微专题——高中语文名师教学实录》就是 7 年跋涉的最后足印。

相约晚八点

7 年前，我还是浙江省名师网络工作室的主持人。那时，新课标的讨论稿已经在网上流传。我首先就被"任务群"这个概念惊艳到了。从 1981 年从事语文教学以来，我接触过不少版本的教学大纲和课程标准，但从没有见过如此明确的对语文课程内容的表述。于是，我们工作室 15 位学科带头人，利用暑假研读新课标讨论稿，每个人认领一个学习任务群进行研究。那个暑假的好多个晚上，我们相约晚八点，在网络工作室研讨，有主讲，有对话，有记录。最后，一本厚厚的新课标讨论文稿《相约晚八点》靓丽结集。

永福路的光阴

一次偶然的机缘，我把《相约晚八点》的文集带到上海。何勇先生凭着多年的编辑经验，感觉到这个文集可能对一线教师具有引领和参考的价值，便派易英华编辑参加了我们工作室的研讨活动，此后，易英华编辑多次在沪甬之间奔波，几乎加入了我们的工作。这个外表娇小的美女编辑，却有着宏大的计划，她建议将每个学习任务群的研讨，扩展成一册书。在她的鼓舞下，我策划了全书的框架，形成了以 4 种核心素养为纲，以 18 个学习任务群为目，以 120 个学习专题为实践形式的顶层设计。经过 15 名学科带头人 20 多次的研讨和实践，最后，我们在上海永福路上海教育出版社的办公室里定稿杀青。2018 年 4 月，一套 16 本的"新课标、新语文、新学习"丛书正式向全国发行。回望来路，那时我们就形成了这样的认知，新课标要进入课堂，学习任务群要落实，专题教学是必经之途。

教研基地的封面人物

2017 年 10 月上旬，在蔡可教授和郑桂华教授陪同下，我们邀请到了课标组组长王宁老师。"我是看了一些你的文章，了解了你组织的一些活动后，才答应来的。"这是王宁先生到宁波后说的原话。3 位专家经过一天近乎公益性的工作后（非常敬佩、实在愧疚），高度肯定了我们的工作，并提出了改进建议。王宁先生、蔡可教授和郑桂华教授写的鉴定书，我们至今奉为圭臬。那时候“新课标”还没有颁布，部编教材尚未启动，我们的专题教学已经开始设计，部分专题已经过课堂的实践了。基于此，《语文学习》特地开出专栏，每期一个学习任务群，刊登我们对于18个学习任务群的解读和专题教学的案例。一年后，教育部课程教材发展中心在全国培植国家级的学科教研基地，宁波市的高中语文学科很荣幸地被评定为全国仅有的3个教研基地之一。课程中心的刘月霞主任在常州会议上旗帜鲜明地肯定和表扬我们的实践探索，何成刚处长多次来宁波指导，这些都是我们前进的动力。本人也参加了部编教材的编写工作。根据教材编写的体例，我产生了“大单元统筹、微专题教学”的想法。整整3年时间，我们策划了24次“教材进课堂”系列主题研讨活动，设计了必修100个微专题教学、选择性必修80个微专题教学，其中绝大多数设计经过了课堂的实践。承蒙语文报社的厚爱，必修100个、选择性必修80个微专题教学设计在《语文教学通讯》2021年7、8合刊和2022年1、2合刊，分别推出。语文报社刘远社长亲自顾问，主编王建锋先生和我们多次联络，甚至为学科带头人的一张照片来回反复沟通多次，于是本人那张“老脸”和教学设计的主干力量——三批学科带头人的照片都上了封面。

复盘和反思

从任务群的专题活动策划到新教材的微专题教学设计，再到课堂实践，我们的专题教学从“T形台”走到“常态课堂”——那就跟教材贴得更近了，与教学融得更紧了，对于推广也更具普适价值了。承蒙复旦大学出版社朱建宝和张彦珺两位编辑垂青，催促我们把教学过程记录下来，形成教学实录，让更多教师可以直观微专题教学的原貌。为此，复旦大学出版社副总编辑张永彬教授亲自顾问此事，朱建宝先生多次往来沟通，张彦珺编辑凭着扎实的专业功底和之前从教的教学经验，对全书的每一篇实录，提出精准的审读建议。我们组织了国内120名一线骨干教师——他们多数是名师、特级教师、正高级教师，特别是浙江省内的参与者，很多是面向全国直播过他们的专题教学的——对自己的课堂加以描述再现，反观自照。少部分尚未经过课堂实践的，也重新修改，反复试教，最后完善成教学实录。如今这套《大单元·微专题——高中语文名师教学实录》，就是他们对于教学的复盘和反思。

价值的旗帜在飘扬

不是为了某个人，而是我们有共同的价值判断——这世上，有些事情还是值得一做的。于是地不分南北，人不分老少，很多人参与到此事中来。时任宁波市教育局分管局长的张力鸣先生对项目大力支持，保驾护航，使得探索得以持续。宁波市教研室高中语文教研员毛刚飞老师作为搭档，分担了部分工作，减轻了我的杂务之劳。宁波市几乎所有重点中学都承担过微专题教研活动，从校长到教研组长，从校务会议到会场布置，从教师试教到调试直播，保证了每一次活动都顺利成功。中国教研网的技术人员，往返于甬京之间。每次微专题教学的平均收看人数都在万人之上。还有那些在全国有着一定影响力的名师、特级教师和正高级教师，躬身入局，匠心设计，潜心实践，专心整理，亲自参与实录的撰写。特别是我的三批学科带头人以及相关教师，从“相约晚八点”开始，在专题教学领域“筚路蓝缕，以启山林”，从精美的工作简报编辑到短视频的制作，从专题设计的试教到教学实录的整理和校阅，从PPT制作的辅导到公众号的编辑，始终保持着探索的热情、教学的专注和无私的奉献，使得每一篇实录，都来自课堂，带着名师的“灵气”，透着一线的“地气”。宁波直属高中的十几位优秀青年教师，不顾教务繁忙，多次集中，反复审核、校对样稿，为保证丛书的质量付出了辛勤劳动。尤其是郑义广老师，纯粹厚道，不求名利，不厌其烦地帮我处理杂务，常常工作到深夜。在名师如云的群体中，他默默无闻，只知耕耘，不问收获。

现在我已退休，处江湖之远，未能忘情于语文。每当夜深人静之际，总会回想起那些打磨课例的细节，那些一起感受课堂悲欢的时刻。这七年，我们努力地探索课标进课堂、教材进课堂、评价进课堂，但留下的课例实录难免还有遗憾。那么，就让这套丛书，作为一串坚实的脚印，记录我们的来路，也希望能启示后来者的行旅吧。

褚树荣

2023 年 8 月 21 日

图书在版编目(CIP)数据

大单元·微专题:高中语文名师教学实录:选择性必修. 上册/褚树荣主编. —上海:复旦大学出版社, 2023.9
ISBN 978-7-309-16904-1

Ⅰ.①大… Ⅱ.①褚… Ⅲ.①中学语文课-课堂教学-教学研究-高中 Ⅳ.①G633.302

中国国家版本馆 CIP 数据核字(2023)第 118361 号

大单元·微专题——高中语文名师教学实录(选择性必修 上册)
褚树荣 主编
责任编辑/张彦珺

复旦大学出版社有限公司出版发行
上海市国权路 579 号 邮编:200433
网址:fupnet@fudanpress.com http://www.fudanpress.com
门市零售:86-21-65102580 团体订购:86-21-65104505
出版部电话:86-21-65642845
常熟市华顺印刷有限公司

开本 787 毫米×1092 毫米 1/16 印张 13.25 字数 308 千字
2023 年 9 月第 1 版第 1 次印刷

ISBN 978-7-309-16904-1/G·2506
定价:48.00 元